KB188750

죽음은 통제할 수 없지만
인생은 설계할 수 있다

내 삶을 의미 있게 만드는 기술

죽음은 통제할 수 없지만
인생은 설계할 수 있다

내 삶을 의미 있게 만드는 기술

비탈리 카스넬슨 지음

안희정 옮김

SOUL IN THE GAME

필름

일러두기

1. 원주는 ◆로, 옮긴이주는 ●로 표시했다.

2. 본문에서 인용한 도서명은 「」로, 영화·드라마·노래명은 〈〉로 표시했다.

조나, 해나, 미아 세라에게
너희는 아빠의 이메일을 읽지 않으니까.

추천사

"감동적이고, 정직하며, 통찰력 있는 이 책을 내려놓기가 어려웠습니다."

— 『돈의 심리학』, 『불변의 법칙』의 저자, 모건 하우절

"비탈리는 제대로 된 이야기를 할 줄 아는 사람이다. 그의 책을 읽고 있으면 마치 깊이 있고, 통찰력 넘치며, 흥미롭고, 교양 있는 대화를 나누는 것 같다."

— 『블랙 스완』의 저자, 나심 니콜라스 탈레브

"한입에 쏙 들어오는 실천 가능한 지혜가 가득한 보물창고!"

— 『스마트한 생각들』의 저자, 롤프 도벨리

"러시아 무르만스크에서 미국 덴버까지. 비탈리 카스넬슨은 항상 배우는 자세로 어딘가로 나아가는 길에 있다. 그는 목적지로 향한다. 이 책은 그의 이야기이며, 그의 인생 여정이다. 당신도 영감을 얻을 것이다. "

　　　　　　　　　-『워런 버핏과의 점심식사』의 저자, 가이 스파이어

"깜짝 놀랄 만큼 좋은 책이다. 솔직히 의심을 품고 읽기 시작했지만, 이 책을 무척 좋아하게 되었다! 비탈리는 '삶을 어떻게 살 것인가'라는 질문에 신선하고 통찰력 있는 관점을 따뜻하며 사려 깊게 매력적인 문체로 제시해 준다."

　　　　　　　　　-『진짜 좋아하는 일만 하고 사는 법』의 저자, 데릭 시버스

"매혹적이고 재미있고 때론 좌충우돌하는 인생의 여정 그 자체다. 비탈리 카스넬슨의 책은 우리가 언제 태어나고 언제 죽을지 예측할 수 없지만, 어떻게 살아갈지는 계획할 수 있다는 중요한 사실을 일깨워 준다."

　　　　　　　　　-『팀 오브 팀스』의 저자, 스탠리 맥크리스털

"비탈리 카스넬슨의 책은 즐겁게 읽을 수 있고 일상에 스토아 철학을 적용하는 방법과 진지한 조언으로 가득하다."

　　　　　　　　　-『로마 황제처럼 생각하는 법』의 저자, 도날드 로버트슨

"비탈리 카스넬슨은 뛰어난 투자 전략으로 금융 미디어에서 이미 주목받고 있지만 그의 철학적 글은 훨씬 더 인상적이다. 이 책은 평범한 자기계발서가 아니다. 나는 이런 책을 본 적이 없었다. 비탈리의 고향인 러시아(1990년대 미국으로 이민했다), 육아, 하루를 온전히 사는 법에 관한 이야기와 비즈니스, 클래식 음악, 예술에서 창조성을 실현하는 놀라운 경험과 통찰을 담고 있는 책이다. 비탈리의 삶은 통합적이며 그의 삶을 통해 우리는 그의 투자 방식처럼 놀랍고 역발상적인 관점을 배울 수 있다. 이 책은 모든 사람이 읽을 가치가 있는 책이다."

— 『모든 대통령의 남자』의 저자, 칼 번스타인

"비탈리는 내가 작곡가들을 향해 품고 있던 경외심을 통찰력 있게 잘 담아냈으며 충만한 삶을 살기 원하는 모든 사람에게 긍정적이고 건설적인 방법들을 제시한다."

— 볼티모어 교향악단 음악 감독, 마린 알솝

"당신이 할 수 있는 최고의 투자는 당신 자신과 당신의 인간관계에 투자하는 것이다. 비탈리의 책은 올바른 방향으로 발걸음을 내딛게 도와준다. 꼭 읽어야 할 책!"

— 『투자도 인생도 복리처럼』의 저자, 가우탐 바이드

"이 책은 비탈리가 독특한 삶의 여정에서 얻은 탁월한 통찰과 삶의 전략들을 훌륭하게 엮은 책이다. 클래식 음악에서 고대 철학까지 아우르며 가르침을 주고 영감을 불어넣는다."

- 키니코스 어소시에이츠의 회장, 짐 차노스

"유머와 삶의 교훈, 철학적 통찰로 가득한 지혜롭고 참신한 이야기를 통해 성공한 투자가인 동시에 뛰어난 작가로서의 역량을 보여준다."

- 오메가 어드바이스의 회장, 리온 G. 쿠퍼맨

"비탈리 카스넬슨의 삶의 기록인 이 책은 흥미롭게 읽을 수 있고 모든 사람에게 유익한 생각들을 제시해 준다. 지혜, 평생 학습, 인적 자본, 고통, 작곡가, 이민자의 삶, 철학, 가족, 스토아주의 등 모든 독자에게 즐거워할 76개의 한 입 크기 지혜가 담긴 선물이다. 재밌게 즐기길!"

- 세계적 칼럼니스트, 켄 피셔

"일주일 걸려 읽을 줄 알았는데 시작하자마자 멈출 수 없어서 하루에 다 읽어버렸다! 책을 읽고 나니 비탈리와 마음이 따뜻해지는 대화를 하며 하루를 보낸 기분이었다. 비탈리의 글은 재미있고 독자들이 삶을 깊이 생각해 보도록 공감을 불러일으킨다. 모든 장, 모든 문장, 모든 단어에서 비탈리가 진정으로 자신의 영혼을 담았다는 것을 느낄 수 있다."

- 『나이 들어가는 내가 좋습니다』의 저자, 헥토르 가르시아

"이 책은 어떤 책으로도 분류하기 어렵다. 회고록이자 자기계발서이며, 철학서이면서 양육서다. 동시에 글쓰기, 음악사, 예술 감상에 관한 책이기도 하다. 결국 선하고 의미 있는 삶을 사는 방법과 가장 어렵지만 가치 있는 균형과 자기 통제에 이르는 방법을 안내한다. 이 책은 나를 변화시켰고 당신도 변화시킬 것이다."

— 『위대한 음악을 듣는 방법』의 저자, 로버트 그린버그

"다양한 인생 경험이 담긴 자서전이며, 비판적 사고 방법과 투자 원칙에 대한 설명서, 그리고 완전한 인간으로 사는 법에 대한 안내서이다. 이 책은 시종일관 재미있고 유머러스하며 때때로 매우 깊은 통찰을 제시한다."

— 리버티 미디어의 회장, 그렉 마페이

"비탈리 카스넬슨의 기술은 투자이며 그의 예술은 글쓰기, 그의 열정은 의미 있는 삶을 사는 것이다. 이 모든 것이 이 책에 풍부하게 담겨 있다. 회고록이자 명상록, 자기계발서면서, 스토아 철학과 클래식 음악 미니 강좌까지 포함하고 있는 이 책은 친근하며 독특하고 놀랍다. 비탈리에게 시간을 투자하면 풍요로워질 것이다."

— 밀러 밸류 펀드의 회장, 빌 밀러

"인생에서 가장 중요한 것이 무엇인지 밝혀 주는 탁월한 안내서이다. 간결하고 영리한 지혜가 담겨있는 보석 같은 책."
  - 와튼 경영대학원 교수이자 『주식에 장기투자하라』의 저자, 제레미 J. 시겔

"비탈리는 보석 같은 사람이며 이 책은 매력이 넘치는 귀한 책이다. 처음에 나는 가치투자에 관한 글을 읽는 팬으로 비탈리를 알게 되었고, 가치 있는 투자 아이디어에 감사하는 동료가 되었으며, 그 후 가족, 부성애 등 더 많은 미덕과 가치를 감사하며 배우는 친구가 되었다. 주식 시장, 음악, 예술, 철학, 개인의 역사와 인류애를 재료 삼아 왕에게 어울릴만한 태피스트리로 엮어서 우리에게 가장 고귀한 자산인 '의미를 만드는 법'을 가르쳐 준다."
  - 럭스 캐피털의 공동 창업자이자 경영총괄 사장, 조시 울프

한국어판 서문

우리는 책을 펼칠 때 가장 먼저 그것이 어떤 책인지 분류하려 합니다. 장르를 따지고, 점점 더 세분화된 범주 속에 넣으려 하죠. 그렇다면 이 책은 어떤 책일까요?

이 책에 담긴 이야기들은 모두 실제로 있었던 일들입니다. 따라서 논픽션이라 할 수 있습니다. 하지만 이 책은 단순한 분류를 넘어, 여러분이 필요로 하던 책이 되어줄 것입니다. 우리는 모두 치유해야 할 상처와 채워지지 않은 호기심을 안고 살아갑니다. 이 책의 페이지가 그 2가지를 채워줄 뜻밖의 위안이 되길 바랍니다.

그동안 독자들은 저마다의 방식으로 이 책을 받아들였습니다. 어떤 이는 육아에 대한 지침을 찾았고, 또 다른 이는 창의성을 키우는 길을 발견했습니다. 누군가는 스토아 철학을 접하는 계기가 되었다며 감사의 인사를 전했고, 클래식 음악에 대한 열정을 다시금 불태웠다고도 했습니다.

스티브 잡스는 "우리는 앞을 향해 나아가며 인생을 살아가지만, 그 의미를 되짚을 때는 뒤를 돌아봐야 한다"라고 말했습니다. 사실, 저는 이 책을 쓰며 특정한 주제를 정해두지 않았습니다. 다만, 제 인생에서 가장 깊이 고민하고 깨달았던 생각들을 정리했을 뿐입니다. 그리고 그것이 여러분의 삶을 더욱 풍요롭게 만들기를 바랍니다.

부디 천천히 읽어 주세요. 하루에 몇 장씩, 차분히 곱씹으며. 그리고 마지막 장을 덮을 때쯤, 이 책은 결국 여러분의 삶에서 어떤 불꽃이 필요했는지를 보여주게 될 것입니다.

삶을 만끽하며, 풍요로운 날들이 함께하길 바랍니다.

2025년 2월
비탈리 카스넬슨

목차

3장. 하루하루를 쌓아라

4장. 스토아주의 1부 – 삶의 운영 시스템

5장. 스토아주의 2부 – 가치와 목표

들어가며 -
이 책을 읽는 법

10년 전 누군가 제게 가치투자와 전혀 상관없는 책을 쓰라고 제안했다면 저는 그냥 웃어넘겼을 것입니다. 투자 책을 두 권 쓰고 난 뒤에도 저는 글쓰기를 통해 생각하는 투자자이지, '작가'라고는 생각하지 않았습니다. 작가로서의 일은 도스토옙스키나 헤밍웨이 같은 전문가에게 맡기고 저는 제가 제일 잘 아는 일, 즉 가치투자에 전념하는 편이 좋겠다고 생각했습니다.

하지만, 여러 해 동안 투자라는 무대에 올라 저는 제 유년 시절과 제 아이들, 그리고 클래식 음악 등 '삶'의 이야기를 조연으로, 때로는 비유적으로 등장시켜 글을 쓰곤 했습니다. 우리는 아이들에 의해, 죽음에 대한 깨달음으로 인해, 그리고 글쓰기를 통해 변화합니다. 이와 같이 삶의 이야기가 조연에서 주연으로 부상하는 것은 시간문제였죠.

독자들이 보낸 수천 통의 이메일도 제게 많은 영향을 미쳤습니다. 독자들은 가치투자에 관한 글을 찾아 웹사이트에 들어왔다가 점점 제 인생의 이야기에 빠져들었다고 했습니다. 독자들은 제게 투자 말고 인생에 대해 책을 써 보라고 용기를 주었습니다. 제 이야기를 읽고 나서 삶이 나아졌다고 말하는 사람도 있었습니다. 글을 읽으면서 자신의 삶을 돌아본 사람도 있었고, 심지어 행동도 많이 변했다는 사람도 있었습니다. 여행하고, 사랑하는 사람들과 더 많은 시간을 보내고, 삶의 속도를 늦춰 인생을 천천히 음미하기 시작했다고 합니다.

이 책은 당신이 해야 할 가장 중요한 투자에 관한 이야기입니다. 바로 당신의 인생에 대한 투자입니다. 또한 책에 담긴 인생에 관한 이야기 한두 편이 당신의 마음에 닿아 일상에 한 줄기 햇살을 더해주고 당신에게 삶의 공백을 채울 용기를 주길 바랍니다.

이 책은 인생의 어느 때나 읽어도 좋습니다. 시간순이 아니라 주제별로 책을 구성했습니다(책을 읽다 보면 아이들의 나이가 중구난방일 거예요). 처음에는 몇 년 동안 쓴 글을 그저 모아서 책으로 엮으려고 했습니다. 하지만 편집하다 보니 제 내면에서 작가로서의 열정이 불타올랐습니다. 결국 오래된 글은 모두 다시 손을 보고, 새롭게 쓰기도 했습니다. 비록 전통적인 기승전결 이야기 구조를 따르지는 않지만, 그렇다고 해서 마구잡이로 엮은 글은 아닙니다. 그래서 가능한 한 쓴 순서대로 읽어주셨으면 좋겠습니다.

이 책은 7개의 장으로 구성되어 있습니다. 1장 **인생 학교의 영원한 학생**은 자전적 성격의 글입니다. 제가 어린 시절을 보냈던 소비에트 러시아를 무대로 합니다. 고모가 미국 스파이일지도 모른다는 두려움, 가족과 함께 미국으로 온 여정, 그리고 이 위대한 나라에서 보낸 시간의 초기로 당신을 초대합니다.

그런 다음 제 인생에서 가장 많은 것을 배운 시간으로 안내합니다. 바로 부모가 된 이야기입니다. 부모의 삶은 기쁨과 실수(아이들은 설명서 없이 찾아오더군요)로 가득하지만, 거기에는 성장이 있습니다. 부모가 되는 것은 삶에서 가장 변화무쌍한 체험입니다.

이어지는 내용은 '소울 인 더 게임Soul in the Game'으로, 이 책 전체를 통찰하는 관점이 담겨있습니다. 우리 삶에서 창조성의 의미를 찾는 데에 필요한 모든 것을 다룹니다. 소울 인 더 게임은 제 삶에 매우 중요한 개념입니다.

세상을 깊이 들이마시다에서는 가족들과 산타페, 샌프란시스코, 스위스, 프랑스, 이탈리아를 여행하면서 느꼈던 감동에 대해 적었습니다. 현대사회의 미술관이 이케아 쇼핑에 어떤 영향을 미쳤는지에서부터 제퍼슨식 만찬의 교훈, 생선회의 칼로리에 이르기까지 다양한 이야기들이 기다리고 있습니다. 이 흥미로운 이야기들을 통해 여러분이 세상을 더 넓게 볼 수 있는 영감을 얻었다면, 저는 성공했다고 생각합니다.

하루하루를 쌓아라는 자기계발 내용을 담고 있는 부분입니다.

일종의 자기계발서라고 할 수 있습니다. 자기계발의 노하우를 가르치는 내용은 아닙니다. 제가 식단을 조절하고, 수면 습관을 개선하고, 운동을 하고, 명상하는 법을 배우고, 많은 시행착오를 거쳐 새로운 습관을 만들기까지 경험한 배움의 여정으로 안내하고자 합니다. 또한 제가 결혼할 때 친구에게 받은 재정 관리에 관한 조언, 즉 결혼 생활에서 돈 문제로 인한 다툴 일을 없애 줄 비법을 나누겠습니다!

이 책의 편집을 마칠 무렵, 저는 스토아 철학을 접하게 되었습니다. 저는 즉시 스토아 철학에 깊이 매료되었고, 책 편집도 미룬 채 5개월 동안 스토아 철학을 공부하고 그 과정을 기록했습니다. 그리고 이 경험은 **스토아주의 1부와 2부**로 탄생했습니다. 책 속의 작은 책 역할을 하는 이 장은 두 부분으로 나뉘어 있습니다. 전반부는 삶을 이끌어가는 시스템으로써 스토아주의를 설명하는 데 초점을 맞추었고, 후반부는 삶을 더 행복하고 의미 있게 이끌어 줄 스토아적 가치관을 다룹니다.

창조성에 관하여는 제목에서 알 수 있듯 창조성에 관한 이야기입니다. 창조성은 이 책 전체를 관통하는 주제라고도 할 수 있습니다. 창조성이야말로 삶을 더욱 의미 있게 만드는 비결이며 매일 아침 저를 침대에서 일어나게 해 주는 원동력이기 때문입니다.

제가 터득한 글쓰기의 기술과 과정도 정리했습니다. 그리고

AC/DC●의 음악이 어떻게 우리를 좀 더 좋은 작가로 만들어 주는지도 덧붙입니다. 제가 투자회사를 운영하고, 투자 리서치를 하고, 가족과 함께 할 시간을 확보하고, 매년 책도 한 권씩 쓰기 위해 어떻게 삶의 체계를 세웠는지 보실 수 있습니다.

'오페라, 고통, 그리고 투자' 같은 부분은 제 커리어에서 극도로 고통스러웠던 시기에 관한 이야기입니다. 그리고 그 고통에 대처하기 위해 제가 사용했던, 스토아 철학에 기반한 삶의 도구들을 소개합니다. 이 글은 오랫동안 제 가상의 서랍 안에 보관되어 있었습니다. 지금까지 공개할 엄두를 내지 못했었죠.

창조의 롤러코스터를 완성했을 때, 저는 그동안 제가 쓴 이야기들을 책으로 엮어야겠다고 결심했습니다. 또 한 사람이 이 책의 출간을 부추겼죠. 바로 작곡가 표도르 일리치 차이코프스키입니다. 저는 차이코프스키의 고군분투했던 삶을 살펴보면서 작가로서 깊은 동질감을 느꼈습니다. 우리의 고통은 작곡이나 글쓰기뿐 아니라 모든 창조적인 활동에 존재하는 보편적인 요소라고 생각합니다.

차이코프스키는 **인생을 음악처럼 연주하라**에서 만나볼 수 있습니다. 이 책의 마지막 장에는 클래식 음악의 거장들인 차이코프스키, 슈베르트, 리스트, 브람스, 쇼팽, 베를리오즈, 브루크너의 인생이 펼쳐집니다.

클래식 음악과 작곡가에 관한 이야기가 이 책과 어울리지 않

●   호주의 하드록 밴드.

아 보일 수 있지만, 창조성이라는 주제와는 단단하게 연결되어 있습니다. 오늘날에도 우리는 이 거장들의 음악을 듣고 여전히 깊은 감동을 받습니다(클래식 음악은 마치 제게 마법 같습니다). 우리는 이 음악가들을 천재라고 부릅니다. 지금의 우리에게는 그들의 재능과 성공이 분명히 보이지만, 음악가 자신들에게는 그렇지 못했습니다. 천재적인 음악가들도 우리처럼 불안이 가득했고, 개인적인 문제와 창작의 어려움으로 만만치 않은 고통을 겪었습니다. 그들은 우리에게 좋은 작품뿐만 아니라 여러 중요한 교훈도 남겨주었습니다.

이 책의 요약이자 결론인 '의미 있는 삶을 위한 기술'에서는 이 책 곳곳에 남겨둔 빵조각들을 모으고, 예술과 기술의 관점으로 스토아 철학, 창조성, 그리고 클래식 작곡가들의 삶을 하나로 연결했습니다. 아, 그리고 제4의 벽*도 허물었습니다.

끝으로, 아직 앞날이 창창한 제법 젊은 사람이 왜 자서전을 쓰는지 궁금하다면 **나가며 − 설탕은 이제 그만**을 읽어보세요. 질문에 대한 답이 될 것입니다. 제가 드리고 싶은 조언은 이렇습니다. 글 한 편 한 편을 당신의 받은 편지함에 방금 도착한 이메일이라고 생각하고 읽어보세요. 다음 편지로 넘어가기 전에 잠시 생각할 시간을 가져 보길 권합니다.

저는 스토아학파의 창시자인 제논이 제자들을 대했던 방식을 따라 책을 썼습니다. 제논은 스스로를 의사라고 주장하지 않

●   연극에서 무대와 관객 사이에 존재하는 가상의 벽

았습니다. 자신이 옆 병상에 누워 있는 동료 환자들과 치료 과정을 공유하는 환자라고 생각했습니다.*

◆   자, 제가 누워있다고 상상하고 옆 침대로 와서 인생, 창조성, 스토아 철학, 클래식 음악, 그리고 수많은 재미있는 주제에 관해 이야기를 나눠봅시다.

1장

인생 학교의
영원한 학생

아이에서 부모가 되기까지,

그리고 삶을 설계하면서 얻은 지혜

원산지: 러시아, 제조국: 미국

경고. 서문을 건너뛰고 곧장 여기로 오셨다면
(저도 보통 그렇게 합니다), 지도도 없이 정글에 뛰어드신 겁니다.
가능한 서문을 먼저 읽으십시오.

붉은 10월

나는 북극권 바로 위에 있는 러시아의 최북서단 도시, 무르만스크Murmansk에서 어린 시절을 보냈다. 무르만스크는 항구 덕분에 존재하는 도시로, 따뜻한 멕시코 만류의 영향으로 긴 겨울 동안에도 항구가 얼지 않아, 북쪽에서 러시아로 들어가는 항로의 중요한 출입구 역할을 한다. 냉전 시대에는 러시아 북부 해군 함대의 사령부였기 때문에, 무르만스크는 미군의 최우선 감시 대상이었을 것이다. 톰 클랜시의 소설 『붉은 10월The Hunt for Red October』의 팬들은 무르만스크를 잠수함 '붉은 10월'의 주둔지로 기억할 것이다.

그럼에도 무르만스크의 겨울은 춥고 어둡다. 무르만스크에

비하면 시애틀은 햇살 가득한 천국이나 마찬가지다. 우리는 겨울마다 6주간 햇빛 없이 낮 시간을 보내야 했다. 고맙게도 해가 뜨긴 하지만, 눈으로 밝게 보일 정도는 아니었다. 아침이면 칠흑 같은 어둠을 뚫고 학교까지 걸어갔다. 내가 교실에 있는 시간인 정오 무렵에 30분 정도 해가 잠깐 모습을 드러내긴 하지만, 집에 갈 때는 깜깜한 길을 걸어야 했다.

도시 전체가 얼마나 햇빛에 간절했으면 '안녕? 태양Hello Sun' 이라는 기념일까지 만들었을 정도다. 이 모든 이야기가 얼마나 끔찍하게 들릴지 나도 잘 안다. 특히 1년에 300일 넘게 날씨가 화창한 덴버에서만 살아온 우리 아이들에게는 더욱 그럴 것이다. 하지만 나는 그런 곳에서 태어났다. 그걸 당연하게 받아들였고 특별히 다른 생각을 품지도 않았다.

당시에는 잘 몰랐으나 부모님의 삶이 얼마나 힘들었을지 이제는 알 것 같다. 무르만스크는 땅 속이 1년 내내 언 상태인 러시아 최북단에 있었기 때문에, 주변에 식물이라 부를 만한 것이 자라지 않았다. 식량은 대부분 다른 지역에서 구해와야 했다. 무르만스크는 생선(어쨌든 항구였으니까)과 빵은 풍부했다. 그게 전부였다.

우리 가족이 미국으로 이주하기 몇 해 전, 내가 십대였을 때 러시아 정부는 생선을 갈아 먹여 닭을 사육하는 방법을 알아냈다. 그래서 갑자기 닭고기가 넘쳐났다. 안타깝게도 생선으로 키운 닭고기에서는 생선 맛이 났기에, 나는 미국에 온 뒤에도 10년 동안은 닭고기를 입에 대지 않았다.

겨울이 되면 가게에서 과일을 사기도 힘들었다. 그래서 부모님은 9월에 커다란 병에 양배추 피클을 담아 창턱에 놓아두곤 했다. 양배추 피클은 양배추를 상하지 않게 저장하는 방법이었고, 몇 안 되는 겨울철 비타민 공급원이었다. 그리고 대구 간에서 추출해 우리가 생선 기름으로 알고 있는 '생선 지방'을 마시며 비타민 A와 D를 보충했다.

19살에 키가 190cm인 내 아들 조나 옆에 키가 178cm인 내가 서 있으면, 어째서 아들은 키가 그렇게 크냐고 묻는다. 그러면 나는, 어릴 때 햇빛도 없고 풀도 안 나는 곳에서 자라서 제대로 먹지 못한 데다가 비타민 D도 부족했다고 설명한다. 그리고 나서는 내가 덴버에서 자랐다면 195cm 키에 금발이었을 거라는 말을 꼭 덧붙인다.

어머니는 항상 끼니를 걱정했다. 이런저런 상황으로 가게의 진열대는 텅 비기 일쑤였는데, 매달 가족 단위로 배급표를 받아 겨우 고기를 몇 그램씩 살 수 있었다. 단, 가게에 고기가 있다면 말이다. 설령 고기가 있더라도 잠시뿐이어서 사기 위해선 줄을 길게 서서 기다려야 했다. 그래도 부모님은 한 번도 불평하지 않았다. 그것이 우리의 삶이었고, 우리 주변 사람들은 모두 그렇게 살았다. 다른 방식의 삶은 알지 못했다.

사실 부모님은 이전에 좀 더 안락하게 살았다. 아버지는 모스크바에서 자랐는데, 1950년대에 러시아에서 유대인으로 사는 것은 쉽지 않았다. 겉으로 드러나지는 않았지만, 반유대주의가 만연했다. 아버지는 고등학교 시절 친구를 가르칠 만큼 수학 실력이 탁월했지만, 대학에 지원했을 때 무슨 영문인지 수학 시험에서 '낙제'를 받았다. 다른 대학에 지원했다면 아버지가 합격했을지는 잘 모르겠다. 그러나 반발심이 생긴 아버지는 입학시험 없이 자신을 받아줄 학교인 무르만스크 해양 사관학교 Murmansk Marine Academy에 들어가기로 결심했다. 거기는 숨 쉴 줄만 알면 누구나 들어갈 수 있는 학교였다.

1950년대 후반, 아버지는 볼가강 인근에 있는 400년 역사의 아름다운 도시 사라토프Saratov로 친척을 만나러 갔다가 어머니를 만났다. 아버지와 어머니는 혈연까지는 아니었지만 먼 친척이었다. 두 분은 사랑에 빠졌고 어머니는 아버지를 따라 무르만스크로 왔다. 어머니는 지적이고 안락한 사라토프의 생활을 (피아노와 바이올린을 연주했고 부모님과 교향악 연주회에도 자주 다녔다) 뒤로하고 살기 힘들기로 악명 높은 무르만스크로 올 만큼 아버지를 깊이 사랑했다. 1950년대보다는 형편이 좀 나았지만, 1960년대에도 무르만스크는 여전히 어촌이었고 들리는 음악이라고는 술에 취한 선원들이 길에서 비틀거리며 고래고래 부르는 어부들의 음탕한 노래가 전부였다.

부모님은 무르만스크를 떠나 모스크바나 사라토프로 이사할 수도 있었다. 하지만 무르만스크에 두 분의 친구들이 있었고 아버지가 사랑하는 멋진 직업이 있었다. 아버지는 재능있고 존경받는 교수였고 무르만스크 전역에 있는 유력 인사 대부분을 가르쳤기 때문에, 도움이 필요할 때 청할 만한 다양한 사람들을 알고 있었다. 구소련 시대에는 모든 회사와 기관을 나라에서 운영해서 무엇을 얻으려면 꼭 인맥이 필요했다. 다른 학교로 전학해야 한다든지, 식구 수가 늘어 더 큰 집을 찾아야 한다든지 등 간단한 일들에서도 마찬가지였다. 이렇게 쓰고 있자니 이런 일들이 얼마나 이상하게 들릴지 나도 새삼스럽다. 사회주의에 오신 것을 환영합니다!

아버지의 영향력은, 전적으로 사랑과 존경에서 비롯된 것이었다. 아버지는 사관학교에서 집까지 3km 되는 거리를 걸어 다니기 좋아했다(내가 걷기를 좋아하는 것도 아버지에게 물려받은 것이다). 30분 정도면 갈 수 있던 퇴근길은, 아버지에겐 항상 2시간짜리 대화를 나눌 수 있는 산책길이었다. 지인을 만날 때마다 아버지가 멈춰서 10분씩 담소를 나누었기 때문이다. 아버지는 다른 사람에게 사랑과 존경을 받는 것을 좋아했던 것 같다. 아버지는 따뜻하고 정직했으며, 다재다능하고 편견이 없는 사람이었고 다른 사람의 말을 잘 들어주었다. 사람들은 그런 아버지를 좋아했다. 사람들이 아버지를 바라보던 존경의 눈빛이 내 기억에 남아있다.

만약 우리 가족이 무르만스크를 떠난다면 아버지는 이 모든 것을 포기해야 했다. 어머니는 절대 아버지에게 그런 요구를 할 수 없었다. 어머니가 아버지를 얼마나 사랑했는지 나는 40년이 지난 지금에 와서야 깨닫는다. 바깥의 모든 어려움으로부터 어머니가 아버지를 완벽하게 지켜준 것이었다. 아버지가 아버지 자신으로 살 수 있도록, 즉 가르치고 그림 그리는 일에 몰두할 수 있게 지켜주었다. 끼니를 걱정하는 일은 어머니의 몫이었다.

비록 힘겨운 삶이었지만 굶은 적은 없었다. 사실 내 주변에 굶주린 사람은 없었다.

어머니는 가족을 위해 경력을 포기했다. 어머니는 사라토프에 있는 대학에서 물리학 석사 학위를 받았지만, 무르만스크에서는 북극광 연구소에서 아르바이트 정도만 했다. 일과 개인적인 관심사보다 어머니는 언제나 가족을 중시했다. 어머니는 인생의 중심에 아버지와 우리 형제들을 두었다. 40대 후반이 되어서야 삶의 작은 여유를 찾고 합창단에 들어갔다. 내가 기억하기로는 어머니가 유일하게 자기 자신을 위해 했던 일이었다.

고통의 전환점

어머니와 아버지의 나이 차이는 1년으로, 두 분 다 생일이 5월이다. 나는 1983년 5월을 또렷하게 기억한다. 아버지의 50번째 생일을 며칠 앞둔 어느 날 나는 밖에서 바닥이 깨진 병을 들고 놀고 있었다. 친구가 병을 치는 바람에 병이 내 얼굴로 곧장 날아와서 오른쪽 눈 바로 아래가 찢어졌다(아직도 흉터가 남아있다). 나는 얼굴에 피를 흘리며 집으로 달려갔고, 눈가가 찢어진 채 피범벅인 막내아들을 침착하게 바라보던 어머니의 얼굴이 아직 선명하다. 어머니는 구급차를 부르고 나를 진정시켰다. 다행히 기적적으로 눈을 잃지 않았다. 병은 안구를 정말 아슬하게 비껴갔고, 나는 아버지의 50번째 생일을 병원에서 보냈다.

다음 해에도 우리 가족은 그다지 운이 좋지 못했다. 1984년 5월, 어머니는 생일 이튿날 극심한 두통으로 병원에 입원했다. 뇌암이었다. 어머니의 성격상 몇 주 전부터 두통에 시달리면서도 남편과 자신의 생일을 망치고 싶지 않아서 아픈 사실을 숨겼을 것이다. 어머니가 입원한 다음 날 아버지는 나를 데리고 어머니를 보러 갔다. 내가 알던 어머니의 모습은 그때가 마지막이었다.

그 당시 극심한 고통을 겪고 있던 어머니에게서 나는 어떤 두려움이나 자기 연민을 찾을 수 없었다. 나는 어머니가 자기 자신은 염두에 두지 않은 채 우리와 함께 한 마지막 날에도 아버지에게 큰형 레오에 관해 묻고, 작은형 알렉스가 학교에서 해야 할 일에 대해 알려주던 모습을 기억한다.

아버지는 사력을 다해 어머니를 치료하려고 했다. 쏟을 수 있는 모든 힘을 어머니 치료에 쏟아부었다. 어머니가 완전하게 회복될 거라며 지키지도 못할 약속을 하는 신경외과 의사를 상트페테르부르크에서 찾아 데려오기도 했다.

과학을 신봉하던 사람도 사랑하는 사람의 죽음 앞에서는 지푸라기라도 붙잡게 된다. 그것이 헛된 사이비의 유혹이라고 해도 말이다. 나는 아버지가 전기와 소금을 넣은 장치를 통과한 물이 암(또는 유사 질환) 환자에게 도움이 된다는 기사를 읽고 내게 설명했던 것이 어렴풋이 기억난다. 아버지는 실제로 장치를 제작해서 어머니를 위해 물을 만들었지만, 어떤 수술도 장치도 아무 소용이 없었다.

여름이 되면 무르만스크 사람들은 도시를 떠나 남쪽으로 향한다(겨울에 뉴요커들이 플로리다로 떠나는 현상과 비슷하고, 여름 동안 무르만스크는 반쯤 텅 빈다). 다가올 겨울을 대비해 미리 뼈를 덥히고 몸에 열을 비축해 두어야 했기 때문에 따뜻한 날씨와 햇볕이 필요했다(어머니는 농담 삼아 이렇게 설명했다). 보통 우리 가족은 여름 두세 달 동안 모스크바와 사라토프로 양가 조부모님을 만나러 갔다.

그러나 1984년의 여름은 달랐다.

작은형 알렉스는 나보다 6살이 많은 17살이었고 타지키스탄에 있는 리조트에 가 있었다. 큰형 레오는 21살이었고 무르만스크 해양사관학교 생도여서 도시에 남아있었다. 아버지는 당연히 어머니와 함께 무르만스크에 있었다. 그해 5월 말의 어느 날, 아버지는 15루블과 샌드위치 한 봉지를 주며 나를 상트페테르부르크행 기차에 태웠다.

이틀이 걸려 도착한 상트페테르부르크 기차역에는 아버지의 친구가 나를 도시 남쪽에 있는 작은 마을 푸시키노의 개척자 캠프에 데려다주었다. 10살짜리 아이에게 15루블은 꽤 큰 돈이었다. 이상하게 들릴 수 있겠지만 내가 그 돈으로 가장 먼저 산 것은 기차역에서 팔던 어둡고 풍자적인 반전 소설 『훌륭한 병사 슈베이크The Good Soldier Švejk』였다. 아무래도 나는 뭔가 문제가 있는 아이였던 거 같다. 차라리 장난감을 샀어야 했다.

더욱이 내가 "네 나이 때 나는 말이야…"라고 하면서 자기가 얼마나 힘들게 살았는지 설명하는 사람이 될 줄 몰랐다. 하지만 휴대폰이나 위치추적 장치도 없이 내 아이를 기차에 태워 이틀이나 낯선 사람들과 한 기차 칸에 둔다는 것은 지금의 나로서는 상상조차 할 수 없다. 막상 아이들은 잘 해낼 수 있고 아무렇지 않을 수도 있는데, 정작 나는 괜찮지 않다는 사실이 아이러니하다. 한 달 후, 아버지 친구가 캠프로 나를 데리러 와서 모스크바행 기차에 태워주었다. 모스크바에서 알렉스 형을 만났다. 남은 여름 동안 모스크바와 사라토프에서 할머니, 할아버지와 시간을 보냈다.

8월 말 무르만스크로 돌아왔을 때 나는 어머니를 알아보지 못했다. 어머니는 더 이상 내가 알던 어머니가 아니었다. 어머니는 갈색 머리에 아름답고 활기차고 웃음이 많은 사람이었는데, 우리 집에는 머리를 짧게 자른 백발의 여인이 있을 뿐이었다. 그 사람은 전혀 어머니처럼 보이지 않았다. 어떻게 두 달 만에 어머니의 머리가 전부 하얗게 세었는지 도무지 이해할 수 없었다. 몇 년이 지난 뒤에야 어머니가 그동안 틈틈이 갈색으로 염색했었다는 사실을 알게 되었다.

수술은 잘되지 않았고, 암은 계속 커져만 갔다. 어머니는 아버지 말고는 아무도 알아보지 못했다. 그러다 어머니는 남편을 아빠라고 불렀다. 대부분의 시간을 침대에서 보냈고 거의 말을 하지 못했다. 집에 몇 주 더 있다가 상태가 나빠지면서 병원에 입원해야 했다.

돌이켜보면 11살이었던 내가 얼마나 아무 생각이 없었는지 놀라울 따름이다. 어머니가 죽어가는데도 나는 아무 일 없다는 듯이 내 삶을 이어갔다. 어머니가 날 보살필 수 없고 아버지도 어머니를 돌보느라 바빴기에 오히려 나는 새로운 자유를 만끽했던 기억이 있다.

어머니가 병원에서 주사를 꽂고 있는 동안에도 내가 평범한 삶을 이어갔다는 죄책감은 지금까지도 나를 괴롭힌다. 심리학자들은 어머니의 죽음에 대처하기 위해 11살짜리 아이가 택한 자기방어 기제라고 말할 것이다. 나로서는 감당하기에 너무 벅찬 현실이라, 아예 차단했던 것이다.

10월 초, 사라토프에서 엄마의 동생 나타샤 이모가 와서 우리와 함께 지냈다. 엄마가 돌아가신 날 밤이 마치 어제 일처럼 생생하다. 나는 나타샤 이모와 집에 있었다. 병원에서 전화가 와서 이모를 바꿔 달라고 했다. 이모는 다른 방에서 전화를 받았고, 방에서 나오며 나를 안아주었다. 이모는 엄마가 돌아가셨다고 말했다.

지금도 그 이유는 알 수 없지만, 우리는 병원으로 갔다. 이모가 직원과 이야기를 나누는 동안 우리는 로비에 앉아있었다. 나는 혼자 떨어져 앉아있었는데, 누군가 내게 질문을 하자, 살면서 처음으로 머릿속의 단어가 입 밖으로 나오지 않는 현상을 경험했다. 그저 그 사람을 멀뚱멀뚱 쳐다보고만 있던 것이 기억난다.

30여 년이 지나고 나서야 내가 엄마에게 제대로 된 작별 인사를 하지 않았다는 사실을 깨달았다. 내가 알던 엄마는 50번째 생일 다음 날, 병원에 입원할 때 이미 돌아가셨다. 나는 엄마가 돌아가실 줄 몰랐기 때문에 작별 인사를 하지 못했다. 그날 돌아가신 분은 전혀 엄마처럼 보이지 않는 짧은 백발의 여인, 그분이 돌아가신 것이다.

아버지

스토아 철학자들이 훈련한 기법 중에는 '부정적 시각화'라는 것이 있다. 무언가 또는 누군가를 잃는 상황을 미리 상상하는 훈련이다. 이 훈련에는 2가지 효과가 있다. 첫째, 상실의 고통을 줄여주고, 둘째, 자신의 소유와 주변 사람에게 감사하는 마음을 갖게 해준다. 누구에게나 큰 도움이 되는 방법이다.

로마의 스토아 철학자 세네카는 이렇게 쓰기도 했다. "우리에게 소중한 모든 것을 사랑해야 한다. 그러나 그것을 영원히 지키리라 장담할 수 없다는 사실, 아니 다만 오랫동안이라는 기간만큼도 장담할 수 없다는 사실을 언제나 염두에 두어야 한다."

어머니가 돌아가신 뒤 몇 달 동안 나는 아버지마저 잃을까 봐 두려웠다. 악몽을 꾸기도 했다. 아버지를 잃을지 모른다는 두려움이 내 머리를 가득 채웠다. 원하거나 의도하지 않았지만, 나도 깨닫지 못한 채 부정적 시각화를 연습하고 있었던 것이다.

어머니의 죽음을 긍정적으로 받아들이고 싶진 않지만, 한 가지 좋은 변화는 있었다. 어머니가 세상을 떠나자 나는 아버지와 더 가까워졌다. 어머니가 떠난 뒤 몇 개월에 그치지 않고 수십 년이 지난 지금까지도 그렇다. 나는 20대 후반에 결혼하기 전까지 아버지와 살았다. 30대와 40대에는 적어도 일주일에 한두 번은 꼭 아버지를 만났다. 아침 산책을 함께 하기도 하고, 주중에 한두 번 아버지 집에 들러 아침에 같이 식사를 했다. 일 년에 한두 번씩 함께 여행도 했는데, 처음에는 아버지와 단둘이(남아프리카와 유럽을 포함해서), 나중에는 아이들도 함께 갔다. 아버지와 나는 마치 친구처럼 부자 관계 이상의 훨씬 깊은 관계를 누린다.

어머니를 잃은 직후 아버지도 잃을 수 있다고 상상, 즉 부정적 시각화를 하게 되면서 아버지의 존재에 깊이 감사하는 마음이 들었다. 어머니의 죽음 이후 내가 아버지와 더 가까워진 까닭은 아버지가 그동안 어머니 덕분에 머물 수 있었던 학문의 세계에서 밖으로 나와야 했기 때문이다. 양육의 책임을 나눠지던 어머니가 떠났으니 나를 책임지는 일은 전적으로 아버지의 몫이 되었다. 그나마 두 형이 해병사관학교 생도였으니, 아버지가 돌볼 사람은 나 하나였다.

아버지는 한부모가 된 상황을 잘 헤쳐 나갔다. 나는 명랑한 아이였지만 게으르고 공부에 욕심이 없었다. 선생님은 나를 좋은 학생으로 평가하지 않았고, 나도 그 판단이 틀렸다는 것을 증명할 생각이 없었다. 아버지로서는 다루기 어려운 과제를 맡은 셈이었지만 그래도 아버지는 최선을 다했다. 아버지가 나를 믿어주고 항상 그것을 표현했기에 마침내 그 믿음은 결실을 볼 수 있었다. 참고로 이는 내 인생의 업적들을 자축하려는 게 아니라, 어릴 때 스스로 세웠던 매우 낮은 기준을 뛰어넘었다는 의미이다.

나는 어려운 상황에 직면하거나, 내 행동을 평가해야 할 때 다음과 같이 자문한다. "아버지라면 어떻게 했을까?" 그만큼 아버지는 내 롤모델이고 언제까지나 그럴 것이다. 지적이고 친절하며 인내심 많고 배움에 대한 열정이 넘치는 모습뿐만 아니라, 아버지의 용기도 본받고 싶다.

러시아에서 우리 집은 5층에 있었다. 아래층에는 아이가 여덟 있는 가족이 살고 있었다. 아버지는 농담으로 그 집을 "마늘 가족"이라고 불렀다. 한 통에 붙어 있는 마늘들처럼 아이들이 모두 똑같이 생겨서 누가 누구인지 구분할 수 없었다는 의미에서 나온 이름이었다.

내가 13살 때의 일이다. 어느 날 점심을 먹으러 집에 왔다가 다시 학교로 돌아가는 중 아파트 계단을 내려가는데 마늘 가족의 집에서 연기 냄새가 났다. 초인종을 누르고 문도 두드렸지만, 대답이 없었다. 나는 위층으로 뛰어 올라가 망치를 들고 내려와서 아랫집 문을 쳐서 열려고 했다. 잠시 후 아버지가 내려오셔서 상황을 파악하고는 단호하게 나를 한쪽으로 비켜 세웠다. 그리고 내게 집으로 올라가 소방서에 전화하라고 했다. 아버지는 문을 몸으로 들이받아 열었고 불길에 휩싸인 집 안으로 들어갔다. 방마다 확인하며 5살짜리와 7살짜리 두 아이를 구출했다. 아이들은 겁에 질린 채 방에서 이불 아래 숨어 있었다. 만일 아버지가 소방관을 기다리고만 있었다면 아이들은 불에 타 죽었거나 연기에 질식했을 것이다.

소방서는 학교에서 기념식을 주최했고, 거기서 나는 "불 속에서 아이들을 구하다"라는 문구가 새겨진 시계를 받았다. 내가 한 일이라고는 그저 우연히 그때 그 자리에 있어서 소방서에 전화한 것이 전부였지만, 반면 아버지는 자기 목숨을 걸면서 아이들을 구했다.

30년도 더 지난 일이니, 아버지의 집 어디에서도 메달은 눈에 띄지 않을 것이다. 나도 그동안 본 적이 없는 것 같기도 하다. 아버지는 그날 일을 친구들에게 한 번도 말하지 않았다. 아버지는 내면이 이미 안정적이기 때문에 외부의 인정을 구하지 않아도 되는 겸손한 사람이다.

엄마가 죽고 몇 년 후에 아버지는 재혼했다. 나는 새어머니 페이가의 아들 이고르와 친형들만큼 가깝게 지낸다.

군대 체질이 아니라서

무르만스크는 항구가 주축인 도시여서, 교육 기관에서는 어업이나 상선 산업에 필요한 인력을 키우는 데 중심을 둔다. 나도 당연히 해양대학이나 해양사관학교에 진학할 줄 알았다. 두 학교의 학생들은 모두 생도로서 기숙사에 들어가서 해군 제복을 입고 엄격한 군대식 규정에 따르고, 해군 장교의 엄격한 명령에 복종해야 하는 준군사학교였다.

또한 러시아 군대는 징병제여서 모병을 걱정할 필요가 없었고, 군인에 대한 처우가 매우 열악했다. 월급은 병사들이 돈을 보내달라고 집에 편지를 써야 할 만큼 적었다. 러시아 청년들에게 군 복무는 마치 2년 징역형처럼 여겨졌다(적어도 내가 있을 때는 그랬다. 지금은 달라졌다고 들었다).

1980년대 후반에는 이미 아프가니스탄 전쟁이 끝난 후였으므로 청년들이 병역을 기피했던 이유는 죽음에 대한 두려움에서 비롯된 것이 아니었다. 젊은 청년들은 몇 년씩 인생의 한창때를 낭비하기가 두려웠고 당시 빈번했던 나이 많은 병사들의 학대가 경악스러웠기 때문이었다. 심지어 내 친구 하나는 지극히 멀쩡했지만 군 복무를 피하려고 정신 병원에 들어가서 정신 질환을 앓는 척을 했다.

아버지와 두 형은 모두 무르만스크 해양사관학교를 졸업했다. 아버지는 사관학교에서 27년 동안 학생들을 가르쳤다. 형들이나 나나 선원이 될 생각은 없었다. 레오 형은 철학자가 되고 싶어 했고(지금은 엔지니어다), 알렉스 형은 전기 엔지니어만 아니면 뭐든지 되고 싶어 했다(지금은 덴버에서 성공한 부동산 중개인이자 자신의 예술적 뿌리를 발견한 뛰어난 예술가다). 그래서 우리에게는 선택의 여지가 별로 없었다. 무르만스크에 있는 준군사학교 둘 중 한 곳에 입학하거나 '붉은 군대Red Army'에 입대하는 것이었다.

내가 8학년을 마칠 무렵, 법이 바뀌었다. 해양사관학교 생도에게 주어졌던 징집 면제 혜택이 없어졌고 해양대학 생도에게만 유지된 것이다. 나는 해양대학에 들어가서 모든 순간이 두려운 시절을 보냈다. 그곳에선 군대 막사에서 생활하며 해군 제복을 입었다. 지휘관의 명령에 복종하는 것도 싫었고 배우는 과목에도 전혀 흥미가 없었지만, 다른 결정은 더 끔찍했을 것이었다. 선택의 여지가 별로 없을 때는 어쩔 수 없다. 그나마 가장 덜 해로운 것을 선택해야 한다.

시베리아 고모

아버지에게는 두 명의 여동생이 있다. 한 명은 평생 모스크바에서 살았고 다른 한 명은 1979년 모스크바에서 가족과 함께 시베리아로 이주했다. 오랜 세월 나는 어째서 시베리아에 사는 고모와 사촌들은 한 번도 우리를 방문한 적도 없고 전화조차 하지 않는지 의아해했다. 서로 매우 가까이 지내는 우리 가족답지 않은 일이었다.

마침내 1988년 여름, 아버지는 고모가 시베리아로 간 것이 아니라고 털어놓았다. 사실 고모는 시베리아가 아니라 미국으로 갔다고 했다. 그 순간 나는 분노가 치밀어 올랐다. 내 입에서 가장 먼저 튀어나온 말은 "배신자", 그리고 "스파이"였다.

지금 듣기에는 우스꽝스러운 말이지만, 내가 냉전 시대에 살던 아이였다는 것을 이해해 주기 바란다. 우리 반에서는 한 달에 한두 번 영화관에 가서 붕괴하는 자본주의 국가 미국에 관한 선전용 다큐멘터리 영화를 단체 관람했다. 노숙자가 넘쳐나고 흑인들이 폭행당하고, 가난한 사람은 부자에게 착취당하고, 사람들은 독이 든 햄버거를 먹고 있었다. 물론 햄버거 장면이 새

빨간 거짓이라는 것을 나중에 알게 되었다.

러시아 영화에서 미국인은 대부분 우리의 조국 러시아 파괴를 일생일대의 과업으로 삼은 악당이자 스파이로 그려졌다. 나는 9살 때 개척자 캠프에 가서 현장 학습을 나간 적이 있는데, 어떤 외국인 관광객이 내게 풍선껌을 줬다. 하지만 그때 캠프 선생님은 공포에 질려서 껌을 내던졌고, 독이 들었을 텐데 내가 살아있는 것이 다행이라고 소리쳤다. 나라 전체가 세뇌되었다.

아버지는 내 입에서 튀어나온 "배신자"와 "스파이"라는 말을 듣고도 전혀 놀라지 않았다. 아버지는 고모네 가족이 좋은 교육을 받았는데도 러시아에 사는 유대인이라면, 흔히 겪는 반유대주의라는 장벽에 부딪혀 가난하게 살았다고 담담하게 설명했다.

그리고 고모의 소재가 당국에 알려질 경우에 닥칠 끔찍한 결과 때문에 우리에게도 진실을 숨겼다고 했다. 아버지와 어머니는 직장을 잃었을 테고 형들과 나는 출국 금지를 당했을 것이다. 실제로 고모가 미국으로 떠난 후, 남아있던 다른 고모는 계급이 강등되었고 배반죄 연루로 유죄를 선고받았다.

이등 시민

부모님은 우리를 반유대주의로부터 보호하려고 줄곧 노력했지만, 나는 내가 유대인이라는 사실이 문제처럼 느껴질 때가 많았다. 어린 시절에도 나를 이등 시민으로 대하는 태도를 자주 맞닥뜨렸다.

국적은 소련 여권에 필수 항목이었고 모든 종류의 신청서에도 반드시 기재해야 하는 항목이었다. 7살 때, 부모님은 내게 음악적 재능이 있는지 확인하려 성악 수업을 신청했는데, 선생님은 신청서를 작성하면서 일반적인 질문인 부모님 이름, 주소, 전화번호, 그리고 국적을 물었다. 그때 내가 수치심에 가득 차 바닥을 바라보며 "유대인"이라고 말했던 기억이 생생하다.

러시아는 아파르트헤이트*가 있던 남아프리카공화국과는 달리 유대인에 대한 공식적인 차별이나 분리 정책은 없었다. 스탈린이 유대인을 전부 극동지역으로 보내려고 했지만, 갑작스럽게 사망하면서 계획은 중단되었다. 러시아가 늘 반유대주의였다고 말하면 거짓말일 것이다. 항상 그런 건 아니었지만, 그래도 문득문득 우리 삶에 영향을 미쳤고 어떤 이들은 다른 이들보다 더 큰 영향을 받았다. 1950년대 아버지가 모스크바 대학에 지원했을 때 겪은 일을 제외하면 우리 가족은 다른 유대인들에 비해 차별의 영향을 훨씬 덜 받았다. 무르만스크는 이민자들의 도시였기에 1960년대와 1970년대에는 다양한 배경의 사람들이 어우러져 활력을 만드는 도시였다.

나는 항상 유대인을 국적이라고 생각했다. 성인이 되기 전까지도 유대인을 종교적 정체성과 연관해서 생각하지 못했다. 부모님과 조부모님에게는 종교가 없었고, 소련에서는 1학년 때부

---

* 백인우월주의에 근거해 남아프리카공화국이 시행했던 극단적인 인종 차별 정책.

터 선생님들에게 모든 제도적 종교의 핵심 교리들이 거짓이라고 배운다. "신은 존재하지 않는다. 모두 대중의 망상일 뿐이다"라는 제목의 강의는 없었지만, 교사들이 가르치는 내용은 모두 똑같았다. 아버지는 교사들도 어쩔 수 없는 환경의 산물이라고 했는데 맞는 말인 것 같다.

생각해 보니 내가 아는 사람 중에는 신앙이 있는 사람이 한 명도 없었다. 부모님에게 교사, 과학자, 의사 등 유대인 친구가 많았지만 아무도 종교가 없었다.

미국으로 가다

1985년 '글라스노스트'* 개혁 이후, 수십 년을 이어오던 세뇌 교육은 진실 앞에서 서서히 무너졌다. 1980년대 후반에는 VCR을 살 만한 형편인 사람이 거의 없었지만 아파트 지하에 VCR 한 대에 여러 대의 TV를 연결해서 만든 소규모 VCR 영화관이 곳곳에 생겨났다. 아파트 영화관은 국영 극장과 달리 검열의 손길이 닿지 않아서 상영작을 자유롭게 선택할 수 있었다.

VCR은 이미 수십 번 복제한 VHS 테이프로 만든 것이었기에 화질과 음질이 형편없었다. 모든 등장인물이 한 사람의 단조로운 목소리로 더빙되었다. 그러나 우리에게는 전혀 문제가 되지 않았다. 우리는 다양성에 굶주려 있었고 미국 영화가 그것을 채

———
● '투명', '개방'이라는 뜻으로, 구소련 고르바초프 공산당 서기장이 실시한 개방 정책.

워주었다. 영화를 수백 편 보고 나니 미국과 자본주의가 생각만큼 부패하지 않았다는 사실이 고통스러울 정도로 분명했다. 그리고 캠프 선생님이 소리쳤던 것과 달리 미국인들은 어린아이들을 독살할 생각이 전혀 없었다.

그러나 미국인들이 개를 먹는다는 사실은 매우 충격적이었다. 러시아와 서방 세계의 관계가 해빙기를 맞이하면서 미국과 유럽이 러시아에 원조 식량을 보내기 시작했다. 나도 통조림과 포장 식품이 가득 담긴 상자를 받은 날이 기억난다. 처음 보는 종류의 음식들에 모두 신이 났었다.

그중 '핫도그Hot Dogs'라고 쓰인 통조림이 있었다. 내 영어 실력으로도 '핫(뜨거운)'과 '도그(개)' 정도는 충분히 알 수 있었다. 당시 러시아에는 '뜨거운 개'라는 말이 존재하지 않았다는 사실을 알아 두길 바란다. 러시아에도 소시지와 얇은 소시지인 링크Link는 있었다. 우리는 미국인들이 개를 죽여서 뜨겁게 먹는다는 사실에 큰 충격을 받았다.

1990년, '시베리아' 고모가 우리를 미국으로 초청했다. 불과 몇 년만 일렀어도 터무니없게 들릴 정도로 불가능한 일이었다. 어쨌든 우리는 미국의 잔인한 음식 문화에도 불구하고 이민을 결정했다. 아버지 보기에 러시아에는 우리를 위한 미래가 없었다. 1991년 12월 4일에 우리 가족은 뉴욕에 있었다. 뉴욕에서 하룻밤을 보낸 후 덴버로 이동했다. 새롭고 여러모로 힘든 삶이 시작되었지만, 우리는 러시아를 떠난 것에 대해 후회하지 않았다.

러시아에서 미국으로 오는 여정은 생각만큼 파란만장하지

않았다. 팬암 항공 일반석 예약이 초과되는 바람에 무료로 좌석 업그레이드를 받아 모스크바에서 뉴욕까지 일등석으로 왔다. 1991년의 미국은 이미 우리보다 앞서 왔던 수십만 명의 러시아 이민자들이 이주의 길을 잘 닦아놓은 상태였다 . 공항에는 고모와 고모가 다니는 유대교 회당 사람 6명이 우리를 친절하게 맞아주었고, 이들이 미리 마련한 가구가 완비된 아파트로 우리를 데려다주었다. 당연히 자기중심적인 자본주의자일 거로 예상했던 사람들이 베풀어주는 이타심에 우리는 모두 큰 충격을 받았다. 고모와 회당 사람들, 그리고 유대인 가족 서비스Jewish Family Service◆의 도움 덕분에 우리 가족은 비교적 빨리 정착할 수 있었다.

또 다른 충격은 알고 있던 뉴욕이나 로스앤젤레스와 전혀 다른 덴버의 풍경이었다. 야자수는 물론 고층 건물도 많지 않았다. 그동안 봤던 할리우드 영화의 배경은 해변 도시가 대부분이어서 내륙의 풍경은 생소했다. 또한 미국인들이(적어도 덴버에서는) 옷을 제대로 갖춰 입지 않아서 무척 놀랐다. 러시아인들은 유럽인들처럼 옷차림에 신경을 많이 썼다. 미국인들은 옷차림에 그다지 신경 쓰지 않는 것 같았다.

공부했다고 하기에는 부족하지만, 나는 러시아에서 영국식 영어를 공부했다. 실제 말하기 경험은 전혀 없었고 순전히 암기 위주 학습이었다. 미국에 오니 '영국 정통 영어'가 쓸모없다는

───

◆ 수많은 러시아 출신 이민자를 도운 훌륭한 단체.

사실을 바로 깨달았다. 담배 한 갑 살 수준으로는 괜찮았지만, 그 이상의 대화는 거의 알아들을 수 없었다. 미국인들은 단어를 또박또박 말하지 않고 붙여서 흘리듯 말했다.

부족한 영어 실력도 나의 구직활동을 막지 못했다. 고모는 내게 "입사 지원서를 작성하고 싶습니다"라는 말을 가르쳐 주었다. 이 중요한 문장과 매력적인 미소, 두둑한 배짱으로 무장하고 3km 반경 안에 있는 모든 회사의 문을 두드렸다(나중에 알고 보니 몇 군데는 스트립 클럽이었다). 몇 달간의 노력으로 나는 헬스클럽에서 수건을 정리하고 탈의실을 청소하는 일자리를 구했다.

TV도 훌륭한 교재였다. 나는 시트콤 〈못 말리는 번디 가족 Married with Children〉을 보며 일상생활에서 쓸 수 있는 영어를 배울 수 있었고, 덕분에 주인공 앨 번디는 한동안 내 롤모델이었다.

미국에서의 새로운 인생은 흥미진진했다. 새로운 친구, 새로운 나라, 모든 것이 다 새로웠다. 하지만 아버지와 새어머니는 전혀 다른 시간을 보내고 계셨다. 가족을 먹여 살려야 했으니 부모님에게는 한동안 몹시 힘든 나날이었다. 아버지는 가르치는 일을 할 수 없었기 때문에 그림을 그리기 시작했다. 새어머니는 러시아에서 의사였지만 미국에서는 호텔에서 객실 관리직을 맡았다. 당연히 어머니에게는 어렵고 고통스러운 전환점이었다. 워낙에 인품이 좋은 아버지는 시간이 늦어지면 호텔로 가서 어머니를 쉬게 하고 대신 침대 정리를 하곤 했다. 지금도 아버지는 호텔에 투숙하면 팁을 넉넉히 두고 나온다.

몇 년이 지나 아버지가 작품을 팔아 돈을 벌기 시작하면서 새어머니는 호텔을 그만두고 아버지의 '비즈니스 매니저'가 되었다. 영어 의사소통은 어머니가 맡았다.

투자자가 되다

처음 미국에 왔을 때 나는 곧바로 콜로라도주의 주민 자격을 갖지 못했다. 그리고 대학 등록금이 타지역 학생으로 적용되면 감당하기 어려운 수준이라 일단 고등학교에 들어가 영어를 배우기로 했다. 사실 러시아에서 떠날 때 대학 졸업을 3개월 앞둔 상태였으니, 꽤 파격적인 일이었다. 나는 고등학교에서 가장 나이가 많은 학생이었지만 별로 신경 쓰지 않았다.

졸업 후 내 미국 생활은 고등학교를 갓 졸업한 여느 평범한 학생들의 전형적인 진로를 따랐다. 아버지와 새어머니와 함께 살긴 했지만, 독신의 자유를 만끽했고 풀타임으로 일하면서 대학을 다녔다.

대학에서 처음 몇 년 동안 데이트하듯 전공을 6번 바꿔본 후(여자 친구는 둘뿐이었다), 다행히 내가 하고 싶은 일이자 좋아하는 일을 발견했다. 바로 투자였다. 인생의 대부분이 그렇듯 투자도 우연히 발견하게 되었다.

나는 콜로라도주 골든시에 있는 소규모 투자회사 PVG 자산관리에 취직했다. 조 페코라로와 빌 라미그라는 훌륭한 인물들이 경영하던 회사였다. 1990년대 초에는 컴퓨터가 자주 고장나서 PVG는 컴퓨터를 수리할 상주 인력이 필요했다. 정규 교육을 받은 적은 없지만, 나는 혼자서 내 컴퓨터를 자주 고쳤던 경험으로 소프트웨어 문제를 제법 잘 해결했다.

하지만 하드웨어적인 문제는 잘 알지 못했다. 어느 날 조가 회사 서버의 비디오 카드를 교체하라고 지시했다. 한창 업무 시간이어서 서버를 종료하려면 모든 직원에게 일을 중단하라고 요청해야 했다. 내 게으름 때문이었는지 아니면 직원들에게 업무 중단을 요청하고 싶지 않아서였는지는 잘 기억 나지 않는다. 나는 용감하게도(그리고 아주 멍청하게도) 전원이 연결되어 작동 중이던 서버에 비디오 카드를 설치하기로 했다. 다행히 내가 감전되지 않았지만, 서버가 하드디스크와 데이터를 포함해 타버렸다.

더 충격적인 일은 그다음에 일어난 일이었다. 나는 해고되거나 적어도 크게 질책을 받을 거라 예상했다. 그러나 오히려 아무 일도 일어나지 않았다. 조는 농담을 몇 마디 했다. 빌은 당황한 나를 보고는 진정시켜 주려고 애썼다. 그 일이 무고한 실수라고 말해주며, 빌과 조는 내가 저지른 문제를 해결하는 데 집중했다.

새로운 서버를 사고, IT 회사에 연락했다. 데이터는 백업 데이터로 복구했다. 그랬더니 다음 날 회사는 다시 정상으로 돌아왔다. 내 연봉 절반의 비용을 날린 사건이었지만 그 후로 다시 언급되지 않았고 그렇게 마무리되었다. 지금 생각해 보면 그때 조와 빌의 반응이, 내가 이후 IMAInvestment Management Associates, Inc.의 CEO로서 비슷한 상황에 부딪혔을 때 어떻게 행동해야 할지 기준을 세워주었던 것 같다. 존중과 자비와 침착함, 그리고 약간의 유머로 대처하는 것이다.

조는 아버지의 그림을 좋아했다(여전히 아버지 그림의 가장 큰 수집가이다). 거의 30년이 지난 지금도 우리는 여전히 친구로 지낸다. 2017년 12월 나는 빌에게 "내가 어떻게 달라졌는지"를 축하하는 뜻밖의 다정한 이메일을 받았다. 그러나 슬프게도 빌은 한 달 후에 갑작스러운 폐렴으로 세상을 떠났다.

다시 1990년대로 돌아가서, 조와 빌과 함께 나눈 대화는 투자에 대한 내 열정에 불을 붙였다. 여러 전공을 전전하던 방황을 멈추고, 오직 투자 하나에만 헌신했다. 몇 년 후, 학교를 졸업할 때 나는 애널리스트가 되기로 했다. 안타깝게도 PVG는 애널리스트를 뽑지 않아서 나는 다른 회사를 알아보기 시작했다.

나는 할 수 있는 모든 방법을 동원했다. 신문의 구인 공고를 보고 지원하는 것은 물론이고 전화번호부를 꺼내 콜로라도주 안에 있는 모든 투자회사에 이력서를 팩스로 보냈다(당시에는 이메일이 없었다).

때마침 운 좋게 한적한 덴버 교외에 있는 자금 운용회사인 IMA가 신문에 애널리스트 구인 광고를 내기 직전에 내 팩스를 받았다. 나는 아직도 그날 오후를 기억한다. 학교에서 막 집에 돌아왔을 때, 새어머니가 '아주 예의 바른 신사 한 분'이 구인에 관해 전화했다고 말했다. 내가 회사로 전화해 보니 그 신사는 IMA의 창업자이자 당시 CEO였던 마이크 콘Mike Conn이었다. 마이크와 얘기를 나누면서 IMA가 집에서 불과 세 블록 떨어진 곳에 있다는 사실을 알았다. 나는 10분 안에 가겠다고 했다. 마이크도 좋다고 했다.

면접은 전형적인 형식이라기보다는 일상적인 대화처럼 진행되었고, 나는 마이크가 마음에 들었다. 마이크는 아이오와주의 300명 정도 사는 작은 마을 근처 농장에서 자랐다. 가족 중에서 처음으로 대학, 그것도 그냥 대학이 아니라 하버드를 졸업한 사람이었다. 역사, 책, 영화를 포함해 인디 500레이스에서 카레이서와 벤트맨(피트 스톱에서 차의 연료를 담당하는 팀원)으로 활약했던 모험담 등 흥미로운 이야기가 넘치는 사람이었다. 나는 지금껏 마이크처럼 상대방에게 아무것도 바라지 않고 즐겁게, 그리고 능숙하게 대화하는 사람을 만난 적이 없다.

마이크가 조와 빌을 이미 알고 있는 것도 도움이 되었다. 마이크는 조와 빌에게 전화했는데, 서버 사건은 언급하지 않은 것이 분명했다. 일주일 후에 나는 채용되었기 때문이다.

몇 년 후 마이크는 내가 자신이 면접한 유일한 사람이었다고 말했다. 1997년 나에게 기회를 준 마이크에게 영원히 감사함을 느끼고 있다. 미국에 온 지 6년이나 지났지만 아직 러시아 억양이 꽤 강할 때였다. 그럼에도 불구하고 마이크는 내게서 투자에 대한 불타는 열정과 배우고자 하는 열망을 보았다. 마이크는 나의 멘토이자 친구이며 좋은 체스 상대였다(마이크는 항상 내가 우월한 러시아 체스 유전자를 타고났다고 말했다).

그때 이후로 나는 IMA와 함께하고 있다. 내 인생에서 가장 오래 유지하고 있는 관계다. 결혼하기 전부터 시작되었다. 애널리스트로 시작한 후에 점차 포트폴리오 관리자로 성장해서 2014년에는 CEO가 되었다.

작가 탄생

IMA에 입사하고 몇 년 후 덴버에 있는 콜로라도 대학에서 대학원 투자 수업을 가르치기 시작했다. 가르치는 일을 좋아했지만 2가지 이유로 7년 만에 '은퇴'했다. 첫째, 학점을 주는 일이 너무 싫었다. 특히 나쁜 점수는. 나는 모두가 나를 좋아해 주면 좋겠다는, '좋은 사람 증후군'을 앓고 있다. 성적을 나쁘게 줄 때마다, 점수를 받는 학생만큼이나 나도 괴로웠다. 둘째, 지루해졌다. 매 학기 같은 수업을 반복해서 가르치다 보니 몇 년 지나자 흥미가 사라졌다.

그리고 2004년 더스트리트닷컴TheStreet.com에 글을 쓰기 시작했다. 그 당시 더스트리트는 흥미롭고 실험적인 존재였다. 전문 기자가 모든 기사를 작성하는 다른 금융 웹사이트와 달리 더스트리트는 주로 전문 금융업 종사자들이 직접 시장, 경제, 주식에 관한 기사를 썼다. 더스트리트가 독자, 그리고 편집자라는 안전망을 제공했다.

글쓰기는 처음이었지만, 나는 내가 글쓰기를 아주 좋아한다는 사실을 발견했다. 나는 거의 매일 글을 썼고, 교실에서 가르치는 것과 달리 글쓰기는 전혀 지루하지 않았다. 지금도 마찬가지로 지루하지 않다. 만약 어떤 주제가 더 이상 내 지식과 호기심의 한계를 넓혀주지 않게 되면 다음 주제로 넘어간다.

글쓰기는 쓰는 시간만큼 늘지만, 그 시기를 객관적으로 돌아보면 글쓰기 자체보다는 글쓰기에 대한 내 생각이 훨씬 더 빠르게 성장했다는 것을 알 수 있다. 글을 쓰기 시작한 지 일 년이 채 되지 않아서 나는 서구권에서 가장 존경받는 간행물인 〈파이낸셜 타임즈Financial Times〉에 배짱 좋게 기사를 투고했다. 놀랍게도 내 기사는 실렸고, 더 충격적인 사실은 내 기사를 정기적으로 게재해 주었다는 것이다.

〈파이낸셜 타임즈〉에 기고한 글 하나에는 내가 더 깊이 탐구해 보고 싶은 아이디어의 핵심이 들어있었다. 2005년 말 나는 그 아이디어를 책으로 출판하기 위해 출판사 존 와일리 앤 선스 John Wiley & Sons에 제안했다.

18개월 후에 『적극적 가치투자Active Value Investing』가 세상에 나왔다. 그 시절 내가 젊고 오만했던 것이 다행이었다. 내 능력 이상의 일을 하려고 덤벼들었다는 자각조차 없었다. 지금이라면 절대 하지 못할 일이었다.

첫 책을 쓰고 나니 다른 출판사의 문들이 조금씩 열렸고 나는 수월하게 들어갈 수 있었다. 〈크리스천 사이언스 모니터 Christian Science Monitor〉, 〈배런스Barron's〉, 〈포천Fortune〉 등 주요 간행물에 내 기사가 실리기 시작했고 〈인스티튜셔널 인베스터Institutional Investor〉의 칼럼니스트가 되어 명망 있는(아는 사람만 아는) 상도 여러 번 받았다.

더스트리트닷컴과 〈파이낸셜 타임즈〉에 글을 쓰는 틈틈이 친구와 친척 몇십 명에게 내 기사를 이메일로 보내기 시작했다. 솔직히 말하면 기사를 보내달라고 요청한 적도 없었으니 스팸 메일이나 다름없었을 텐데, 다들 너무 친절해서 나쁜 말은 하지 않았다. 몇 사람은 내게 동정심 섞인 격려를 보내주기도 했다.

글쓰기는 내면의 대화를 외면의 형태로 만드는 것이다. 지금도 나는 내 자신이 하는 말을 들으며 이 글을 쓰고 있다. 글쓰기는 누군가의 대화이며 나는 그 누군가를 이메일의 수신자나 '친구들과 친척들'로 시각화한다. 초창기에는 이메일 독자들이 회신해 주고 기사에 댓글도 달아준 덕분에 훨씬 쉽게 시각화할 수 있었다. 〈인스티튜셔널 인베스터〉에 칼럼을 쓸 때도 머릿속에서 잡지 구독자가 아닌, 이메일 구독자에게 쓰고 있다고 생각했다. 이렇게 생각하면 모르는 사람이 아닌 친구와 가족에게 쓰는 글이 되기 때문에, 경계심이 줄고 더 솔직해져서 내 식대로 편안하게 간간이 유머도 구사하며 쓸 수 있다.

글을 쓰기 시작한 지 몇 년 후 나는 이제 내가 "삶에는 이보다 나은 무엇이 더 있을 거야(불멸의 프레디 머큐리 노래에서 인용하면)"라는 단계에 들어섰다는 것을 알게 되었다. 인생에는 투자보다 더 많은 것이 있다는 생각이 들기 시작했다. 변화는 아버지의 작품으로부터 시작했으며, 빙하가 움직이는 것처럼 천천히 진행되었다. 나는 아버지를 사랑한다. 아버지가 뛰어난 화가이기도 해서 이메일에 아버지의 그림을 첨부하기 시작했다.

그러다가 1~2년 후부터는 클래식 음악을 넣기 시작했다. 어느 날 음악을 들으며 기사를 쓰고 있었는데, 어떤 작품이었는지는 기억나지 않지만 감동을 받았던 것은 분명하다. 그 곡에 대해 몇 문단을 빠르게 쓰고 유튜브 링크를 몇 개 추가해서 투자 기사 이메일에 함께 보냈다. 별다른 관심을 보이지 않고 아무 말 없는 사람들도 있었지만, 계속하다 보니 여러 사람으로부터 자신도 클래식 음악에 대한 애정이 되살아났다는 감사의 표현을 받기 시작했다.

아버지의 작품에 대한 반응도 흥미로웠다. 기사에 아버지의 그림을 첨부하기 시작한 지 꽤 지났고, 그러다 한번은 아버지의 그림을 빠뜨린 채 이메일을 보냈다. 놀랍게도 "비탈리, 기사가 좋습니다만 아버지의 그림을 빼고 이메일을 보내지 마세요"라는 정중하지만 제법 단호한 문구가 적힌 이메일을 받았다. 즉, 독자들은 내 이메일을 〈플레이보이〉 잡지처럼 기사가 아니라 그림을 보려고 읽고 있던 것이다.

개인적인 생활도 점차 글에 녹아들었다. 여전히 '친구들과 친척들'에게 쓰는 글이었기에 아이들, 가족 여행, 자기 계발 과정, 그리고 러시아에서 보낸 어린 시절에 대한 향수를 나누기 시작했다. 시간이 지날수록 삶에 관한 글쓰기는 투자에 관한 글쓰기만큼 내게 중요해졌다(때론 더 중요했다).

서문에서도 언급했듯이 많은 이들이 투자 기사를 찾아 웹사이트에 들어왔다가, 내 인생 이야기와 아버지의 작품, 또는 클래식 음악에 더 몰입하게 되었다고 말했다. 이러한 반응 덕분에 인생 이야기를 계속 쓰게 되었다. 내 인생 이야기가(투자 기사가 아니라) 그들의 삶에 변화를 불러왔다고 말하는 이들도 많고,

몇몇 사람은 시시콜콜한 개인사는 집어치우고 투자 기사에 집중하라고 말하기도 한다. 그런 경우에는 투자 기사들을 모아둔 investor.fm에서 기사를 골라서 읽으면 된다고 말해준다.

글쓰기로 맺어진 관계에서 가장 큰 수혜자는 나 자신이라는 것을 잘 알고 있다. 클래식 음악에 관해 글을 쓰면서 음악에 대해 더 배우고 싶다는 열정이 생겼다. 가족과 삶에 관해 글을 쓰면서 가족과 내 삶에 더 감사하게 되었다. 좀 더 깊이 있는 주제에 관해 쓸 때 잠재의식을 탐구하며 그 과정에서 항상 재충전과 새로운 호기심을 경험하게 된다. 글쓰기라는 여정은 나를 변화시킨다. 나는 일차원적인 가치투자자에서 인생 학교의 영원한 학생으로 변했고, 점점 더 나은 사람이 되고 있다.

제조국: 미국

나는 20대 후반에 레이첼과 결혼해서 지금은 조나, 해나, 미아 세라 이렇게 3명의 멋진 아이들이 있다. 이제 우리 가족들을 소개할 차례다.

가끔은 우리 가족이 미국에 오지 않았다면 내 인생은 어떻게 되었을까 생각해 보곤 한다. 18살이라는 나이에 영어 한마디도 제대로 못하는 내가 이 나라에 와서 불이익을 겪었나? 이 생각도 많이 해 보았다. 아마 처음 몇 년은 불이익을 좀 겪었던 것 같다. 특히 첫 직장으로 타코벨에 지원했을 때 채용 담당 매니저가 물어본 말을 하나도 알아듣지 못했다(타코벨에 취직은 못했다).

일단 영어를 배우고 문화에 적응하고 나니, 내게 중요한 장점이 하나 있다는 것을 발견했다. 바로 성공을 향한 강한 추진력이었다. 이는 많은 이민자가 가지고 있는 특징인데 자기가 태어난 나라와 미국이 제공하는 환경과의 대비를 뚜렷하게 보기 때문이다. 내 아이들에게도 이 추진력이 생길지는 잘 모르겠지만 그렇지 않다고 해도 괜찮다.

그리고 내겐 또 하나의 장점이 있다. 훌륭한 부모님이다. 지금 내게 가장 중요한 일은 부모님이 나에게 그랬던 것만큼 나도 아이들에게 좋은 부모가 되는 것이다.

나는 미국인들이 항상 웃는 얼굴로 자신의 진짜 생각은 말하지 않는 특성에 적응하기까지 시간이 좀 걸렸다. 러시아인들은 매우 직설적이다. 잡담은 하지 않고 자기 생각을 대놓고 말한다. 몇 년이 지나서야(몇 번 해고를 당해보고서야) 나를 보고 웃는다고 해서 반드시 나라는 사람이나 내 업무 성과에 만족한다는 뜻은 아니라는 사실을 깨달았다.

내가 러시아식 솔직함을 좋아하는지 아니면 미국식 정중함을 좋아하는지도 궁금해졌다. 그러다가 2008년 알렉스 형과 러시아에 가니 마치 내가 물 밖에 나온 물고기처럼 느껴졌다. 사람들은 시종일관 웃는 얼굴로 다니는 나를 의심스럽게 바라보며 내 정신 상태에 의문을 품었다. 결국 나는 러시아 사람들의 직설적인 태도에 금방 질려버렸다.

아무래도 나는 러시아에서 태어나긴 했지만, 미국에 맞게 만들어진 사람 같다.

소울 인 더 게임

"살날이 천 년 만 년 있는 사람처럼 행동하지 말라.
죽음은 항상 문 앞에 와 있다.
그러니 살아 있는 동안, 힘이 있는 동안 선을 행하라."
- 마르쿠스 아우렐리우스

'소울 인 더 게임Soul in the Game'은 내 인생에 가장 가치 있는 개념이다. 무엇이든 영혼을 담아서 하는 사람은 한눈에 알아볼 수 있다. 영혼이니 뭐니 하는 내 말이 의아하게 들릴 수도 있지만, 먼저 스시의 장인 지로를 소개하며 이야기를 시작해 보려 한다.

걸작 다큐멘터리 영화, 〈스시 장인: 지로의 꿈Jiro Dreams of Sushi〉은 도쿄에서 스시집 '스키야바시 지로'를 운영하는 85세 사장 지로 오노의 이야기를 담고 있다. 지하철역 통로 한편에 있는 지로의 가게는 지극히 평범한 외관과 10개뿐인 자리를 가진 작은 가게다. 다큐멘터리 영화로 제작할 만한 식당처럼 전혀 보이지 않을지도 모른다.

그러나 지하철역에 붙어 있는 이 가게가, 알고 보면 세계 최초로 미슐랭 3스타를 받은 스시집이다. 전 세계에는 수백만 개의 식당이 있지만 이 책을 쓰고 있는 현재까지 미슐랭 3스타를 받은 식당은 135곳에 불과하다. 버락 오바마 미국 대통령도 바로 이 작은 식당에서 공식 방일 일정 중에 아베 신조 일본 총리와 스시 만찬을 즐겼다.

'스키야바시 지로'가 특별한 이유는 무엇일까? 그야말로 깜짝 놀랄 맛의 스시가 있기 때문이다. 렘브란트의 걸작에 담긴 붓 자국 한 획 한 획처럼 스시 한 점 한 점이 예술이다. 지로는 세계 최고의 스시를 만들기 위해 평생 끊임없이 노력한 예술가이며, 마침내 그 목표를 이루었다. 지로는 깨어있는 모든 순간을 최고의 스시를 만드는 일에 쏟아부었고 때로는 잠든 순간에도 노력을 이어갔다. 그런 까닭에 다큐멘터리의 제목도 〈스시 장인: 지로의 꿈〉이 되었다. 지로는 어떤 스시를 만들지 꿈에서 아이디어를 얻을 만큼 스시 생각에 몰두하고 있다.

지로의 가게에서는 작은 디테일 하나도 놓치지 않고 완벽함을 추구하는 노력을 볼 수 있다. 최근에 지로는 문어를 주무르는 시간이 30분에서 45분으로 늘어나면 풍미를 훨씬 뛰어나게 끌어올릴 수 있다는 사실을 알아냈다고 말했다. 또한 가게에 연인이 방문하면 상대적으로 입이 작은 여성이 남성과 같은 속도로 먹을 수 있도록 배려해준다. 지로는 스시 한 점 한 점을 두 사람이 함께 음미하길 바란다고 한다. 지로가 하는 모든 일의 작은 부분마다 이런 고도의 집중력이 담겨있다.

자신의 기술에 전적으로 헌신하는 삶을 보여주는 지로는, 진정 소울 인 더 게임의 본보기라 할 수 있다.

그렇다면 '소울 인 더 게임'이란 무엇인가?

먼저 소울(영혼)은 무엇인가? 영혼은 형체가 없지만 우리의 본질이자 가장 소중한 부분이다. 게임이란 우리가 깊이 관여하여 노력을 기울이는 모든 창조적 활동을 의미한다. 회사를 경영하고, 예술 작품을 창작하고, 글을 쓰고, 투자를 하고, 스시를 만드는 등 우리가 시간과 노력을 쏟을 가치가 있다고 믿는 모든 창조적인 행위를 말한다. 소울 인 더 게임을 하는 사람은 이러한 가치에 자신의 전부, 즉 모든 관심, 에너지, 열정을 하나도 남김없이 쏟아붓는다.

소울 인 더 게임에 대해서는 내가 가장 좋아하는 학자 나심 니콜라스 탈레브Nassim Nicholas Taleb를 통해 알게 되었다. 탈레브가 자신의 저서 『스킨 인 더 게임Skin in the Game』에서 간략하게 소개한 이 개념이 나에게 큰 울림을 주었다.

소울 인 더 게임을 자세히 설명하기에 앞서, 먼저 탈레브가 심도 있게 다룬 주제이자 연관 개념인 '스킨 인 더 게임'을 살펴보자.

『스킨 인 더 게임』은 간략하게 한 문장으로 요약할 수 있다. "성공뿐만 아니라 실패도 함께 공유할 수 있는 사람과 일하라." 누군가 당신에게 상품을 판 대가로 돈을 벌면서, 거래에서 발생하는 손실은 피해 가려는 사람은(월스트리트 거래의 많은 경우가 그렇다) 스킨 인 더 게임을 하는 사람이라 볼 수 없다. 이런 사람의 조언은 당신에게 최선의 이익이 되지 않을 수 있다.

만약 지로와 수련생들이 자기가 만든 스시를 먹지 않는다면 당신이나 나도 결코 지로의 식당에서 식사하고 싶지 않을 것이다. 직원들도 자기가 만든 스시를 먹을 수 있어야 하고, 그러면서 그들의 이익과 우리의 이익이 서로 연결된다. 날생선을 먹어도 탈이 나지 않는다는 것 말이다.

나는 우리 회사 IMA를 '스킨 인 더 게임' 정신으로 일하는 투자사로 만들었다. 우리 회사는 고객의 성공에 따라 성장하기도 하고 위축되기도 하지만, 그것만으로 진정한 스킨 인 더 게임을 한다고 볼 수는 없다. 그건 직접 몸 전체를 담그지 않고 기껏해야 발가락 하나만 넣다 빼는 수준에 불과하다. 나는 우리 가족의 모든 유동 순자산, 즉 평생 모은 저축을 고객이 보유한 주식과 동일한 주식에 투자함으로써 스킨 인 더 게임을 실천한다. 나와 내가 사랑하는 사람들(가족)도 IMA 고객과 똑같이 내가 내린 결정에 따르는 보상을 공유하고 무엇보다 손실도 함께 나눈다.

소울 인 더 게임은 스킨 인 더 게임을 훨씬 높은 차원으로 끌어올린 개념이다. 경영주가 상품이나 서비스의 성공과 실패를 고객과 함께 공유하는 것 이상으로 상품과 서비스가 경영주의 정체성과 일치하는 수준이 되는 것이다. 지로와 지로의 스시처럼. 창작자의 자부심과 창작의 결과물이 완전히 맞물려있다.

탈레브는 소울 인 더 게임을 장인 정신과 연결하여 설명한다. 자신이 하는 일을 사랑하게 되면 그 일은 더 이상 단순한 일이 아니라 정교한 기술이 되고, 그것이 무엇이든 우리는 자부심, 사랑, 정성을 다하게 된다.

〈스시 장인: 지로의 꿈〉에서도 같은 이야기를 하고 있다. 지로는 제자가 10년을 수련하면 비로소 달걀말이를 만들도록 허락한다. 그때부터 수련생은 몇 달 동안 오직 달걀말이에만 전념한다. 지로가 인정할 만한 달걀말이를 완성하면 지로는 그를 쇼쿠닌, 즉 장인이라고 부른다.

소울 인 더 게임을 하는 장인이 된다는 것은 내게 다음과 같은 의미라 할 수 있다. "장인은 신성한 금기를 지킨다. 금전적 이익을 위해 금기를 깨지 않는다."

아버지는 평생 장인으로 사셨다. 아버지는 예술가였을 뿐만 아니라 교사, 과학자, 그리고 발명가이기도 했다. 러시아에 살던 시절, 당시에 뇌물을 주는 일은 미국 식당에서 팁을 주는 것만큼이나 흔했다. 아버지는 무르만스크에서 가장 명망 높은 대학의 교수였기에, 많은 이들이 아버지에게 뇌물을 바치며 성적을 올려달라고 했지만, 아버지는 언제나 한 치의 망설임도 없이 거절했다. 덕분에 우리 가족의 살림살이는 늘 소박했다.

하지만 아버지에게도 신성한 금기를 포기할 뻔한 순간이 찾아왔다. 어머니가 심각한 병에 걸려 약국에서 구할 수 없는 약이 필요했던 것이다(소련 시절 이야기라는 것을 잊지 말길 바란다). 한 학부모가 '연줄'을 자랑하며 자기 아들에게 합격 점수를 주면 약을 구해주겠다고 제안했다. 그러나 그때도 아버지는 자격이 안 되는 학생에게 함부로 성적을 주지 않았고, 대신 시험에 합격할 때까지 몇 주 동안 그 학생에게 개인지도를 해 주었다.

우리가 미국으로 이주했을 때 아버지의 나이는 58세였다. 새로운 언어를 배워 그 언어로 가르치는 일을 하기에는 너무 나이가 많았다. 그래서 취미로 그리던 그림이 아버지의 새로운 직업이 되었다. 대부분의 러시아 지식인이 결국에는 택시 운전이나 호텔 객실 청소를 하던 상황과 달리 아버지는 미국에서 화가로 새로운 인생을 시작했다.

아버지는 예술가로 사는 삶을 좋아했다. 그리고 여전히 자신만의 금기가 있었다. 아버지에게는 예술이 우선이고 직업은 그 다음이었다. 절대 돈이 작품에 영향을 미치는 일이 없도록 했다. 후원자가 작품을 의뢰해도 그 주제가 흥미로울 때만 그림을 그렸다. 절대로 창작이 판매에 좌우되는 법이 없었다. 아버지는 돈이 아니라 예술을 북극성으로 삼았다.

장인에게 가장 중요한 원동력은 탁월한 기술(때로는 예술의 경지에 이를 만한)을 연마하는 것이다. 금전적 동기는 항상 부차적인 것이다.

워런 버핏Warren Buffett은 탭댄스를 추며 출근한다고 한다. 버핏은 10억 달러를 더 벌고 싶어서가 아니라 투자가 좋아서 일하러 가는 것이다. 버핏은 버크셔 해서웨이를 경영하는 일이 미켈란젤로가 시스티나 성당의 천장화를 그리는 것과 비슷하다고 말하곤 했다. 그는 장인이다. 그에게 투자는 예술이자 기술이다. 이 주제는 이후에 더 다루겠다.

지로의 식당에는 좌석이 10개뿐이다. 식사 비용은 300달러

(약 40만 원)로 정해져 있다. 메뉴는 따로 없다. 고객이 최고의 저녁 식사를 경험할 수 있도록 지로가 스시 24개를 선별하고 만들어서 코스로 낸다. 또한 스키야바시 지로는 예약이 불가능한데, 최근 미슐랭은 대중들이 예약할 수 없다는 이유로 3스타 등급을 취소했다.

그러나 실제로 이 일은 지로의 사업에 아무런 영향을 주지 않았다. 수요가 공급을 능가하기 때문이다. 지로가 돈을 목적으로 삼았다면, 식당을 수백 석 규모로 확장해서 체인점을 열고 가격을 두 배로 올릴 수도 있었다. 하지만 지로는 그렇게 하지 않았다. 돈은 언제나 일의 목적이 아니라 부산물일 뿐이다. 결국 지로가 추구하는 최고의 목표는 맛있는 스시를 만드는 것이며, 재정적 성공은 그에 자연스럽게 따라오는 것이다.

지로의 생각에 나도 깊이 공감한다. 나에게 투자란 매일 맞춰보는 특권을 경험할 수 있게 해 주는 매혹적인 지적 퍼즐과 같다. 투자는 끝이 없는 자기 계발의 여정이다. 나는 버핏만큼 부유하지도 않고 그럴 열망도 없지만, 탭댄스를 추며 출근하는 마음은 똑같다(자전거나 차를 탈 때도 있지만).

처음에는 우연이었지만 나도 나중에는 노력을 기울여 완벽한 직업으로 만들어갔다. 투자나 포트폴리오에 대한 생각을 출근할 때 시작하고, 퇴근하면 끝내는 것쯤으로 여기지 않았다. 아직은 지로의 경지만큼은 아니어서 주식에 대한 꿈까지는 꾸지 못하지만, 투자 생각은 항상 내 주위를 맴돈다. 좀 과도할 때도 있고 끊임없이 일과 가정 사이에서 줄다리기를 하지만 나는 일을 바꿀 생각이 없다. 10억 달러 복권에 당첨되더라도 내 일상은 조금도 바뀌지 않을 것이다. 하나 있다면 아이들이 돈으로 망가지지 않도록 더 노력하는 일일 것이다. 다른 일을 하는 내 모습은 상상할 수 없다.

IMA가 성장해서 회사의 규모가 고객에게 제공하는 투자 결정이나 서비스의 품질이 달라질 것 같으면, 어느 시점에는 회사의 성장에 제동을 걸 것이다. 신규 고객을 받지 않을 것이다. "10석"으로 충분하다.

장인은 인생 학교의 학생이다. 평생.

이 문장은 아버지를 떠올리게 한다. 아버지는 60대 후반에 이미 여러 번의 전국 전시회 수상 경력과 미술관 전시 작품들을 보유한 중견작가가 되었고, 그러다 평소 좋아하던 작품을 그린 화가를 알게 되었다. 그 화가가 마스터클래스를 연다는 것을 알고는 주저 없이 등록했다. 자존심이나 업적에 얽매이지 않았다. 자신이 배울 만한 사람을 발견했으니 주저 없이 그를 찾아가 새로운 것을 배웠다.

인생 학교의 학생은 내게 매우 중요한 개념이다. 어쩌면 이 책의 제목이 될 뻔했다. 앞으로 여러 번 등장할 텐데 그만큼 반복할 가치가 있다. 자존심과 업적이 배움과 성장을 억누르고 멈추게 하지 않으려면 무엇보다도 새로운 지식에 열린 마음으로 끊임없이 배우려는 태도를 유지해야 한다. 여기에 연결하여 다음 내용을 살펴보자.

장인은 향상을 위한 노력을 멈추지 않는다. 지로는 70년 넘게 스시를 만들고 있지만 여전히 배우고 있다. "이 나이에도 내 일에서 아직 완벽한 경지에 도달하지 못했습니다. 언제나 더 이루고자 하는 열망이 있지요. 저는 정상에 닿고자 끊임없이 올라가지만, 정상이 어디인지는 아무도 모릅니다." 지로는 이런 마음으로 매일 최고의 스시를 만든다. 지로의 장남도 아버지와 같은 생각이다. 아들은 이렇게 말한다. "항상 멀리, 그리고 더 높이 바라보십시오. 항상 나아지려고 노력하십시오. 항상 기술을 연마하십시오."

　장인은 명확한 하나의 목표에 집중한다. 지로는 "나는 같은 일을 반복하고 또 반복하면서 조금씩 발전한다"라고 말했고, 스토아 철학자 에픽테토스는 "당신이 주의를 기울이는 것, 그것이 바로 당신이 된다"라고 했다. 한 가지 뚜렷한 목표 의식에 끊임없이 향상하려는 추진력과 항상 배우려는 학생의 태도가 더해지면 놀랍도록 강력한 힘이 발현된다.

　클로드 모네의 작품 〈루앙 대성당〉은 한 가지 목표에 집중하여 끊임없이 향상하려고 노력하는 평생 학생, 즉 장인의 본질을 잘 보여준다. 1892년, 인상파 미술의 아버지 모네는 루앙 대성당 맞은 편에 아파트를 빌렸다(이 이야기는 '의미 있는 삶을 위한 기술'에서 더 자세히 다루겠다). 모네는 6개월 동안 오직 하나의 주제, 대성당만을 그렸다. 모네는 빛을 연구했고, 이렇게 기록했다. "풍경은 시시각각 변하기 때문에 풍경 그 자체로는 존재하지 않는다. 다채롭게 변하는 주변의 빛과 공기로 풍경은 계속 새롭게 살아난다."

모네는 하나에만 집중했다. 대성당과 대성당을 비추는 빛에 완전히 매료된 후 모네는 아내에게 이렇게 썼다. "나는 미친 사람처럼 일하고 있소. 대성당 생각을 멈출 수가 없소." 모네는 이후 3년 동안 대성당 그림 30점을 그렸다.

모네는 52세의 탁월한 예술가였고 이미 40년 넘게 그림을 그리고 있었다. 그러나 빛을 연구하는 데 나이는 결코 문제가 되지 않았다. 모네는 인생 학교의 학생이었다. 모네는 더 나아지길 원했다.

끝으로, 소울 인 더 게임을 하기 위해서는 당신이 추구하는 일이 사회 전체에 넷 포지티브net positive가 되어야 한다(긍정적인 영향만을 미쳐야 한다). 긍정적 영향은 가시적으로 측정하기 어렵지만 결코 경시할 수 없는 중요한 요소이다. 쇼쿠닌(장인)이라는 말에는 기술력을 갖춘 기술자 이상의 의미가 담겨있다. 사회에 유익을 끼치기 위해 최선을 다하는 태도와 사회적 책임을 포함한다. 내가 추구하는 핵심 가치도 이와 일맥상통한다. 당신이 속한 세상을 보다 더 나은 곳으로 만들라. 그게 아니라면 인생의 목적이 무엇이란 말인가?

이와 같은 삶은 이타적인 동시에 이기적인 노력이기도 하다. 당신이 세상에 공헌한 것은 모두 되돌아와 당신의 삶을 더 나아지게 만든다. 이것이 내가 추구하는 삶의 방식이다. 중요한 가치인 만큼 내 아이들도 이 가치에 따라 살아가길 바란다.

신성한 금기를 지켜라.

자신이 하는 일을 사랑하라.

삶을 사는 동안 언제나 인생 학교의 학생이 돼라.

집중하라. 그리고 끊임없이 향상하라.

자신이 하는 일에서 예술을 발견하라.

자기 것으로 만들어라.

자부심을 가져라.

사회에 넷 포지티브가 돼라(선한 영향력을 끼쳐라).

이 원칙들을 지킬 때 당신의 계좌 잔고가 최고치로 불어난다고는 보장할 수 없지만, 당신은 분명히 만족스럽고 의미 있는 삶을 살게 될 것이다. 간단하다. 소울 인 더 게임을 하라!

지로의 조언으로 이 장을 마무리하려고 한다. "일단 직업을 정했다면 그 일에 완전히 몰입하십시오. 자기가 하는 일과 사랑에 빠져야 합니다. 직업에 대해 불평하지 마세요. 기술을 완전히 익히는 데 인생을 바치세요. 그것이 성공의 비결이며…… 명예와 존경을 얻는 길입니다."◆

◆　장인에게 돈은 부차적인 결과물일 뿐이며 가장 중요한 것은 품질, 곧 기술이다. 현대 포트폴리오 이론은 투자를 과학적이고 체계적인 과정으로 만들었다. 대형 연기금과 재단은 매니저의 성과를 철저히 분석하여 자금 운용 여부를 결정한다. 여기서 매니저는 장기적 관점은 고려하지 않는다. 결과적으로 고객의 이익보다 동료들의 투자 패턴을 따라가며 살아남는 것을 우선시한다.
　그러나 고객의 인생이 투자 결정에 달려 있다는 사실을 깨닫는다면 이런 태도는 용납될 수 없다. "기업은 그에 맞는 주주를 확보한다"라는 말처럼, 투자회사도 가치관이 맞는 투자자를 끌어들이게 된다. 좋은 평판을 쌓는 데는 오랜 시간이 걸리지만, 잃는 것은 한순간이기 때문에 진심을 담아 일하는 것이 중요하다. 로마 황제이자 스토아 철학자였던 마르쿠스 아우렐리우스는 이렇게 말했다. "삶의 모든 일을 마지막인 것처럼 하라."

말문이
막혔어요

육아는 내가 지금까지 해 보고 앞으로도 하게 될 일 중에 가장 어려운 일이지만 가장 가장 보람 있는 일이다.

사실 나는 부모가 될 준비가 되어 있지 않았다. 레이첼과 내가 결혼한 지 13개월 후에 조나가 태어났다. 레이첼은 22살, 나는 28살이었다. 레이첼이 임신했다고 말한 날을 지금도 기억한다. 나는 안락의자에 앉아 책을 읽다가 눈을 감은 채 한 시간 동안 아무 말도 하지 않았다.

말문이 막혔다. 기쁨에 겨워서라기보다 충격에 휩싸였기 때문이었다. 우리는 학자금 대출을 갚아가며 그달 벌어 그달 먹고 사는 형편이었다. 머릿속 컴퓨터가 스프레드시트를 열어 기저귓값, 어린이집 비용, 학비 등을 계산하며 우리가 아이를 어떻게 감당할지 따져보고 있었다.

당시에 이런 생각을 가졌다니, 죄책감이 든다. 그때 레이첼이 겪었을 여러 가지 감정을 나는 상상조차 할 수 없다. 나는 아버지에게 전화를 걸어 '기쁜' 소식을 말하며 걱정거리도 함께 나누었다. 아버지는 조용히 듣고만 있었지만, 나는 수화기 너머로 아버지 얼굴에 미소가 번지는 것을 느낄 수 있었다. "이 세상에 60억 인구가 살고 있어. 그렇다면 수십억 명의 부모도 존재한다는 말이겠지. 그 많은 사람이 모두 어떻게든 잘 해냈으니, 너도 그럴 거야." 통화를 마치고 내가 무엇을 했는지는 기억이 희미하지만, 나는 필연적인 사실, 즉 레이첼과 내가 부모가 된다는 사실은 확고하게 받아들였다.

2001년에는 조나가, 2005년에는 해나가, 그리고 2014년에는 미아 세라가 태어났다. 우리 가족은 이제 여자들이 더 많고, 이 아이들은 곧 만나게 될 것이다. 이 장에는 내 인생의 행복한 나날들, 즉 육아의 순간들이 담겨있다. 이 순간들이 내게 글을 쓸 영감을 불어넣어 주었다.

힘겨운 순간들도 무척 많았다. 조나는 10살이 될 때까지 혼자 잠을 자지 못해서 레이첼과 나는 10년이나 수면 부족을 겪어야 했다. 그러다 드디어 10년 만에 해결책을 찾았다. 바로 아이팟이었다. 나는 조나가 볼 수 있는 선반에 아이팟을 올려놓고 20일 동안 혼자 자면 아이팟을 주겠다고 했다. 아주 성공적인 작전이었다. 앞으로도 알 수 있겠지만, 세 아이 중에 뇌물이 잘 통하는 아이는 조나가 유일하다. 애플에게 감사를!

나는 조나가 자라서 어엿한 성인으로 자립할 거라 확실히 믿고 있었다고 말하고 싶지만, 사실 그러지 못했다. 말하지 않았지만, 조나가 16살이 될 때까지 걱정했다. 조나는 성적이 형편없었고, 모든 문제에 대해 다른 사람 탓을 했다. 배울 의욕도 전혀 없었기에 나는 어떻게 해야 할지 몰랐다.

그러다가 고등학교 2학년 여름에 조나는 콜로라도 청소년 단체와 함께 이스라엘로 여행을 갔다. 마치 철들기 스위치라도 켜진 것처럼 완전히 다른 사람이 되어 집으로 돌아왔다. 학교 공부에 진지하게 임했고 2학년 때 1.3이던 학점이 3학년 때는 3.9로 무려 3배나 올랐다. 자기가 한 약속도 지키기 시작했다. 19살이 된 지금의 조나에 대해선 나는 아무 걱정이 없다.

세상에 완벽한 아이란 존재하지 않는다고들 말하지만, 해나는…… 내가 기억하는 한 해나는 걱정이나 골칫거리를 안겨준 적이 한 번도 없었다. 해나가 4살 때 함께 스키를 타러 가서 여러 번 잃어버려 찾으러 다닌 적이 있긴 했지만, 그것도 내 잘못이지 해나 잘못은 아니었다.

미아 세라는 7살 때 마요네즈를 싫어하기로 결심했다. 자기 그릇에만 마요네즈를 거부하는 것이 아니라, 우리 집에서 아무도 마요네즈를 먹을 수 없다고 했다. 나는 오늘 저녁에 샐러드를 먹을 생각인데 미아 세라가 아래층에 내려와 내 그릇에 마요네즈가 있는지 검사할 것이다. 냉장고를 열어 마요네즈 병의 위치가 바뀌었는지도 확인한다. 식구 중에 누가 마요네즈를 먹고 있으면 미아 세라는 울음을 터트린다.

나는 이 문제에 관해 조사를 좀 해 보았는데, 세상에 마요네즈를 싫어하는 사람이 미아 세라 혼자가 아니었다. 마요네즈 혐오증을 뜻하는 마요포비아Mayophobia라는 단어가 있을 정도. 오바마 대통령도 엄격한 '마요네즈가 싫어' 클럽의 회원이지만 다른 식구들은 먹도록 허용할 것 같다. 우리 미아 세라는 그보다 훨씬 엄격하다.

여느 집과 마찬가지로 우리 집도 아침이면 등교 시간에 늦지 않으려고 서두르느라 스트레스도 받는다. 정신없이 아침을 먹고, 점심 도시락도 출발하기 전 마지막 순간에 급하게 챙긴다. 지각하기 일쑤인데다 아이들은 차에 타자마자 무슨 음악을 들을지 서로 다툰다. 일상적인 일들이다. 앞으로의 육아 이야기를 읽으면서 이 점을 꼭 염두에 두길 바란다. 이것은 육아 전문가의 글이 아니라, 이제 막 부모의 세계에 들어가 어안이 벙벙한 평범한 아빠의 이야기이다.

막내의
탄생

2014년 1월 11일, 레이첼과 나는 미국 대통령이 될 권리를 가진 또 한 명의 미국 시민 미아 세라 카스넬슨을 이 세상에 낳는 축복을 누렸다.

레이첼은 오랫동안 아이가 더 있기를 바랐다. 조나가 12살, 해나가 8살이었을 때니 꽤 오래전이다. 나는 두 아이로 충분했고 게다가 아들 하나, 딸 하나이니 완벽한 조합이라고 생각했다. 하지만 40살이 되던 해에 내 이기심이 발동했다. 앞으로 조나와 함께 스키를 탈 수 있는 시간이 5년밖에 남지 않았던 것이다. 조나는 5년 후 대학으로 떠날 것이며, 해나도 9년 정도만 남았다는 사실을 실감했다.

그때 미리 계획을 세워야 한다는 것을 깨달았다. 미래의 스키

짝꿍이 필요했다. 사랑하는 아내에게는 상당한 충격이었지만, 그래서 아이를 더 낳자고 말했다. 아이가 하나 더 있어야 하지 않겠냐고 말을 꺼냈더니 아내가 바로 물었다. "당신, 새 책 쓰고 있어?"

사실 아내와 나는 내가 책을 한 권 더 쓰게 되면 아이를 갖자고 합의했다. 몇 년 동안 나는 아이를 더 원하지 않았고, 책도 더 쓰고 싶지 않았기 때문에 별문제가 없었다.

아이가 새로 태어나니 다른 아이들과의 교감도 달라졌다. 우리는 해나가 걱정되었다. 해나는 더 이상 막내로 있을 수 없었다. 그래도 지금까지는 해나가 잘 적응해준 것 같다. 해나에게 아이스크림으로 뇌물 공세도 하고 스키 여행도 다녀왔다. 엄마는 아기인 여동생에게 집중할 수 밖에 없지만 적어도 해나는 아빠와 오빠의 관심을 전과 다름없이 받고 있다.

우리는 아기의 성별을 미리 알려고 꼼수를 쓰거나 방법을 찾지 않았다. 셋째 아이였기 때문에 서스펜스를 즐기며 기다리고 싶었다. 두 아이에게 남동생을 원하는지 여동생을 원하는지 물어보면, 조나는 남동생, 해나는 여동생을 원한다고 했다. 해나의 논리는 매우 간단했다. "남자 형제는 있으니 여자 형제가 있으면 좋겠어요." 그건 마치 "개는 이미 있으니 이제 고양이를 갖고 싶어요"라고 말하는 것 같았다. 조나도 비슷한 생각으로 남동생을 원했다. 둘 중 하나는 소원을 이룰 것이 확실했다.

아이의 성별을 모르니 임신하는 동안이 더 흥미진진하고 재밌었다. 대가족인 우리 식구 대부분은 아이가 아들이라고 확신했다. 새어머니와 장모님은 아내의 임신한 배 모양을 보고 아들이라고 호언장담했다. 양가 어머니는 과거에 배 모양으로 성별을 예측한 수많은 예를 들어가며, 거의 과학적 연구 사례를 만들 지경이었다(나중에 두 분을 놀려주려고 모두 녹음해 놓았다). 나는 아무런 안목이 없기도 했지만, 터무니없게 들리는 어머니들의 말에 역투자 심리가 발동해서 딸이라는 주장을 녹음했다.

출산이 다가오자 아들이면 할례를 집도해 줄 랍비 친구에게도 "랍비님에게 1월에 할례를 부탁할 확률이 50%예요"라고 얘기해 두었다. 아내는 파란색과 분홍색 아기 옷을 모두 준비했는데, 이건 아직도 내가 이해가 안 되는 부분이다. 나는 아기들이 색깔에 그렇게 까다로울 거로 생각하지 않는다.

하지만 내가 뭘 알겠는가? 보란 듯이 우리 집안은 이제 남성이 소수가 되었다.

행복은 이런 느낌

"아이들은 우리가 보지 못할 미래에 보내는
살아있는 메시지이다."

– 존 F. 케네디

부모가 되기 전까지 알 수 없는 감정이 있다. 나는 지금 새벽 5시에 이 글을 쓰고 있고, 헤드폰으로 베토벤의 〈월광 소나타〉를 듣고 있다. 밖은 어둡고 아내와 세 아이는 곤히 잠들어 있다.

이것이 바로 행복이라고 느낀다.

2시간 후에 모두 잠에서 깰 것이다. 함께 아침을 먹고, 나는 아이들을 학교에 데려다줄 것이다. 16살의 조나와 차에서 어떤 음악을 들을지 협상할 것이다. 물론 클래식 음악이 1순위는 아니겠지만. 해나는 조나 편일 테고, 곧 4살이 되는 미아 세라도 자기가 듣고 싶은 음악을 말할 것이다. 변함없이 〈빙글빙글 버스 바퀴Wheels on the Bus Go Round and Round〉일 것이다. 타협점을 찾아야 해서, 나는 임시 면허증이 있는 조나에게 아름다운 공원을 운전할 기회를 줄 것이다. 그런 다음 나는 아이들을 안아주고 뽀뽀한 다음, 조나는 고등학교에, 해나는 중학교에, 미아 세라는 어린이집에 내려줄 것이다.

이렇게 쓰고 있자니 감정이 벅차오른다. 이 모든 것이 영원하지 않겠지. 언젠가 아이들은 성인이 될 것이다. 집은 텅 비고 오늘 같은 날도 기억 저편의 행복으로 남을 것이다. 나는 이런 날이 끝나길 원치 않는다.

아이들이 어른이 되는 게 정말 싫지만, 바트 미츠바*가 다가오면 현실을 깨닫게 된다! 며칠 전 해나가 성인식을 치렀다. 해나 인생에서 가장 중요한 날 중 하나다. 유대인 여자아이에게는 인생에서 결혼이나 첫 아이를 낳는 것만큼 중요한 일이다. 언젠가는 아침마다 아이들을 안아주고 뽀뽀하고 학교에 데려다 주지 못할 것이다.

이런 일에 비하면 주식 시장이나 경제, 정치 따위는 어쩐지 사소해 보인다.

해나의 성인식 축사에서 나는 해나에 대한 내 사랑을 표현하고 성인식의 의미를 얘기해 주고 싶었다. 해나를 얼마나 사랑하는지 표현하는 일은 쉬웠지만 성인식의 의미를 말하기란 쉽지 않았다. 나는 해나를 다음과 같이 축복했다.

● 바트 미츠바bat mizvah, 유대교 전통에 따라 여자아이가 12~13살이 되면 치르는 성인식 또는 성인식을 치른 사람.

사랑하는 우리 딸 해나에게

아빠는 널 생각하면 가장 먼저 떠오르는 단어가 햇살이란다. 너는 아주 작은 아기 때부터 항상 웃어주었어. 아침에 널 깨우면 아무리 이른 시간이라도 눈을 뜨고 나를 보며 활짝 웃었지. 언제나.

넌 4살 때부터 벌써 스키를 타기 시작했어. 넌 겁이 없었단다. 머뭇거리지도 않았지. 거침없이 직진밖에 몰랐어. 덕분에 아빠에게 도전 거리가 하나 더 늘었지. 키스톤Keystone이나 베일Vail에서 널 계속 놓쳐 버렸으니 말이야. 널 얼마나 여러 번 잃어버렸는지 네 엄마가 알았다면 엄마가 직접 스키를 배워서 우리를 쫓아다녔을 거야.

그러나 아빠는 얼마나 많이 널 잃어버렸는지가 아니라 얼마나 많이 널 찾아냈는지를 생각하기로 했단다. 처음 다섯 번 정도 널 잃어버렸을 때는 나는 죽을 것 같았어. 너는 너무 작았고 스키장은 너무 컸으니까. 우리가 스키를 타기 시작했을 때는 내 머리가 풍성했는데, 한 시즌이 지나고 나니 얼마 안 남게 되었지.

너는 아빠를 잃어버렸는데도 당황하거나 울지 않았어. 다른 사람 전화를 빌려달라고 해서 내게 전화했었지. 세상 아무 걱정 없이 웃으면서 말하더구나. "아빠, 나 여기 있어."

너는 항상 네 안에 행복이 가득한 아이였어. 어디를 가든 웃는 얼굴로 햇살처럼 빛을 비췄지. 이런 내면의 행복이란 아주 드문 것이란다. 꼭 잘 지키렴.

오늘은 네게 유대인답게 어떤 조언을 해 줄지 고민했어. 조금 갈등도 되었지. 아빠가 자란 소련에서는 종교가 없었단다. 유대교뿐만 아니었어. 7살 때부터 학교에서 "종교는 대중의 아편이다"라고 배웠으니까.

아빠는 18살이 되도록 유대인이 국적인 줄 알았어. 러시아 사회에서 유대인은 좋은 위치가 아니었거든.

아빠의 부모님과 조부모님도 종교가 없었기 때문에 나는 종교가 중요한 환경에서 자라지 않았단다. 그래서인지 내가 종교에 대해 독특한 관점이 있다는 것을 알게 되었어. 유대교를 외부인의 시선으로 바라보고 있다는 사실이지. 그래서 이렇게 말하고 싶구나.

어린아이가 바트 미츠바가 된다는 것은 어떤 의미일까? 유대인이지만 종교적이지 않은 가정에서 자랐기 때문에 아빠도 이 주제를 찾아봐야 했어. 현대 지혜의 원천으로 달려갔지. 바로 위키피디아로.

> 유대교 율법에 따르면 바트 미츠바는 자기 행동에 책임지는 사람······ 스스로 유대교 의식과 전통, 윤리에 대해 책임지는 사람이 되는 것이다.

이 말의 의미를 이론적으로 설명해 볼게. 이론이라는 단어를 강조하고 싶구나. 이제 너도 토라* 앞에서 설 자격이 있단다.

---

* 모세오경, 구약성경.

엄마가 데리고 가는 정통 유대교 회당에서는 남자만 앞에서 토라를 읽으니, 네가 읽을 일은 없을 것 같구나. 물론 네가 토라 앞으로 정 나오고 싶다면 아빠에게 개혁주의 회당에 데려다 달라고 말만 해라. 안식일이어도 좋다.

너는 이제 합법적으로 결혼할 권리가 있다. 적어도 유대교 율법대로라면.

나는 현자들이 말한 이 말의 의미는 책과 배움에도 적용할 수 있다고 생각해. 또한, PG-13(15세 관람가)의 뜻이 실제로는 PG-21(성인 관람가)이라고 믿는 네 엄마 마음을 잘 알지? 너는 치과 대학을 졸업한 유대인 청년을 만나 행복을 안겨 줄 거고, 너의 온화한 마음이 열망하는 무엇이든 될 수 있을 거야. 의학박사 해나 카스넬슨이나 재무분석가 해나 카스넬슨이라는 직함을 달고 말이지.

카스넬슨의 후손으로서 너는 선조들의 횃불을 들고 있는 사람이야. 우리 선조들은 지식과 배움에 대한 열망을 대학 졸업 후에도 멈추지 않고 이어나갔단다.

내 아버지이자 네 할아버지인 나움 할아버지는 박사학위가 있었지만 76세에 영어를 배우려고 대학에 들어갔어. 네 중간 이름을 따온 에밀리 증조할머니도 70대에 영어를 배우고 성악 수업도 받았지. 볼로디야 증조할아버지는 80대에도 외국어로 과학 논문을 번역했어. 많은 분이 늦은 나이에도 배우기 시작했단다.

네 심장이 뛰는 한 너도 계속 배울 수 있다.

유대교 율법에 따르면 오늘까지는 엄마 아빠에게 네 행동에 대한 책임이 있었어.

전능하신 위키피디아의 말씀에 따르면 "전통적으로 바트 미츠바의 아버지는 딸의 죄에 대해 더 이상 벌을 받지 않게 되어 하나님께 감사한다"라고 하더구나. 다른 집 아버지들은 그런 기도를 할 수 있겠지만 나는 그럴 필요가 없어. 내가 생각할 수 있는 유일한 너의 죄는 아빠보다 스키를 더 잘 탄다는 것뿐이거든. 아직 전성기의 44살 남자보다 스키를 잘 타는 12살 소녀라니…… 이건 분명 잘못된 일이지.

이제 너는 토라의 613개 율법을 따라야 할 의무가 있단다.

아빠는 네가 이 주제에 대해서 꼭 생각해 보길 원해.

네가 유대인이라는 정체성을 전통, 종교, 철학, 이 3가지 관점에서 생각하면 좋겠다. 무엇이 시작이고 무엇이 그다음인지 순서를 구별하긴 어려워. 내가 하고 싶은 말은 다음과 같아. 많은 미국인이 도널드 트럼프 대통령을 받아들이듯이 종교를 받아들이는 법을 배우면 좋겠다. '진지하게 대하되 문자적으로 받아들이지 말길' 바라.

유대 철학에는 놀라운 지혜가 어마어마하게 담겨있단다.

하지만, 네가 613개(미츠바)를 계명으로 받아들인다면 나무들 사이에서 길을 잃고 자칫 숲을 보지 못하게 되기 쉽지. 전 세계 다른 사람들은 10개의 계명을 지키기도 힘들어하는데 유대인은 그보다 603개나 더 지켜야 하니 말이다.

외부인의 눈으로 바라보면, 아빠는 계명을 전부 따르는 것이 얼마나 중압감을 줄지, 그리고 얼마나 쉽게 두려움에 이끌려 무의미한 여정으로 변질될지 알 수 있단다. 네가 두려움 없이 스키를 탔듯이 인생에서 어떤 일도 두려움 때문에 못해서는 안 돼.

나는 유대교와 유대 철학에서 모든 일에 질문을 던지도록 장려하는 가르침을 좋아해. 그래서 유대인 2명당 회당은 3개라는 말이 있지. 우리 모두 안 다니는 회당 하나씩은 있어야 해. '모든 것에 질문을 던져라.' '의미를 찾아라.' 613개의 계명을 받아들인다면, 그건 네 스스로의 선택이어야 해. 왠지 그래야 될 것 같아서가 아니라.

끝으로, 네 인생은 너 자신과 네 미래의 가족만이 아니라 네 오빠와 여동생의 삶에도 영향을 미친단다. 조나와 미아 세라도 청중으로 와 있으니 너희 둘에게도 이 말을 하고 싶다. 너희 셋은 서로의 인생에서 가장 중요한 사람들이란다. 언제나. 햇살 같은 해나, 나는 네가 커서 (유대교 율법으로는 오늘부터지만) 지금처럼 네 있는 모습 그대로 멋지고, 친절하고, 사려깊은 사람으로 네가 있는 곳 어디서든 주위를 밝히는 존재가 되리라 믿는다.

엄마와 아빠는 네가 무척 자랑스럽단다.

마젤 토브Mazel Tov(축하한다)!

왜 아이들을 클래식 음악으로
고문하냐구요?

클래식 음악으로 아이들을 고문하는 것은 나도 모르게 시작된 무의식적 행동이었다.

일종의 관성에 따라 나도 부모님의 발자취를 따르고 있었다. 부모님이 그러셨으니 나도 마땅히 그래야 한다고 생각했다. 하지만 최근에는 내가 받은 선물을 나도 물려주고 있다는 것을 깨달았다. 클래식 음악에 대한 사랑을 심어준 것이 부모님이 내게 주신 최고의 선물이기 때문이다.

전형적인 유대인 가정과 마찬가지로, 우리 형들도 음악 학교에 다니느라 몇 년간 고생했다. 둘 다 피아노 배우기를 싫어했지만, 레슨을 받아야 했다. 결국 큰 형이 피아노 건반을 몇 개 떼버렸을 때 부모님은 더 이상 가망이 없다는 조짐을 느끼고 음악

학교를 그만두게 했다.

나는 피아노 레슨에서 제외되었는데 형들과 다른 이유였다. 11살 때 어머니가 돌아가셨기 때문이다. 아버지는 갑작스럽게 홀로 세 아이와 남겨졌고, 아버지에게는 피아노에 관심을 보이지 않는 나를 끌어 줄 에너지가 없었다. 몇 번 레슨을 받고 나도 결국 그만두었다.

10년 후, 21살이 되었을 때 나는 다시 피아노 레슨을 받았다. 이때는 순전히 내 자유의지로 시작했다. 하지만 기초부터 시작하고 싶지 않았다. 그건 너무 지루했다. 나는 바로 클래식 음악의 급소를 공략했다. 내가 가장 좋아하는 라흐마니노프의 〈피아노 협주곡 3번〉으로. 어쩌다 보니 지금까지 작곡된 피아노 협주곡 중에 가장 기술적으로 어렵다고 알려진 곡이다. 말할 것도 없이 나는 처참하게 실패했다.

조나와 해나도 피아노 레슨을 받았지만 둘 다 흥미를 보이지 않았다(막내는 겨우 4살이어서 아직은 면제 대상이다). 우리 부부는 피아노 선생님을 여러 번 바꿔본 끝에 두 아이 모두 피아노에 가능성이 없다는 결론에 도달했다. 아이들이 새로운 것을 시도하도록 격려하고, 가끔은 살짝 밀어붙이는 일이 부모로서 책임이라고 생각한다. 그것도 피아노 연습보다 밖에서 노는 게 훨씬 재미있다고 느끼는, 타고난 게으름을 극복할 수 있을 정도만이며 동시에, 부모로서 언제 그만두게 해야 할지도 알아야 한다.

부모님은 우리 형제들에게 피아노를 치도록 권했지만, 클래식 음악을 듣도록 강요한 적은 없다. 대신 부모님은 우리와 같이 있을 때 항상 클래식 음악을 들으며 본보기를 보여주었다. 클래식 음악에 대해 언제나 긍정적으로 말했고, 클래식 음악 듣는 사람들을 존중했다. 종종 콘서트에도 같이 갔는데, 나는 음악에 별로 관심이 없었지만 인터미션까지는 잘 참고 기다렸다. 부모님이 가끔 디저트를 사주기도 했기 때문이었다(소련에서는 엄청난 이벤트였다).

그렇게 클래식 음악에 자주 노출된 덕분에 훗날 클래식 음악에 쉽게 빠져들 수 있었다. 클래식 음악은 기본적으로 복잡하다. 너무 일반화해서 말하는 것 같지만 클래식 음악이 팝 음악보다 훨씬 복잡한 편이다. 곡 안에 여러 주제가 담겨있고, 마치 직접 강에 뛰어들어 한참을 헤엄쳐야만 느낄 수 있는 해류와 같다. 듣자마자 바로 사랑에 빠질 만한 곡도 있지만 노력이 필요한 곡들이 많다. 이런 곡들은 한번 들어보는 데 그치지 않고 여러 번 들어야만 이해하게 된다.

부모님은 클래식 음악을 자주 접할 환경을 조성하여 나를 위한 음악적 기초를 만들어 주었다. 어머니는 라흐마니노프의 〈피아노 협주곡 2번〉을 너무 좋아해서 그 음반을 틀고 또 틀었다. 나는 어렸을 때 그 곡의 일부분만 좋아했지만 18살 때 라흐마니노프의 2번 협주곡을 듣고는 갑자기 곡 전체가 내 마음을 울렸다. 드디어 그 곡을 이해한 것이다.

부모님이 놀라운 세계를 열어준 덕에 내 삶은 확실히 멋지고 풍요로워졌다. 클래식 음악은 모든 형태의 예술과 마찬가지로 우리가 미처 깨닫지도, 말로 표현하지도 못했던 내면의 감정을 발견하게 해주는 힘이 있다. 음악을 통해 느낄 수 있게 된다. 그렇다, 그냥 느껴보라. 클래식 음악은 내게 아주 특별한 선물이며 이제 나는 클래식 음악 없는 삶을 상상조차 할 수 없다. 음악이 없다면 재미도 없고 의미도 없는, 그야말로 지루한 삶일 것이다.

나는 내가 음악으로 아이들을 고문하는 이유를 잘 알고 있다. 바로 이 선물을 아이들에게 전해주는 것이 부모로서 나의 책임이다. 수십 년 지나서야 아이들이 선물의 포장을 열어 본다고 할지라도 말이다.

읽기와
듣기

12살짜리 해나처럼 책 읽기에 집착하는 사람을 나는 본 적이 없다. 언제부터였는지 기억난다. 해나는 보통 책을 한두 권 정도씩만 읽고 있었다. 나는 독서를 격려할 목적으로 책 한 권을 읽을 때마다 10달러씩 주겠다고 했다. 그 뒤로 해나는 몇 달 동안 쉬지 않고 책을 읽었다. 해나가 독서의 즐거움 때문이 아니라 돈 때문에 허겁지겁 책을 읽는 것은 아닌지 걱정이 되었지만, 몇 달이 지나 120달러(약 15만 원)를 받은 후로 해나는 더 이상 책 읽기로 돈을 받을 필요가 없다고 말했다. 아빠가 책도 사주고 돈까지 주니 죄책감이 든다고 했다. 나는 해나가 그런 결정을 내린 것이 무척 기특했다. 나는 정말 그렇게까지 독서에 몰두하는 사람을 보지 못했다. 해나의 머릿속은 다음에 무슨 책을 읽을까로 가득 차 있다.

우리 부부는 해나가 책 사는 데 쓰는 비용에는 제한을 두지 않는다. 해나는 원하는 책이 생기면 우선 전자 도서관에서 찾아본다. 전자 도서관에서 구할 수 없으면 전자책을 사거나 함께 서점 반스앤노블Barn & Noble에 간다. 같이 서점에 가는 일은 해나가 책을 좋아하는 것의 가장 좋은 점이다. 서점 데이트의 유일한 규칙은 해나가 한 번에 책 한 권만 살 수 있는 것으로 정해두었는데, 그래야 책을 사러 계속 갈 수 있기 때문이다.

금요일이면 종종 학교로 해나와 곧 5살이 되는 막내 미아 세라를 데리러 가서 다 같이 반스앤노블로 향한다. 전에는 스타벅스가 서점 안에 입점해 있는 느낌이었는데, 아마존과 전자책이 지배하는 시대가 된 후로 이제는 매장 전체가 책과 장난감을 파는 스타벅스로 변했다. 미아 세라를 데리고 가기 전까지 나는 그곳에서 그렇게 많은 장난감을 파는 줄 몰랐다. 처음 서점에 갔을 때 미아 세라는 장난감을 사달라고 했는데, 그때 반스앤노블에서는 책만 사기로(그리고 스타벅스의 케이크도) 약속을 정했다. 지금은 매장에 들어가기 전부터 미아 세라가 말한다. "아빠, 우리 여기서 책만 사는 거 맞지요?"

해나가 청소년 도서 코너를 정복하는 동안 나는 미아 세라와 어린이 도서 코너에서 책을 찾는다. 미아 세라도 책을 가까이하고 독서의 기쁨을 쌓아 언니처럼 열정적인 독자가 되면 좋겠다. 이렇게 우리는 서점 데이트라는 작은 전통을 만들고 있다.

해나는 어린이집 졸업식에서 커서 뭐가 되고 싶냐는 질문을 받았다. 잠시 생각하더니 웃으며 말했다. "작가가 되고 싶어요, 아빠처럼요." 나는 내가 작가라고 생각해 본 적이 없다. 오히려 글을 쓰는 투자자라고 생각했다. 하지만 해나는 그 차이점을 모른다. 아이들이 보기에 나는 늘 책을 읽거나 컴퓨터 화면을 바라보고 있다.

독서는 해나에게 또 하나의 흥미로운 부작용을 주었다. 지난 몇 달 동안 해나가 이야기를 쓰기 시작한 것이다. 해나의 글은 생생하고 묘사가 탁월하다. 이야기는 극적이고 등장인물들은 매우 어둡다(프로이트도 무척 흥미로워할 인물들이다).

내가 처음 글을 쓰기 시작했을 때, 나는 두 사람의 관점으로 책을 읽는 버릇을 들였다. 즉 내 안의 독자와 내 안의 작가가 글을 읽게 했다. 독자로서는 내용에 집중하게 되지만, 작가로서는 내용이 어떻게 표현되고 전달되는지에 주목하게 된다. 문장 구조와 저자의 목소리에 주의를 기울인다.

조나와 해나가 투자에 관심을 거의 보이지 않아서 좀 슬픈 것도 있다. 다 함께 주식 리서치를 하면 정말 재미있을 텐데 말이다. 최근에 해나와 미래에 관한 대화를 나눴다. 아내는 모든 유대인 어머니와 마찬가지로 아이들이 의사가 되길 바랐지만 나는 해나에게 이렇게 말했다. "엄마 아빠를 기쁘게 하려고 네 진로를 선택하지 마. 네가 기쁘게 해야 할 한 사람은 바로 너야. 엄마 아빠는 네가 무엇을 선택하든 널 지지할 거야. 우리는 그저 네가 행복하면 좋겠구나. 네가 행복하면 우리도 행복할 거야."

나는 "어떻게 아이들이 클래식 음악을 듣게 할 수 있나요?"라는 질문을 자주 받는다. 나는 아이들을 키우면서 책을 사랑하는 마음을 심어주는 일과 클래식 음악을 사랑하는 마음을 심어주는 일이 매우 비슷하다는 것을 발견했다. 두 일 모두 부드럽게 개입하고 밀어주면서 섬세하게 만들어가는 과정이다.

나는 다른 부모들처럼 양육 분야의 권위자가 아니다. 하지만 내 삶에 클래식 음악이 점점 큰 비중을 차지하면서 이 주제에 관해 깊이 생각할 수 있었다. 클래식 음악이 너무 멋진 세계이기에 아이들도 그 세계를 함께 누리길 바란다.

나는 아이들이(특히 어렸을 때) 나와 많은 시간을 보내려고 무척 애를 썼다는 사실을 알게 되었고, 더불어 여느 아이들처럼 단것을 좋아한다는 사실도 알게 되었다. 아이들과 클래식 음악회에 가는 길은 인터미션에 먹을 버거와 감자튀김, 쿠키를 사러 데어리 퀸Dairy Queen에 들르는 것도 일정에 포함된다.

나는 11살 때 아버지와 알렉산더 보로딘의 오페라 〈이고르 공Prince Igor〉을 보러 갔는데 산만하게 굴지 않고 끝까지 관람했다. 지금까지도 2가지가 기억에 남는데, 하나는 이고르 공이 부르는 아리아의 짧은 소절인 "오! 부디, 부디 내게 자유를 주시오. 나의 수치를 씻을 수 있도록"이고, 그리고 인터미션에 아버지가 사준 달콤한 케이크였다. 나는 아버지가 케이크를 사주겠다고 약속한 덕분에 참을성 있게 오페라를 볼 수 있었다. 30년도 넘은 일이지만, 내가 해나에게 독서에 대한 보상을 주는 것도 이와 비슷한 격려다.

클래식 음악과 사랑에 빠지기까지는 과정이 필요하다. 음악이 항상 이해하기 쉽지만은 않다. 노력이 필요하다. 아버지가 클래식 음악에 대해 항상 하던 말이다. 이해하기 위한 노력이 꼭 재미있다고는 할 수 없다. 때로는 힘든 일일 수도 있다.

부모님은 우리 형제들을 클래식 음악회에 데려갈 뿐만 아니라 두 분도 집에서 클래식 음악을 들었다. 우리 형제는 늘 클래식 음악에 둘러싸여 있었다. 나는 이것이 부모로서 우리가 할 수 있는 전부라고 생각한다. 어른이 된 후에도 클래식 음악을 듣는 일은 여전히 어린 시절 기억의 일부로 다가온다. 나도 아이들과 함께 집에서든 학교를 오가는 차 안에서든 클래식 음악을 듣는다. 가끔 유튜브로 뮤직비디오를 함께 보기도 한다.

미아 세라는 〈리틀 아인슈타인Little Einsteins〉 같은 TV 만화를 보면서 클래식 음악을 접했다. 며칠 전에는 와서 "아빠! 이 음악이 뭐죠? 따다다 다- 따다다 다-"라고 물었다. 미아 세라가 부르는 것은 베토벤 〈교향곡 5번〉의 도입부였다. 나는 아이를 내 무릎에 얌전히 앉히고 유튜브를 켰다. 그리고 우리는 7분 동안 함께 음악에 맞춰 지휘했다. 미아 세라에게는 꽤 긴 시간이었을 것이다.

부모로서 책과 클래식 음악에 대한 사랑을 심어주려면 부모의 시간, 간식, 그리고 돈 등 많은 '외교적 수완'을 발휘해야 한다. 또한 먼저 클래식 음악을 듣고 독서하는 본보기를 보이고, 서점이나 음악회에 데려가 함께 시간을 보내야 한다.

철없는
아빠

나는 종종 14살인 해나의 성숙함(그리고 그 아빠의 미성숙함)에 깜짝 놀란다.

지난여름 해나는 배구를 시작했고, 이후 정말 배구에 푹 빠졌다. 그러다 배구 캠프에 가더니 9월에는 배구 리그에도 참가하게 된 것이다.

처음 배구를 시작할 때 해나는 14세 선수 팀에서 경기를 뛰었다. 해나는 실력이 제일 좋은 축에 들었기에 팀 코치는 해나를 주장으로 세우고 싶어 했다. 그리고 해나가 경기하는 모습을 본 프로그램 감독이 내게 해나가 "손이 좋다"라고 하면서 막 14살이 된 해나를 상급 팀인 15세 선수 팀으로 옮기는 것을 제안했다. 나는 그때부터 해나를 "손이 좋은 해나"로 부르기 시작했다.

아내와 나는 약팀에서 상위권 선수가 되는 것과 강팀에서 하위권 선수가 되는 것 중에 어느 편이 해나에게 좋을지 확신이 서지 않아 좀 망설였다(말콤 글래드웰이라면 전자를 권했을 것이다). 하지만 해나는 실력을 제대로 기르고 싶으니, 강팀에서 뛰는 편이 도움이 될 거라고 말했다. 그리고 바로 한 달 전에 상급 팀에 합류했다.

어제 나는 해나와 아침 6시에 일어나 차로 한 시간 거리인 콜로라도 스프링스에서 열린 토너먼트에 갔다. 해나의 팀은 다른 4팀과 경기를 치렀다. 한 경기마다 두세 세트씩 경기가 이어졌다. 해나는 경기 내내 사이드라인에 서 있기만 하고 공은 만져보지도 못했다.

나는 정말 기분이 상했다. 2가지 이유에서였다. 우선 소중한 일요일에 100km가 넘는 거리를 운전하고 와서는 시끄러운 경기장(시끄럽다는 말이 무슨 뜻인지는 10대 여자아이들이 쉬지 않고 비명을 질러대는 소리를 들어보지 않으면 절대 모를 것이다)에서 8시간 동안 고작 해나는 사이드라인에 서 있고 다른 아이들 뛰는 모습만 보는 것이 대체 무슨 의미가 있는지 의문이 들었다. 솔직히 말하면 이건 해나를 위한 생각이라기보다는 내 문제였다. 배구 말고 스키를 타러 가거나 다른 재미있는 것을 할 수도 있었다는 생각이 들었다.

또 다른 이유는 마음이 너무 아팠기 때문이다. 다른 아이들이 경기하는 내내 사이드라인에 서 있는 해나를 보고 있자니, 당연히 해나가 이등 시민이 된 것 같은 기분을 느낄 것으로 생각했다. 하지만 해나는 줄곧 웃으며 응원했고 팀이 점수를 낼 때마다 선수들과 하이파이브를 했다. 나는 그런 모습을 보면서 해나가 마음속으로는 비참한 기분일 거라고 짐작했다. 분명히 나보다 100배는 더 고통스러울 것 같았다.

해나의 팀은 전승을 거두고 상위 리그에 진출했다. 마지막에 모든 선수가 우승 핀을 받았고, 단체 사진도 찍었다. 해나는 신기할 정도로 신나고 행복해했다. 그러나 해나의 아빠는 별로 그런 기분이 아니었다.

나는 집으로 돌아오는 차에서 해나에게 혹시 프로그램 감독을 만나 다시 예전 팀으로 돌아가는 것을 상의하고 싶은지 물어보았다. 해나의 대답은 이랬다.

"아빠, 절대 아니에요. 팀의 일원이 된다는 의미는 단지 경기에 출전한다는 것만이 아니에요. 연습 과정에 함께 참여한다는 뜻이죠. 이번 토너먼트는 우리 팀이 상위 리그에 진출할 수 있는 중요한 기회였어요. 제가 우리 팀 코치였더라도 저를 경기에 내보내지 않았을 거예요. 저는 신입 선수예요. 코치님도 아직 저를 잘 모르고요. 게다가 제 실력은 아직 다른 선수들에 못 미쳐요. 다른 선수들은 배구를 몇 년씩 했어요. 저는 시작한 지 아직 6개월도 안 되었잖아요. 사이드라인에서 경기를 보면서 정말 많이 배웠어요. 다른 선수들의 실책을 보면서 배운 것도 있어요. 저 오늘 진짜 많이 배웠어요. 제가 어떤 부분에서 노력해야 하는지도 알게 되었어요. 저 더 열심히 해야겠어요. 아빠, 저도 우승 핀을 받았잖아요!"

"토너먼트 기간이어도 네가 출전하지 않을 때는 우리 스키 타러 가는 게 어때? 경기장에 꼭 가야 할 필요가 있을까?"

"아빠, 이해하지 못하시는군요! 제가 경기에 가지 않으면 누가 우리 팀 선수들에게 힘내라고 하죠? 사이드라인에 서 있을 때 저는 팀을 응원하는 역할을 맡은 거예요. 선수들을 돕는 거죠. 우리 팀이 이겼어요! 그게 중요하죠. 저는 그 팀의 일원이구요."

나는 아무 말도 할 수 없었다. 나는 말없이 운전하며, 토너먼트에서 본 해나의 웃는 얼굴이 고통을 감춘 모습이라고 생각했던 것을 떠올렸다. 그러나 내 생각은 완전히 틀렸다. 해나는 팀을 위해 진심으로 기뻐했다. 자기 자신을 뛰어넘는 더 큰 무언가의 일원이 된 기분을 느낀 것이다.

알렉스 형이 전화해서 해나가 출전했는지 물었다(토너먼트가 진행되는 동안 형에게 여러 번 전화해서 해나가 출전하지 않는 것에 대해 불평했다). 나는 해나가 말한 그대로를 형에게 전하며 말했다. "해나가 지 아빠보다 훨씬 똑똑하고 성숙해. 14살밖에 안 된 딸이 팀의 일원이 되는 의미를 가르쳐주더라고." 나는 해나가 1년 뒤에도 배구를 계속할지 알 수 없지만(계속했으면 좋겠지만), 앞으로 인생을 살아갈 준비가 되었다는 것은 알 수 있다. 이번 경험은 앞으로 해나가 회사나 조직을 만들든 아니면 일원이 되든 어디서든 뛰어난 자산이 될 것이다.

그리고 한 가지 더. 10년 전의 나였다면 이런 토너먼트에서 하루 종일 시간을 보내는 일을 하찮은 일로 여겼을 것이다. 그것 말고도 내겐 할 수 있는 일이 얼마든지 있다. 그러나 얼마 전,

인생의 모든 것에는, 특히 아이들과의 시간에는 끝이 있다는 사실을 깨달았다. 그 뒤로 나는 인생을 바라보는 관점이 바뀌었다.

딸을 경기장까지 데려다주는 일을 의무나 억지로 하는 희생으로 보지 않고, 내가 하기로 선택한다. 그리고 진심으로 그 시간이 기다려진다. 나는 운전하면서 해나와 함께 음악도 듣고 팟캐스트도 들으며 이야기를 나눈다. 같이 점심을 먹으러 간다. 우리는 함께 시간을 보낸다.

걸스 갬빗

모든 일은 해나가 숙제로 드라마 〈퀸스 갬빗The Queen's Gambit〉을 본 뒤 시작되었다. 해나는 나도 그 프로그램을 꼭 봐야 한다고 말했다. 나도 무척 재미있게 봤고, 바로 해나가 말을 꺼냈다. "아빠! 우리 체스를 해요."

좋다, 잠시 체스에 관한 이야기를 하자면, 나는 체스가 관중 스포츠이자 국민 게임으로 대접받는 러시아에서 자란 사람이다. 체스는 러시아에서 캐나다의 하키와 같았다. 나는 5살 때 아버지와 처음으로 체스를 뒀던 것 같다. 정식으로 체스를 배운 적은 없었고, 재미로 체스를 두었는데 뛰어나지는 않지만 그런대로 감이 좋은 선수였다.

지금 19살인 조나는 유치원에서 체스를 시작했다. 몇 년 동안 조나와 나는 매일 저녁을 먹고 체스를 두었다. 조나는 처음부터 체스를 재밌게 했고 토너먼트에 나가서 우승도 몇 번 했다.

하지만 내가 조나에게 잘 맞지 않는 체스 선생님을 잘못 선택한 바람에 조나는 체스에 대한 흥미를 잃었다. 조나의 체스 선생님은 은퇴한 러시아 엔지니어이자 전 모스크바 체스 챔피언이었다. 모든 방면에서 탁월한 사람이었지만 11살짜리 아이를 가르치기에 적합한 교육자는 아니었다. 가르치는 방식이 소련에서 내가 어릴 때 만났던 선생님들과 놀랍도록 비슷했다(이것이 러시아에서는 한 번도 좋은 학생인 적 없던 내가 미국에 와서 꽃 핀 이유다). 그는 체스에 관해서는 매우 탁월했지만, 엄격했고 거의 웃지 않았으며 조나가 잘 둔 수보다 조나가 잘못 둔 수를 훨씬 부각했다. 만약 자신감 넘치는 어른을 가르쳤다면 정말 좋은 선생님이었을 것이다. 하지만 11살 어린이에겐 맞지 않았다. 그야말로 재미도 없고 친절하지도 않았다.

생각해 보면 그 선생님은 체스를 가르칠 것만이 아니라 아이 마음속에 있는 체스에 대한 작은 열망을 키워줬어야 했다. 레슨은 2년 정도 지속되었다. 조나는 레슨을 그만둔 후에도 토너먼트에 출전했다. 하지만 상대 선수들은 훈련해 전념해서 실력이 향상한 반면, 조나는 별다른 노력 없이 참가만 했다.

만약 지금 조나에게 물어보면 체스 경기 때문이 아니라 점심시간이 좋아서 토너먼트에 참가했다고 말할 것이다. 우리는 토너먼트에 갈 때마다 작은 전통을 함께했는데, 일본식 패스트푸드점에 가서 탄산음료인 잇치Izzy를 사주고 옆 가게인 데어리 퀸까지 들르는 것이었다. 정말이지, 우리 집 아이들에게 최고의 추억은 모두 먹을 것과 관련되어 있다. 그러나 나에게는 음식 이상의 의미가 있다. 바로 시간을 함께 보냈다는 것이다.

해나는 조나보다 4살 어리다. 체스를 정식으로 배운 적은 없고 7살 때 내가 가르쳐 주었다. 조나의 일을 겪은 후 해나에게는 체스를 밀어붙이지 않았다. 솔직히 생각해 보면 체스를 시키지 않게 된 것이 조나가 힘든 경험을 해서인지 아니면 해나가 여자아이여서인지는 확실하지 않다. 깊이 생각하지 않고 내린 결정이었기에 답은 잘 모르겠다. 나는 별 고민 없이 그렇게 했다. 만약 나도 모르게 해나가 여자아이라는 이유로 적극적으로 밀어주지 않은 것이었다면 그보다 더 큰 실수는 없었을 것이다.

체스는 전통적으로 남자들의 스포츠였다. 남자부와 여자부가 나뉘어져 있다는 점이 늘 신경 쓰였다. 달리기나 축구, 역도처럼 남녀의 생리학적 차이가 작용하는 신체 스포츠와 달리 체스는 사고력을 겨루는 스포츠다. 남자와 여자를 나누는 운영 방식은 성별에 따라 정신적 능력에도 차이가 있다는 것을 의미한다.

이보다 부모로서 내 역할이 중요했다. 내 역할은 아이들에게 정말 하고 싶은 일은 무엇이든 할 수 있다는 생각을 심어주는 것이다. 그리고 여전히 딸들을 위해서는 더 많은 노력을 기울여야 한다는 것을 깨닫는다. 생물학적 제한이 있는 몇 가지 일(출산과 모유 수유 등) 말고는 남자 일, 여자 일이라는 것이 따로 없다고 반복해서 알려줘야 한다.

〈퀸스 갬빗〉이 해나 내면에 있는 작은 체스 불꽃에 불을 붙였다. 우리는 같이 체스를 두었고, 몇 주 체스를 같이 두고 나서 해나의 불꽃에 연료를 좀 붓는 의미로 체스 선생님을 구해주었다. 이번에는 전보다 더 신중하게 찾아보았다.

해나는 요새 시카고에 사는 25살 러시아 태생 여성 체스 마스터에게 온라인으로 레슨을 받는다. 해나는 선생님을 정말 좋아한다. 수업도 너무 재미있어서 일주일에 한 번 받던 레슨도 두 번으로 늘렸다.

해나가 레슨 받는 모습을 보고 미아 세라도 체스에 흥미를 보였고, 지금은 두 딸 모두 체스를 배운다. 게다가 지난 토요일에 나는 책을 읽다가 미아 세라가 엄마에게 나이트를 쓰는 방법인 행마법을 가르쳐주는 소리를 들었다. 곧 카스넬슨 집안에서는 체스 토너먼트가 열릴 예정이다. 약골 남자 둘 대 강력한 셋의 대결이 될 것이다.

딸들과 거의 매일 체스를 둔다는 것은 너무나도 좋은 일이다. 게다가 이 게임의 묘미는 내가 절대 질 수 없는 구조라는 점이다. 체스를 이기면 당연히 내가 이긴 게임이고, 내가 지더라도 아빠로서는 잘한 것이니 결국 이긴 셈이다. 물론 아내를 이기는 유일한 길은 내가 지는 것이지만 말이다. 나는 딸들이 아직은 목에 힘주고 다니는 오빠를 무찌를 날이 오리라 고대하고 있다. 그 일이 너무 오래 걸리지 않으면 좋겠다.

나의
러시아 책

여러 해 동안 내 책은 중국어, 한국어, 일본어, 독일어, 러시아어 등으로 번역되었다. 보통 해외 판권 판매는 원어로 책을 펴낸 출판사에서 담당하고 저자는 이 과정에 관여하지 않는다. 사실 내 책이 외국어로 출간된 것은 집으로 이상하게 생긴 책이 한 상자 배달되었다고 아내가 회사에 전화하는 바람에 처음 알게 되었다.

한두 해 동안은 다양한 아시아 언어로 번역된 책 상자를 계속 받았다. 확실하지는 않지만 아마 한국에서는 내가 싸이의 〈강남스타일〉만큼 인기가 있을 수도 있다. 아무튼, 나는 아시아에서의 유명세가 기쁜 만큼 러시아에서도 나의 첫 책『적극적 가치투자Active Value Investing』가 출간되기를 간절히 바랐다. 그 이유를 말하기에 앞서 먼저 내가 왜『적극적 가치투자』를 썼는지 말하고 싶다.

사람이 책을 쓰는 이유(또는 상당한 시간이 소요되는 어떤 일을 하는 이유)는 보통 3가지 범주로 분류할 수 있다. 첫 번째 범주는 공식 석상에서 말하게 되는 것들이다. 보통 다른 사람을 위한 이타적인 이유를 말한다. 자기중심적인 이기주의자가 쓴 책을 누가 사고 싶겠는가?

두 번째 범주는 가까운 친구나 배우자에게 말하는 이유들이다. 여기에는 이타성이 좀 줄고 대신 좀 더 이기적인 목적이 포함된다(그렇다고 잘못된 것은 전혀 아니다).

세 번째 범주는 지극히 개인적인 이유가 포함된다. 의식적인 수준에서는 인지하지 못할 수 있지만 잠재의식에 깊이 자리 잡은 어떤 이유로 책을 쓰기로 마음먹게 된다.

그렇다면 나는『적극적 가치투자』를 왜 썼을까? TV 인터뷰에서 나는 "다른 가치투자자들과 함께 연구하고, 공유하고 싶은 아이디어가 있었습니다"라든지 "횡보장을 위한 전략을 개발하고 싶었습니다" 또는 "이 책을 쓰는 과정에서 무엇을 배울 수 있을지 알고 싶었어요"라고 말했다. 모두 사실이긴 하지만 내 안에 있는 진짜 동기는 아니었다.

나는 아내에게 내 책의 판매량이 J. K. 롤링의 아성을 무너뜨리지는 못할 거라고 말했다. 어쨌거나 가치투자 마니아라는 좁은 틈새시장용으로 책을 썼기 때문이다(농담이 아니라 그 책에는 75개의 차트와 표가 있다). 하지만 내 경력에는 도움이 될 수 있었고, 실제로 도움이 되었다. 그리고 이렇게 말하곤 했다. "당신이 이렇게 멋진 남자와 결혼했는데, 그 사람이 동시에 작가라고 생각해 봐. 완전 대박이지 않아?" 사실 실제로 말하지는 않았다. 그냥 말할 수도 있었다는 얘기를 적고 싶었다.

더 개인적인 이유들도 있었다. 이는 일 년 반 동안 책을 쓰면서 하루걸러 한 번씩 벽에 부딪히는 고통을 느껴도 내가 버틸 수 있게 해주기도 했다. 가장 중요한 이유가 나의 잠재의식에서 무심코 흘러나와 『적극적 가치투자』의 헌정 페이지로 옮겨졌다. "나의 부모님께 바칩니다. 나의 아버지 나눔, 내 기억 속의 어머니 이리나께. 언제나 저를 믿어주셔서 감사합니다."

앞으로도 여러 번 반복될 말이지만 부모님은 언제나 나를 조건 없이 믿어주셨다. 내가 그럴만한 이유를 보여주지 않았을 때도 말이다. 그런 부모님의 믿음은 내가 고통의 벽에 부딪힐 때마다, 극복하고 나아갈 원동력이 되었다. 이 책을 쓰는 일이 아버지가 내게 해 준 모든 것에 보답하는 길이었다. 나는 아버지가 나를 자랑스러워하길 바랐다. 아주 단순한 이유였다.

나는 『적극적 가치투자』가 러시아어로 번역되어 아버지도 읽을 수 있게 되길 바랐다. 아버지는 58살에 미국에 이민해서 상당한 노력을 기울였지만(76살에도 영어를 배우려고 덴버에 있는 대학에 다녔다), 영어를 자유롭게 쓰진 못했다. 나는 책의 단어 하나하나에 내 영혼을 담았고 내 책을 인생에서 가장 중요한 사람들과 나누고 싶었다.

나는 러시아에서 가장 큰 해외 비즈니스 서적 출판사에 이메일로 원고를 보내고 출판을 요청했다. 출판사는 동의하긴 했지만 '편집'을 내게 맡겨도 괜찮은지 물었다. 출판사에서 번역하지만, 번역본이 정확한지 저자인 내가 확인하는 조건이었다. 출판사에서는 내가 확인 작업을 거절하더라도 책을 낼 생각이지만, 러시아 출신 배경을 활용하고 싶다고 했다. 나도 출판사의 생각에 동의했다.

몇 달 뒤, 내 원고의 러시아어판 워드 파일을 받았다. 원고를 읽기 시작하고 무척 당황했다. 단어 하나하나의 뜻은 이해할 수 있었지만, 문장으로 연결하면 의미를 파악할 수 없었다. 번역 문제가 아니었다. 번역은 괜찮았다. 문제는 나였다. 내 비즈니스 러시아어 실력이 거의 바닥이었다.

나는 18살 때 러시아를 떠났고 친구들과도 대부분 영어로 말한다. 러시아 친구들과 대화할 때도 비즈니스로 주제가 바뀌면 영어로 바꿔 말한다. 비즈니스 교육도 모두 영어로 받았다.

다시 책 편집 이야기로 돌아가면, 그때 나는 어떻게 해야 할지 몰랐다. 이미 내가 편집하겠다고 약속한 뒤였기에 나는 아버지에게 도움을 청했다. 아버지는 박사학위가 있고 무르만스크 해양사관학교에서 거의 30년 동안 전기공학을 가르쳤다. 투자에 대해서는 잘 몰라도 러시아어 실력만큼은 확실했다.

하지만 아버지는 거의 모든 사유 재산을 정부가 소유하는 세계에서 자랐기에 책의 주제는 아버지의 생각과 달랐다. 아버지 생각에 투자란 타인의 돈으로 하는 합법화된 도박이었다. 실제로 내가 투자 관련 일로 경력을 쌓을 수 있다는 사실도 믿기 어려워했다. 오랫동안 아버지는 나에게 베이글 가게나 도넛 가게처럼 실물이 있는 진짜 비즈니스를 시작하라고 말했다. 심지어 도와주겠다고까지 했다.

2009년 나는 아버지와 남아프리카공화국을 여행하면서 번역본을 놓고 2주 동안 논의했다. 12시간의 긴 비행이 갑자기 짧게 느껴졌다. 아버지는 원고를 읽으며 궁금한 것을 모두 물어보았다. 우리는 투자나 횡보장에 관해, 그리고 내가 샬롬 알리켐*의 캐릭터를 책에서 어떻게 활용했는지에 관해 긴 대화를 나눴다(자세한 내용은『적극적 가치투자』와『횡보장에 관한 작은 책The Little Book of Sideways Markets』을 참고하길 바란다).

그리고 아버지는 책을 읽고 내 직업에 대한 생각이 바뀌었다고 말했다. 책을 읽으면서 아버지는 투자를 정밀한 과학과 연관해 이해하려고 노력했다. 우리는 투자가 과학, 심리학, 예술과 어떤 공통 요소가 있는지 토론을 이어갔다. 지금 돌이켜보면 아버지와 러시아어판을 함께 편집했던 시간이 내 인생에서 가장 중요한 기억의 하나로 남아있다.

편집을 마치고 나는 아버지에게 책을 위해 특별히 그림을 그려줄 수 있는지 물었다. 영어판본 표지에 이미 아버지의 그림을 사용했지만, 러시아어 판본을 위해 특별 제작한 작품을 쓰고 싶었다. 다행히 아버지도 좋다고 했다.

● 유대인 언어인 이디시어 작가이며 뮤지컬 <지붕 위의 바이올린>에 영감을 준 캐릭터를 창조했다.

부모는
돈키호테

아이들이 커갈수록 내가 부모님에게 받은 영향에 대해 더욱 감사하게 된다. 최근 미겔 데 세르반테스의 『돈키호테Don Quixote』를 원작으로 하고 소피아 로렌과 피터 오툴이 주연한 뮤지컬 〈맨 오브 라만차Man of La Mancha〉를 봤다. 어릴 때 책으로 접하긴 했지만, 최근까지도 작품의 메시지를 이해하지 못했던 것 같다.

이제는 왜 이 작품이 400년이 지난 오늘날까지 읽히는지 알 것 같다. 돈키호테는 망상에 사로잡혀서 주변 사람들을 실제와 다르게 본다. 사랑인지 광기인지에(아마도 둘 다) 눈이 멀어 농장 아가씨 알돈자를 오직 숙녀로만 보며 귀하게 대한다. 심지어 알돈자를 '둘시네아'라는 다른 이름으로 부르기까지 한다.

알돈자는 자신이 그런 대접을 받을 자격이 없다고 생각한다. 하지만 돈키호테의 말을 믿기 시작하면서 그 믿음이 그녀가 다른 사람이 되도록 변화를 일으킨다. 알돈자는 돈키호테가 바라보는 그 사람이 되고 싶어 한다.

러시아에서 자랄 때 나는 중고등학교나 대학에서도 C학점 이상을 거의 받아 보지 못했다. 선생님들은 내가 잘할 수 있으리라 믿지 않았고 C학점 학생으로만 여겼다. 하지만 부모님은 마치 돈키호테처럼 항상 내 안에서 훨씬 훌륭한 내 모습을 보셨다. 그럴만한 이유가 별로 없었는데도 말이다.

어머니는 내가 11살 때 세상을 떠났고 30년도 더 지나 이 글을 쓰고 있는 지금도 나는 나에 대한 어머니의 믿음이 얼마나 대단했는지 기억하고 있다. 내 성적이나 부족한 성취도를 생각하면 그런 맹목적인 믿음을 품을 이유가 전혀 없었다. 하지만 어머니에게는 믿음이 있었다. 미국에 도착한 지 1년 후에 나는 우연히 아버지가 이웃에게 하는 말을 들었다. "우리 비탈리는 마음만 먹으면 뭐든 할 수 있을 겁니다."

절대 자화자찬하려는 의도가 아니다. 나에 대한 부모님의 믿음과 지속적인 격려가 없었다면 나는 아직도 러시아 선생님들이 바라보던 모습 그대로일 것이다. 아주 별 볼 일 없는 존재 말이다. 그러나 이제 멋진 세 아이의 아버지가 되었으니 나도 아이들에게 똑같이 해 주고 싶다. 아이들에게는 우리가 하는 사소한 한 마디들이 정말 중요하다!

나는 최근에 마사요시 손*의 인터뷰를 봤다. 손 회장이 미국에서 유명 인사는 아니지만 일본에서는 소프트뱅크라는 큰 회사를 밑바닥부터 일군 사람으로 알려져 있다. 인터뷰에서 손 회장은 이렇게 말했다.

> 아버지는 항상 창찬으로 저를 '세뇌'하셨어요.
> "너는 천재야" "일본에서 네가 최고다"
> "네 또래에서 너만 한 사람은 없어" "네가 제일 똑똑해"
> "넌 큰 인물이다" 등 늘 이렇게 말씀하셨죠.
> 사소한 일을 가지고도 제게 그렇게 말씀하셨죠.
> 저는 초등학교에 들어가기도 전에
> "나는 정말 멋진 사람일지도 몰라"라고 생각하기 시작했어요.

매주 금요일 저녁 식사를 시작하기 전에, 아내와 나는 아이들을 축복한다. 신앙심이 깊은 아내는 아이들의 머리에 손을 얹고 짧은 축복 기도를 한다. 나는 아이들을 안아주며 내가 얼마나 그들을 사랑하는지 말해준다. 아이들이 자라서 훌륭한 사람이 될 거라고, 마음만 먹으면 무엇이든 해낼 수 있다고, 그리고 얼마나 특별한 사람인지 아빠가 잘 알고 있다고 말해준다.

---

* 소프트뱅크의 창업자 손정의.

2장

세상을 깊이 들이마시다

길 위에서 탄생한
성찰과 생각들

내 마음은 샌프란시스코에

"우리는 하루하루 아이들의
기억 은행에 예금을 채워가고 있다."
- 찰스 R.스윈돌

피어 39

샌프란시스코에서 짧은 회의가 있었다. 나는 혼자 여행하기를 정말 싫어해서 13살 딸 해나와 나타샤 고모를 데리고 샌프란시스코에 갔다. 나는 늘 샌프란시스코에 가고 싶어서 구실을 찾는다. 우리는 일요일 아침에 도착했다. 소살리토Sausalito에서 오찬 회의를 마치면 일요일 오후부터 월요일까지 우리만의 시간을 보낼 수 있었다.

나는 샌프란시스코에 6번을 갔지만, 해나의 눈을 통해 샌프란시스코를 새롭게 발견하는 것은 새로운 기쁨으로 다가왔다. 어른인 내 눈에 대수롭지 않던 작은 디테일 하나하나가 해나의 눈으로 보면 기쁨과 흥분이 샘솟는 일이었다.

우리는 부댕 베이커리Boudin Bakery에서 커다란 악어 모양 빵과 다양한 형태의 빵이 만들어지는 과정을 구경했다. 해나는 눈이 휘둥그레졌다. 기라델리Ghirardelli 매장에서 초콜릿을 공짜로 나눠 주는 것도 정말 신기해했다.

해나는 피어 39Pier 39의 바다사자를 보고는, 정말 열광했다. 동물원에서만 보던 바다사자가 부두를 점령하고 배들을 둘러싸고 있는 광경은 완전히 차원이 달랐다.

해나는 이리저리 뛰어다니며 사진을 찍었다. 그러다 "아빠, 방금 바다사자 두 마리가 키스하는 것 봤어요!"라고 말했다. 그리고 질문을 이어갔다.

"왜 금문교Golden Gate Bridge라고 불러요? 금색이 아니라 빨간색이잖아요!"나 역시 답을 몰라서 당황스러웠다. 그래서 찾아보았더니, 금문교는 샌프란시스코만灣으로 들어가는 해협인 금문Golden Gate을 가로지른다고 한다.

나는 아침 시간이 좋다. 거의 새벽형 인간이다. 특히 도시의 아침을 좋아한다. 우리 집도 조용한 교외 지역이고 IMA 사무실도 조용한 상업지구에 있다. 교외 지역의 아침에는 도시의 아침 같은 에너지가 없다.

아침 일찍 일어난 우리는 아직 관광객들이 잠들어 있을 시간에 피셔맨스워프Fisherman's Wharf 거리를 걸었다. 상점들은 몇 시간 후에 들이닥칠 관광객 군단을 맞이할 준비에 한창이었다. 가게 입구를 청소하거나 거리를 정리하는 사람들이 많았고, 패스트푸드 매장은 배달 상자를 준비하고 있었다. 해안에는 사람들이 수영하고 있었는데 벌써 몇 명은 앨커트래즈섬Alcatraz까지 반 정도 헤엄쳐 가고 있었다. 금문교가 햇빛을 받아 눈부시게 반짝였다. 우리는 매일 아침 새로운 하루를 볼 수 있었다.

나는 여행 전에 해나에게 샌프란시스코에서 쓸 용돈으로 20달러(약 2만 6,000원)를 주었다. 해나는 용돈을 거의 다 썼을 무렵 피셔맨스워프 거리에 앉아있는 노숙자를 보고는 다가가서 1달러를 주었다.

그리고 나에게 와서 말했다. "저 사람 눈이 정말 착해 보여요." 해나는 잠시 가만히 있다가 웃으며 말했다. "아, 그리고 아빠가 저한테 1달러 빚진 거예요." 나는 해나에게 자선은 그렇게 베푸는 게 아니라고 말했다.

우리는 부댕 베이커리에 다시 들러 아침 식사로 초콜릿 칩 건포도 바게트를 반으로 나눠서 해나는 따뜻한 우유와 함께, 나는 아메리카노와 함께 먹었다. 지금까지 먹어 본 최고의 테이크아웃 아침 식사였다.

바로 이런 작은 순간들이다. 나는 13살 딸과 함께 보낸 이런 시간을 평생 기억할 것이다. 해나도 그랬으면 좋겠다. 짧은 여행이었지만 한 달이라고 느껴질 만큼 수많은 좋은 추억이 내 마음에 새겨졌다. 인생은 양이 아니라 질이 중요하다.

샌프란시스코만에서의 수영

해나는 뭘 무서워하는 법이 없다. 스키를 처음 배울 때도 하루 만에 초급코스를 졸업했다. 둘째 날부터 중급코스를 정복하고, 6살 되기 한 달 전에 이미 상급코스에서 탔다.

조나는 모든 면에서 정반대인 소심한 스키어였다. 초급코스를 내려오는 데 며칠이 걸렸고 중급코스 리프트를 타기로 마음먹기까지 다시 1, 2주가 걸렸다. 스키를 통해 두려움을 극복하는 법을 배우면서 조나의 삶이 달라졌다.

지금의 조나는 적어도 스키에 있어서는 두려워하지 않는다. 해나도 조나처럼 중년의 아버지를 능가할 만큼 스키 실력이 뛰어나다. 하지만 조나는 여전히 겁이 좀 있어서 극복하려고 애를 쓰고 있다. 우리는 함께 길을 따라 걷다가 기라델리 광장 앞 해안에서 수영하는 사람들을 발견했다. 진지하게 훈련하는 사람들이었고 대부분 잠수복을 갖춰 입고 있었다.

나는 농담으로 조나에게 수영에 도전해 보라고 말했다. "저기 있는 배까지 수영하면 100달러 줄게(조나는 뇌물과 금전적 보상에 잘 반응한다)." 배들은 해안에서 100미터 정도 떨어져 있었다. 조나가 기꺼이 하겠다고 해서 나는 깜짝 놀랐다. 위험한 일은 아니었지만 조나로서는 두려운 일을 해내야 했다.

다음 날 우리는 피츠커피와 부댕 베이커리의 건포도 빵으로 무장하고 평소처럼 아침 일찍 산책에 나섰다.

해안에 가까워지면서 솔직히 나는 마음속으로 조나가 번복할 거로 생각했다. 예상과 달리 조나는 이렇게 말했다. "아빠, 오늘 아빠에게 행운의 날이에요. 만약 아빠도 같이 수영하면 제가 100달러 말고 50달러만 받을게요." 거기에 해나까지 나섰다.

"아빠, 아빠가 수영하면, 저도 할게요. 그리고 전 돈 필요 없어요. 공짜로 수영 해드리죠."

딱 봐도 조나가 기분이 상한 것 같았다. 조나의 영웅심이 동생의 존재에 가려져 빛을 잃기 직전이었다. 애초에 나는 오싹하게 차가운 물에서 수영할 생각은 전혀 없었는데 꼼짝없이 할 수밖에 없었다. 하나는 반값 할인에 또 하나는 공짜라는 좋은 거래가 생겼으니 말이다.

실제로 수영할 시간이 되었고 하나와 조나는 물에 들어갔다. 물이 무릎까지 차오르자, 조나는 멈춰서 차가운 물이 자신의 남성성에 어떤 영향을 미칠지 갑자기 스탠드업 코미디식 농담을 하기 시작했다. 도전을 미루면서 시간을 벌고 있었다.

해나는 조나를 보면서 웃다가 조나가 시간을 더 끌 수도 있다는 것을 알아챘다. 물속에 서 있기가 점점 추워지자 해나가 먼저 수영을 시작했다. 조나는 자기보다 5살이나 어리고 60cm나 작은 여동생에게 뒤처질 수는 없었다. 지금 아니면 기회가 없다는 것을 깨달은 조나의 얼굴이 진지해졌고, 막 출발하려 할 때 두려움과 싸우느라 온몸이 바짝 긴장한 게 보였다.

드디어 조나가 수영하기 시작했다. 내가 돌아오라고 부를 때는 거의 배 근처에까지 다다랐다. 조나가 수영을 잘하는 아이이긴 했지만, 물이 너무 차가운 데다가 아직 기술적인 면은 좀 부족했다. 뭍에서 점점 멀어지고 있어서 어느 순간 나는 좀 걱정이 되었다. 배에 도착하느냐 아니냐는 더 이상 중요하지 않았다. 중요한 것은 두려움을 극복했다는 사실이다.

두 아이가 모두 해안에서 안전한 거리까지 온 것을 확인한 뒤 나도 수영을 시작했다. 처음 몇 초는 즐겁지 않았지만, 몸이 차가운 물에 적응하고 계속 움직이니 괜찮아졌다. 이제 우리 가족의 샌프란시스코 여행 전통에 해안에서 수영하기가 추가되어 목록이 길어졌다.

나중에 조나에게 선뜻 도전을 수락한 이유를 물어보았다. 조나는 "몇 년 전 워터파크에서 아빠가 저희에게 미끄럼틀을 타고 내려오면 용돈을 주겠다고 했을 때 저는 두려워했고 해나는 쉽게 해냈어요. 제가 무서워했던 것이 그때부터 계속 후회가 되었어요"라고 대답했다.

내가 부모로서 할 일은 주로 당근을, 가끔은 채찍을 써서 아이들과 도전하는 것이다. 아이들이 어리면 아이스크림 뇌물로도 충분하지만, 아이들이 클수록 뇌물도 더 비싸진다. 이번 뇌물이 내가 최고로 잘 쓴 50달러였고, 나는 조나가 더할 나위 없이 자랑스러웠다.

현대 미술

어렸을 때 가족들과 좋은 미술관이 있는 새로운 도시를 방문할 때마다 부모님은 우리 형제들을 꼭 미술관에 데려가셨다. 나는 미술보다는 음악에 더 열정이 있지만, 부모님이 하셨던 것처럼 나도 아이들에게 해 주려고 노력한다.

이번 여행에서는 샌프란시스코 현대미술관MoMA, The Museum

of Modern Art에 함께 갔다. 현대미술관에 가면 우리가 생각하고 있던 예술의 지평을 넓힐 수 있다. 하나의 색만으로 전체를 칠한 말레비치의 〈사각형〉이라는 '그림'을 볼 수도 있다. 그게 다다. "말레비치의 〈사각형〉이 도난당할 때마다 다음 날 미술관이 문 열기 전에 경비원이 똑같이 새로 그려 놓는다"라는 농담이 있을 정도다.

우리 집을 페인트칠한 사람도 그런 그림은 몇백 장씩 그릴 수 있을 것 같다. 샌프란시스코 현대미술관도 다르지 않았다. 어떤 방에는 구석에 통나무 더미가 쌓여 있었다. 다른 방에는 책장이 벽을 마주 보고 있다. 그게 다다.

이런 전시물들이 그저 우스꽝스럽기만 하다면 내가 계속 미술관에 가는 이유는 무엇일까? 예전이라면 감동을 주는 작품 하나만 있으면 충분하다고 대답했을 것이다. 하지만 지금은 또 다른 이유도 있다.

현대미술관에 발을 들여놓는 순간 우리는 다른 영역의 세계로 들어간다. 우리는 예술과의 만남을 기대한다. 그것이 미술관에 가는 목적이다. 그래서 큐레이터가 방에 통나무 더미를 놓으면 우리는 통나무를 뚫어져라 보면서 의미와 아름다움을 찾아내려고 애를 쓸 수밖에 없다.

"이 작품은 어떤 의미가 있을까? 어디가 아름다운 걸까?"라고 스스로에게 질문하기 시작한다. 때때로 이러한 질문들이 평소라면 우리가 놓쳤을 것들을 볼 수 있도록 눈을 열어준다. 이것이 핵심이다. 현대 미술을 보는 방식으로 우리의 생각을 훈련하면 주변의 여러 영역에서 더 많은 의미와 아름다움을 발견할 수 있을 것이다.

산타페를
기억해 줘

뉴멕시코주의 도시 산타페Santa Fe와 우리 가족의 역사는 90년대 초반으로 거슬러 올라간다. 모든 일은 아버지와 새어머니에게서 시작되었다. 산타페의 명소, 캐니언 로드Canyon Road에 있는 갤러리에 아버지의 작품이 전시되었다. 부모님은 일 년에 몇 번씩 미니밴에 그림을 싣고 산타페로 향한다.

내가 산타페에 처음 간 것은 1998년이었는데 별로 좋은 경험은 아니었다. 그 당시 사귀던 여자 친구와 함께 갔었다. 우리가 갔을 때는 참을 수 없을 만큼 날이 더웠다. 그래서 더욱 산타페는 따분하게 느껴졌고 결국 별로 둘러보지도 않았다. 여행을 떠나기 전에 날씨를 확인했어야 했다.

그러다가 8년 전 나는 아버지와 12살 아들 조나와 함께 자동차 여행이 하고 싶었다. 아버지는 산타페를 추천했다. 이때부터 산타페 여름 여행이 내가 가장 좋아하는 카스넬슨 가족의 전통 가운데 하나가 되었다.

산타페는 덴버에서 645km 떨어져 있다. 로키산맥을 통과하며 8시간 동안 운전해서 가는 길은 너무 아름다워서 지루한 구간이 1km도 없다. 우리는 아침 7시에 출발해서 콜로라도 살리다에서 점심을 먹고 오후 4시쯤 산타페에 도착했다. 여행 첫날은 항상 우리가 제일 좋아하는 식당인 인디아 팰리스India Palace에서 하루를 마무리한다.

반나절 정도는 산타페의 보물인 캐니언 로드를 산책하곤 했다. 과거에 캐니언 로드는 한적하고 조용한 주택가였다. 주택들이 하나둘 갤러리로 바뀌면서 거리를 따라 100여 개의 갤러리가 생겼다. 갤러리를 하나씩 방문하면 마치 핼러윈에 사탕을 받으러 동네를 다니는 기분이 든다. 길 양쪽에 있는 집들을 하나도 빠짐없이 들어가 보고 싶어진다.

그러던 중 아버지가 '갤러리 사탕 받기 놀이'를 4시간짜리 미술 수업으로 바꿔주셨다. 아버지는 탁월한 교사이자 미술 가이드이다. 미국에서는 화가로 알려졌지만, 그 이전에 무르만스크 해양사관학교에서 학생들에게 가장 사랑받는 교수였다. 과학자이며 화가인 동시에 타고난 교사인 셈이다.

아버지의 수업은 누구든 좋아했다. 나도 예술에 관해 내가 아는 것은 전부 아버지에게 배웠다. 앞서 말했듯 우리 가족의 여름휴가에는 항상 미술관 여행이 포함되어 있다. 내가 어른이 된다음에 아버지와 유럽 여행을 갔을 때도 웬만한 도시에서는 반드시 미술관을 방문했다.

아버지는 친절했고 자기 생각을 강요하지 않으면서 미술에 대한 우리의 생각을 궁금해했다. 아버지는 우리의 생각을 중요하게 여겼다. 그리고 예술 앞에서 우리를 동등하게 대했다. 우리의 수준은 달랐지만, 그의 방식은 우리를 기분 좋게 했다.

인생 학교의 영원한 학생

『에고라는 적』에서 저자인 라이언 홀리데이Ryan Holiday는 우리의 성장을 방해하고 배움을 멈추게 만드는 것이 에고(자아)라고 지적했다. 우리가 이미 모든 것을 알고 있다면 배우는 것이 무슨 의미가 있겠는가? 에고는 우리 모두에게 유전적으로 프로그램된 바이러스다. 평소에 휴면상태로 있다가 어떤 계기(주로 실패나 성공)로 우리를 움직인다.

에고에 맞서 자기 자신을 지키는 가장 좋은 방법은 스스로를 영원한 학생이라고 생각하는 것이다. 아인슈타인은 "우리 지식의 반경이 확장할수록 그것을 둘러싼 어둠의 둘레도 커진다"라고 했고, 우리는 이 '어둠의 둘레'를 환영해야 한다.

돌이켜보면 아버지야말로 나에게 가장 의미 있고 소중한 이름인 '인생 학교의 영원한 학생'을 삶으로 살아낸 표본이다. 아버지는 국내외 대회에서 여러 번 수상한 경력이 있는 뛰어난 화가이며 아버지 작품은 일본에 있는 미술관에도 전시되어 있다.

그렇지만 아버지는 70대에도 자신이 존경하는 화가의 마스터 클래스를 수강했다. 아버지는 언제나 다른 사람에게서 배울 자세가 되어 있었다.

갤러리 사탕 받기 놀이를 마치고 지칠 즈음에는 우리가 가장 좋아하는 식당에 가서 커다란 나무 아래에 앉아 점심도 먹고 카드 게임도 했다. 그리고 호텔로 가서 아버지는 낮잠을 자고, 조나와 나는 잠깐 수영을 했다. 저녁에는 조나가 인디아 팰리스에 다시 가고 싶어 해서 우리는 거기서 저녁을 먹었다.

산타페 오페라

저녁 시간은 산타페 오페라 관람으로 대미를 장식했다. 다른 사람은 몰라도 나에게는 이 시간이 여행의 하이라이트였다. 나는 오페라가 산타페에서 두 번째로 (어쩌면 첫 번째) 중요한 보물이라고 주장하고 싶다. 산타페 오페라 공연장은 건물 자체가 예술이다. 서쪽으로는 헤메스 산맥Jemez Mountains이 동쪽으로는 상그레 데 크리스토 산맥Sangre de Cristo Mountains이 내려다보이는 능선에 화려하게 자리하고 있다.

세계 곳곳에서 수많은 오페라를 봤지만, 주차장에서 테일게이트 파티*를 하며 관람하는 오페라는 처음이었다. 미식축구장에서 핫도그와 맥주를 즐기는 것과는 확실히 달랐다. 오페라 애

● 차 뒷문과 트렁크를 열고 즐기는 파티.

호가들이 옷을 잘 차려입고 와서, 흰색 식탁보 위에 꽃과 초를 올려둔 휴대용 탁자에 와인과 스테이크, 질 좋은 치즈를 좋은 와인잔과 고급 식기로 즐기는 자동차 파티다. 바로 주차장에서!

조나가 오페라를 좋아했다고 말하면 좀 과장이지만, 쉬는 시간에 스프라이트를 마셔도 좋다는 허락을 받고 기분 좋게 오페라를 보러 갔다. 스프라이트를 마실 쉬는 시간을 고대하며 조나는 오페라의 고통을 참을성 있게 잘 견뎠다.

2015년 아버지와 나, 그리고 조나가 함께 했던 세 번째 산타페 여행에는 9살 해나도 데려갔다. 우리는 다 같이 산타페 오페라를 보러 갔다. 해나에게 첫 번째 오페라는 주세페 베르디의 리골레토였다. 공연이 끝나고 함께 차까지 걸어가면서 해나와 나눈 대화는 5년이 지났어도 어제 일처럼 생생하게 기억난다.

나는 해나에게 오페라에 대해 어떻게 생각하는지 조심스럽게 물었다. 해나는 이렇게 말했다. "아빠, 내가 이 오페라를 좋아하길 아빠가 얼마나 바라는지 잘 알아요. 아빠의 기대와 관계없이 솔직히 말하면요. 나도 이 오페라 정말 정말 좋았어요." 이 글을 쓰는 지금도 눈시울이 뜨거워진다.

산타페 2020

2020년에는 산타페에 해나와 단둘이 갔다. 부녀여행이었기에 아버지와 조나는 같이 가지 못했다. 팬데믹 기간의 산타페는 그동안 봐왔던 산타페와 매우 달랐다. 유령도시 같았고, 산타페 오페라도 열리지 않았다. 바이러스가 덮친 기간에 도시를 찾은 여행객은 우리뿐인 것 같았다. 갤러리들은 문을 열었지만 우리는 들어가지 않았다. 더운 날씨에 몇 시간씩 마스크를 쓰고 사탕 받기 방문을 하기는 좀 무리라고 생각했다.

대신 해나와 나는 아침 6시에 일어나 스타벅스 음료로 무장하고 날이 뜨거워지기 전까지 몇 시간 동안 텅 빈 거리를 걸었다. 우리는 이야기를 나눴다. 해나는 읽고 있는 판타지 소설에 관해 얘기했다(얘기가 재밌어서 나도 읽고 싶어졌다). 해나는 일주일에 책을 2권씩 읽는다. 우리는 아침을 먹고 커다란 나무 밑 벤치에 앉아서 저녁때까지 책을 읽었다. 점심도 간단히 때울 만큼 이번에는 기본적으로 독서 여행이었다.

마션

먼 길을 운전하는 동안 해나와 나는 『마션』을 오디오북으로 들었다. 일론 머스크Elon Musk의 스페이스X 로켓이 국제 우주 정거장으로 우주 비행사를 보낸 것을 본 이후로 해나는 과학에 흥미를 보였다(60년대에 인간을 달에 보낸 일이 미국에 어떤 영감을 불러일으켰는지 이제 이해할 수 있다).

그 후 함께 우주 비행사 크리스 해드필드Chris Hadfield가 하는 온라인 강좌인 〈마스터클래스MasterClass〉를 시청하면서 나는 해나의 눈이 반짝이는 것을 볼 수 있었다. 다음 단계로 동명의 영화를 보는 것은 당연한 순서였다. 책에서는 화성에 고립된 가상의 NASA 우주 비행사 마크 와트니가 과학적 지식과 독창성, 그리고 생존 의지를 발휘해서 자기에게 던져진 극도로 어려운 문제들을 극복하는 과정을 더 깊이 다루고 있어서 영화와 좀 차이가 있었다.

부모에게는 아이 내면의 작은 반짝임을 알아채고 잘 성장할 수 있도록 돕는 일이 매우 중요하다. 어쩌면 해나는 과학자가 될지도 모른다. 해나가 행복하다면 나도 매우 기쁠 것이다(조나는 투자에 관심이 없다고 했고 해나도 마찬가지다. 6살 미아 세라만이 IMA를 '카스넬슨과 딸들'로 만들 수 있는 유일한 희망이다).

해나는 오디오북이 다 끝나기도 전에 『마션』의 한 장면을 이용해 나를 설득했다. 책에서 마크 와트니는 탐사선을 타고 화성 상공을 2,100km나 운행해야 했다. 몇 주씩 걸릴 일이었다. 남은 음식은 감자뿐. 와트니는 출발 전에 감자를 구워 냉동시켰다. 그는 익힌 감자가 먹기 쉽고 맛도 좋을뿐더러 생감자보다 더 많은 열량을 공급하기 때문이라고 설명한다.

이 부분을 듣고 몇 시간 후 점심을 먹으러 살리다에 들렀다. 해나는 참치회가 많이 들어 있는 참치 샐러드를 먹었는데, 점심을 먹은 지 30분 만에 해나는 배가 고파서 간식을 먹고 싶다고 했다. 내가 "좀 전에 점심 먹었잖아!"라고 말하자, 해나는 "아빠, 모르시겠어요? 제가 먹은 참치는 익히지 않은 것이어서 단백질이 잘 분해되지 않아요. 그래서 생각만큼 열량을 많이 섭취하지 못했어요"라고 대답했다. 이렇게 논리적이고 과학적인 답변에 어떻게 반박할 수 있겠는가?

전통

친구 하나가 파네라 브레드*라고 알려진 세인트루이스 브레드 컴퍼니에 관해 알려주었다. 이 카페는 창업 당시 만들었던 최초의 사워 도우** 반죽을 한 덩이 떼서 보관했다. 다음 날 반죽을 만들 때 전날 보관했던 반죽을 새 반죽에 섞었다. 그 후에도 날마다 어제의 반죽을 오늘의 반죽에 추가했다. 새로운 지점을 열면 다른 지점에서 전날 보관했던 반죽을 가져왔으며, 40년 동안 같은 방식을 이어오고 있다.

생각해 보라. 파네라 컴퍼니는 현재 2,000개의 지점이 있는데, 모든 사워 도우에는 40년 전에 만든 반죽과 그동안 매일 만들었던 반죽이 조금씩 담겨있는 셈이다. 회사의 역사가 사워 도우 반죽을 타고 이어져 왔다.

전통이란 이런 것이다. 전통을 연결하는 고리는 기억이다. 우리 가족은 여행을 함께하면서 기억을 이어갔고, 산타페 여행은 우리 가족의 전통이 되었다. 산타페 거리를 걸으며 해나와 나는 서로 얘기한다. "여기 기억나? 여기서 조나랑 포켓몬을 찾아다녔잖아." "여기 기억해요? 아빠가 나움 할아버지랑, 조나랑 같이 카드 게임 했었잖아요."

산타페는 우리 가족에게 이런 존재이다. 수많은 추억이 가득 있는 곳이다.

●   Panera Bread, 미국 유명 베이커리 카페 체인.

●●   효모균을 이용해 만든 발효빵.

유럽을
내 안으로

나는 유럽 여행을 좋아한다. 수년에 걸쳐 10번 넘게 다녀왔지만, 유럽은 갈 때마다 특별하게 느껴진다. 미국에 있는 모든 것은 대부분 100년이 채 되지 않는다. 유럽에서는 커피숍 탁자마저 100년 넘은 것들이 있다. 유럽의 깊고 유구한 역사는 작은 돌멩이 하나하나에서도 느낄 수 있다.

미국인들은 유럽인들을 게으르다고 보는 편이다. 휴가도 길고 주당 근무시간도 짧은 유럽의 근로 문화 때문이다. 반대로 유럽인의 눈에는 미국인들이 돈 버는 데만 열중하는 것처럼 보인다. 좋습니다, 한판 붙어 볼까요. 그러나 여기서는 말고.

유럽을 여행하고 오면 나는 매번 더욱 유럽인처럼 살기 위해 노력한다. 속도를 늦추고 매 순간 삶을 깊이 음미하자. 점심은 천천히 먹자, 와인도 한두 잔도 곁들여(중장비 다루는 일을 하는 것도 아니니까) 공원이나 숲에서 더 오래 산책하고, 커피숍에 가서 책을 읽자. 나는 지난 몇 년간 좀 더 유럽인처럼 되어보려고 시도하고, 실패하길 반복하고 있다.

만약 당신이 피아트 자동차 공장의 조립 라인에서 일한다면 근무 시간이 생산량(시간당 위젯)과 직접적으로 연결될 것이다. 하지만 투자나 기타 창조적인 일을 한다면 컴퓨터 앞에 앉아있는 시간이 생산량, 즉 창의적인 아이디어의 양과 비례하지는 않는다.

엘렌 J. 랭어Ellen J. Langer는 『예술가가 되려면』에서 이렇게 썼다.

> 마음챙김Mindfulness은 이전에 알지 못했던 차이를 발견하고 새로운 것을 알아채는 쉽고 단순한 과정이다. 더 많이 알아차릴수록 우리의 관점과 맥락에 따라 사물이 어떻게 달라지는지를 이해하게 된다. 그러므로 마음챙김을 경험하려면 우리가 배워온 세상을 바라보는 고정된 방식을 내려놓아야 한다.

마음챙김은 창조성에서 매우 중요한 요소이므로 유럽 여행이야말로 나의 '고정된 방식'을 내려놓을 수 있는 기회라고 생각한다. 이제 취리히에서 베니스로, 그리고 취리히에서 니스로 갔던 두 번의 유럽 여행에 관한 기록을 나누고 싶다.

취리히에서 베니스로

이번 유럽 여행에는 알렉스 형, 그리고 18살인 조나와 동행했다.

조나에게는 첫 유럽 여행이었고 나는 조나도 나만큼 유럽을 좋아하길 바랐다. 목적지를 정하지 않고 거리를 걷다가 가끔 아메리카노를 마시고 밥을 먹는 것만으로도 조나가 즐거움을 누리면 좋겠다고 생각했다. 조나가 유럽의 풍부한 문화를 깊이 호흡하고 받아들이길 바랐다.

하지만 어쩌다 보니 일정이 매우 빽빽한 여행이 되고 말았다. 우리는 8개 도시(취리히, 클로스터스, 루가노, 밀라노, 모데나, 베로나, 볼로냐, 베네치아)를 다니며 박물관 4곳, 클래식 음악회 3곳을 갔다. 취리히에서는 우리가 제일 좋아하는 미술관인 쿤스트하우스Kunsthaus에 갔고 베니스에서는 피터 폴 루벤스 전시회에 갔다. 라스칼라 극장에서 오페라 〈로미오와 줄리엣〉도 관람했다.

늘 꿈꿔오던 라스칼라에 갔다는 게 아직도 실감이 나지 않는다. 내가 느끼는 감동을 이해하지 못한 채 그저 또 하나의 클래식 음악회 정도로 여기는 조나에게 나는 라스칼라가 야구로 치면 리글리 필드(시카고 컵스 홈구장)나 펜웨이 파크(보스턴 레드삭스 홈구장)인 셈이라고 설명해 주었다. 베르디와 푸치니의 오페라도 라스칼라에서 초연되었다.

모데나에서는 루치아노 파바로티 박물관과 페라리 박물관을 방문했다. 10년 전쯤 테네시주 멤피스에 있는 엘비스 프레슬리가 살던 그레이스랜드를 방문한 적이 있었다. 엘비스의 집은 호화롭고 고급스러웠다. 파바로티는 목소리만으로도 내게 감동을 주어서 평범한 사람이 아니라 훨씬 위대한 존재로 느껴지는데, 실제로는 주변 이웃들과 비슷한 넓고 소박한 집에서 살았다. 생가를 가보고 나니 파바로티가 좀 더 현실에 살았던 인물로 느껴졌다. 집을 보면서 파바로티의 인생을 조금 엿볼 수 있었다.

베니스에서는 오페라 공연과 비발디의 〈사계〉 연주회를 관람했다. 베니스는 비발디가 태어나고 수도사로 살았던 도시여서 비발디의 음악, 특히 〈사계〉 협주곡이 정기적으로 연주된다. 나는 베니스가 이번이 세 번째였다. 2000년, 아내가 조나를 임신한 지 3개월이었을 때 같이 베니스를 여행했다(그래서 조나에게는 사실상 두 번째 베니스 여행이라고 설명했다).

조나가 참을성 있게 클래식 음악회와 박물관을 잘 따라다녀서 무척 기쁘고 놀랍기도 했다. 그 나이 아이들에게는 푸치니와 드레이크Drake●가 대결하면 푸치니는 상대도 안 된다는 걸 나도 잘 안다. 하지만 부모로서 내 역할은 작은 씨앗을 심는 마음으로 아들에게 예술을 천천히 소개하는 것이다. 조나가 자라면서 씨앗도 물을 먹고 자랄 것이다.

알렉스 형과 조나는 둘 다 스위스 시계에 열광한다. 알렉스 형은 스위스 시계 수집이 취미였고, 둘은 길을 걸으며 몇 시간 동안 여러 매장의 쇼윈도를 구경했다. 그러면서 전문가적인 세세한 대화를 나누었다. 나는 사람들이 그렇게 오랫동안 시계 얘

● 캐나다 출신 힙합 래퍼, 싱어송라이터.

기를 할 수 있을 줄 몰랐다. 그러나 이제는 안다. 나와는 다른 열정을 가지고 있지만 내가 세상에서 제일 좋아하는 두 사람이 서로 소중한 관심사를 나누는 모습을 보면 마음이 절로 따뜻해진다.

알렉스 형과 조나가 시계를 구경하는 동안 나는 헤드폰으로 음악을 들으며 커피 한 잔을 들고 사람들을 구경(관찰)했다. 미국에서는 삶의 속도가 너무 빨라서 이렇게 있을 시간이 좀처럼 없다. 나는 가만히 앉아서 지나가는 사람을 지켜봤다. 사람들이 서로 주고받는 말과 몸짓, 그리고 표정에 드러나는 감정들을 관찰했다. 사람들이 어떻게 살고 서로 어떤 관계일지 상상해 보았다. 다시는 만나지 못할 사람들에 관한 아주 짧은 이야기를 읽는 기분이었다. 마치 소설을 읽는 것처럼 익숙한 세계에서 벗어나 낯선 누군가의 세계에 들어가는 경험이다.

베네치아에서는 칼레 궁전에 가서 피터 폴 루벤스의 전시를 보았다. 루벤스는 벨기에 앤트워프 출신의 17세기 플랑드르파 화가다. 10년 전 아버지와 함께 암스테르담 국립 미술관에 가보기 전까지 나는 그 시대 작품을 좋아하지 않았다. 우리는 렘브란트의 노인 초상화 앞에 서 있었는데(렘브란트는 루벤스와 동시대 화가다), 나는 그림에서 아무런 감동도 느껴지지 않는다고 아버지에게 말했다. 인상파 화가에게서 볼 수 있는 생동감과 감정이 없었다. 아버지는 "그림 속 남자의 지친 손을 보렴. 그리고 눈을 봐봐. 무슨 생각을 하고 있을까?" 한 시간 정도 더 플랑드르파 화가들의 그림을 본 후에야 아버지가 보는 것이 내게도 보이기 시작했다. 그림에서 인간의 영혼이 보였다.

나와 함께 루벤스의 그림 앞에 서 있는 조나도 10년 전 나처럼 똑같이 고심하고 있는 게 느껴졌다. 아버지가 내게 말했던 대로 나도 조나에게 말해주었다. 보통 조나는 박물관에서 뛰어다니지만, 이번에는 천천히 걸으며 그림들에서 400년 된 사람의 영혼을 엿보려고 애쓰고 있었다. 미술관 관람이 밖에서 사람들을 관찰하는 것과 다르지 않다고 생각한다. 타인과 소통하려는 노력인 동시에 자기 세계(생각)에서 나와 타인의 세계로 들어가는 노력이다.

제퍼슨식 오찬

다음 해에 나는 알렉스 형과 함께 내 친구 가이 스파이어Guy Spier●가 주최하는 컨퍼런스에 참석했다.

컨퍼런스에서 가이는 이전에는 알지 못했지만, 지금은 정말 좋아하게 된 제퍼슨식 오찬의 개념을 알려주었다. 이 개념은 1800년대 초, 토마스 제퍼슨에 의해 시작된 것이다.

컨퍼런스가 시작되기 전에 가이는 나를 포함해서 12명을 제퍼슨식 오찬에 초대했다. 우리는 모두 한 테이블에 둘러앉았다. 규칙은 간단했다. 모두 같은 주제로 함께 대화하는 것이다. 단, 주제와 상관없는 개인적 대화는 허용되지 않는다. 참석자 가운

● 　가치투자자이자 작가.

데 내가 아는 사람은 몇 명뿐이었다. 어색함을 풀기 위해 가이는 모든 참석자에게 인생에서 겪은 긍정적인 경험이나 부정적인 경험, 또는 마음에 떠오르는 무엇이든 나누고 자기소개를 하라고 했다. 각 참석자에게 1~2분이 주어졌다. 이 대화를 바탕으로 가이가 몇 가지 주제를 정했고, 각 주제에 관해 다 함께 한 시간가량 토론을 이어갔다.

내가 제퍼슨식 식사 방식을 좋아하는 이유는 식탁 대화에서 느끼게 되는 어색함이 없기 때문이다. 양쪽 옆자리에 앉은 사람에게 무엇이든 배울 수 있고 다양한 의견도 접할 수 있다. 그리고 어색하지 않으려고 날씨나 의미 없는 주제를 꺼내서 말할 필요도 없다. 다른 사람으로부터 배우고자 하는 사람에게 완벽한 방법이다.

미국 건국의 아버지가 만든 개념을 배우러 유럽까지 가야 했다니 아이러니한 기분이 든다.

로잔, 그리고 찰리 채플린

컨퍼런스를 마친 후 취리히에서 차를 빌려 프랑스 남부 니스로 여행을 떠났다.

첫 번째 목적지는 로잔이었다. 우리가 도착한 초저녁, 해가 막 저물고 있는 제네바 호수는 숨이 멎을 만큼 아름다웠다. 프랑스에서는 '레만 호수le Léman'로 불리는 이 호수는 유럽에서 가장 큰 호수 중 하나로 스위스와 프랑스 사이에 있다.

찰리 채플린을 생각하면 언제나 마음에 따뜻해진다. 어렸을 때 소련에 있는 시절부터 그랬다. 미국 아이들에게 미키마우스와 만화영화 주인공 같은 존재가 나에게는 찰리 채플린이다. 찰리 채플린의 영화를 이해하는 데는 언어가 필요 없다(채플린의 고전 영화 대부분은 무성 영화다). 나는 조나, 해나와 히틀러 생전에 제작된 가장 반히틀러적 영화 〈위대한 독재자〉를 대여섯 번이나 봤다.

1953년 찰리 채플린은 새 영화 〈시티 라이트〉 시사회에 참석하러 런던에 갔다가 미국으로 돌아올 수 없게 되었다. 맥카시 상원의원에 의해 '공산주의 동조자'로 고소당했기 때문이었다. 이때 채플린은 로잔으로 갔다. 사망하기 5년 전인 1972년, 채플린은 아카데미 평생 공로상을 받기 위해 미국에 갈 수 있었다.

그 후 MI5*가 채플린에 관한 파일을 공개하며 채플린이 공산주의 동조자였다거나 볼셰비키와 관련되었다는 증거는 없다고 밝혔다(소련 어린아이들이 채플린 영화에 열광한 것 말고는).

로잔에서 찰리 채플린이 살았던 집은 박물관으로 바뀌었는데 지금까지 내가 방문한 박물관 중에서 가장 기억에 남는 곳이다. 〈더 키드〉와 〈위대한 독재자〉 세트장을 보며 나는 추억 속으로 들어갔다. 미아 세라에게 조그만 찰리 채플린 피규어를 사주었지만 놀랍게도 아이는 채플린이 누구인지 전혀 몰랐다. 아이들 덕분에 찰리 채플린과의 추억을 새롭게 되살릴 기회가 생겼

● 영국 정보청 보안부.

다. 우리는 〈더 키드〉부터 시작했다.

스위스

　스위스는 정말 놀라운 나라다. 경이로울 만큼 아름다운 데다가 음식도 맘에 들고, 먼지 하나 없이 깨끗한 거리도 너무 좋고, 범죄나 경찰도 거의 없다는 사실도 놀랍다. 스위스에서는 교통 법규 위반도 매우 심각하게 다룬다. 시속 120km 제한 구역에서 180km로 달리다가 적발되면 연 소득의 10%에 달하는 벌금을 낼 수도 있다(심지어 감옥에 갈 수도 있다). 소득에 따른 처벌의 형평성에 대해서는 논란의 여지가 있긴 하다.

　합법적 거주권이 있더라도 스위스 시민이 될 수 있는지는 살고 있는 마을에서 결정한다. 살고자 하는 사람이 지역 사회에 도움이 될 만한 사람인지를 마을에서 투표로 결정한다고 한다.

　친구들과 스위스 생활에 관해 이야기를 나누면서 나도 스위스식 삶을 원하는지 곰곰이 생각해 보았다. 5살짜리 아이도 부모의 배웅 없이 혼자 학교에 걸어 다니는 곳이다. 실제로 최근에 스위스에 이민한 친구는 교장실에 불려 가서 아이를 데려다주지 말라는 요청을 받았다. 다른 한편으로 보면 이렇게 엄격하고 획일적인 사회에서 내가 즐겁게 살 수 있을지 의문이 들기도 했다.

두 알프스, 두 나라

나는 콜로라도에 살고 있다. 매년 수십 번씩 산에 다니는 만큼 내게 산은 특별히 새로울 만한 것이 없다. 비록 내가 알프스를 처음 가본 게 아니었지만, 스위스 알프스와 스위스 전체의 아름다움에 완전히 매료될 수 밖에 없었다.

스위스 알프스는 2가지 상반된 아름다움을 지니고 있다. 맑고 푸른 하늘을 배경으로 차갑고 가파르게 깎아지른 검은 바위와 따뜻하게 바위를 덮고 있는 부드럽고 하얀 눈이 선명하게 대비된다.

그에 이어 프랑스 알프스가 이어진다. 날씨(화창하고 구름이 낮게 드리웠다) 때문이었는지 몰라도 남쪽으로 갈수록(스위스에서 프랑스 방향) 알프스의 흑백 대비는 점차 부드러워졌다. 차갑고 어둡던 산은 점점 온화한 푸른색으로, 가파른 산세도 완만한 모습으로, 스위스에서 차갑게 대비되던 2가지 색은 다채로운 색과 결로 펼쳐지며 따뜻하게 변했다.

이러한 변화를 느끼며 자연에 따라 사회의 분위기가 어떻게 형성되는지 생각해 보게 되었다. 일반화와 고정관념일 수도 있지만, 스위스 사람을 생각하면 체계적이고, 정확하며, 속을 잘 드러내지 않는 다소 차갑고 냉정한 이미지가 떠오른다. 언어도 대부분 독일어가 중심이어서 무뚝뚝하고 좀 거칠게 들린다.

프랑스 사람을 생각하면 말소리도 부드럽고 둥글둥글하고 감정이 풍부하고 따뜻해 보여서 '투사'보다 '사랑꾼'이 떠오르고, 훨씬 덜 체계적으로 느껴진다(기차도 스위스와 달리 정시에 운행되지 않는다. 사실, 스위스 기차처럼 정확하게 운행하는 기차는 세상 어디에도 없다).

지정학을 생각할 때는 항구에 가까운지, 내륙에 있는지, 비옥한 땅인지, 물자 수송에 편리한 큰 강이 있는지, 적대국들에 둘러싸여 있는지 등 지리적 요건을 고려해야 한다. 더불어 자연환경이 어떻게 사회 분위기를 형성하는지에 대해서도 생각해 볼 필요가 있다.

프로방스와 코트다쥐르

로잔을 떠나 '알프스의 베네치아'로 불리는 아름다운 프랑스 마을 앙시Annecy에 도착했다. 매력적인 알프스 풍광으로 둘러싸인 앙시 호수에 있는 이 소도시에는 15세기 건축물이 잘 보존되어 있다. 다음으로 프랑스에서 두 번째로 큰 도시 리옹Lyon에 도착했다.

거기에서 엑토르 베를리오즈("환상적인 환상교향곡"에서 다시 만날 수 있다)의 고향이자 1968년 동계올림픽 개최지인 그르노블Grenoble로 갔다. 우리는 케이블카를 타고 산 정상 요새까지 올라가 도시를 내려다보았다. 그리고 아비뇽에서 밤을 보냈다.

다음 목적지 아를Arles에서 우리는 마치 고대 로마로 시간 이동을 한 기분이 들었다. 로마는 기원전 123년에 아를을 정복했다. 아를에는 로마 고대극장이 하나도 아니고 두 개나 있다. 아를의 구시가지를 걷는 동안 우리는 어디서든 반 고흐 미술관

Fondation Vincent van Gogh Arle을 가리키는 표지판을 보았다. 빈센트 반 고흐가 아를에서 보낸 1년은 정신적 고통에 시달리다 귀를 자른 에피소드로 알려진 시기다. 아를은 1,500만 달러(약 196억 원)를 들여 오래된 호텔을 반 고흐 미술관으로 개조했다.

유일한 문제라면 겨울에는 아를에 관광객이 거의 없는 반면 반 고흐의 작품을 유지할 보험료는 매우 비싸다는 것이다. 정작 반 고흐 미술관에 고흐의 작품이 하나도 없어서 놀랍기도 했고 매우 실망스러웠다. 내 친구 애덤은 "우리집도 반 고흐 미술관이네. 반고흐 그림이 하나도 없으니까"라고 말했다.

다음 목적지는 칸Cannes이었다. 칸 영화제가 없었다면 나를 포함해 웬만한 미국인이 지도에서 칸이 어딨는지 찾을 수 있을지 잘 모르겠다. 칸은 다음 날 방문한 모나코처럼 부유하고 유명한 사람들이 요트를 정박하고 과시하는 곳 같았다.

코트다쥐르 지역에서 내가 가장 좋아하는 도시는 니스, 에즈, 생폴 드 방스이다. 에즈Eze는 니스Nice에서 차로 가까운 작은 마을로 인구가 3,000명 정도이며 '박물관 마을'이라고도 불린다. 놀라울 정도로 잘 보존되어 있고 거리를 걷는 재미가 쏠쏠하다.

니스와 멀지 않은 생폴 드 방스Saint Paul de Vence도 그림같이 작은 마을인데 여러 가지로 에즈와 비슷하다. 하지만 에즈와 달리 미술관이 매우 많아서 구시가지를 걷는 재미와 더불어 아름다운 미술품을 볼 수 있다. 우리도 예술 작품을 많이 즐겼다.

생폴 드 방스는 마르크 샤갈이 30년을 살았던 장소이기도 하다. 샤갈과 우리 집안의 역사는 오래전으로 거슬러 올라간다.

아버지가 무르만스크에 정착하기 한 세대 전에 우리 집안이 살았던 벨라루스의 비쳅스크는 공교롭게도 마르크 샤갈의 출생지이기도 했다. 할머니는 이웃이었던 샤갈의 가족이 돈을 빌리고는 갚지 않은 일화를 들려주기도 했다. 나는 평소 할머니 말에 과장이 좀 섞였다고 생각했지만, 그 이야기는 재미있기도 하고 유명한 화가와의 숨겨진 인연이 신기하다고 느껴져서 좋았다. 마르크 샤갈은 생폴 드 방스에 묻혔다.

우리의 최종 목적지는 니스였다. 나는 알렉스 형과 함께 아름답고 비교적 오래되지 않은 건물(유럽 기준에서)이 많은 니스의 거리를 걸었다. 그 순간, 형이 오른쪽으로 방향을 틀어 계단을 몇 층 내려가자고 했다. 갑자기 우리 눈앞에 자동차도 없는 옛 프랑스 도시의 좁은 길이 펼쳐졌고, 나는 수백 년 전의 과거로 온 듯했다. 유럽의 아름다움을 한마디로 응축할 수 있는 순간이었다. 이런 경험은 유럽 어디에서든 할 수 있다. 과거와 현재가 계단 몇 개를 사이에 두고 아주 가깝게 존재한다.

3장

하루하루를
쌓아라

작은 습관이 만들어 준
내 삶의 놀라운 변화

나는 디저트를
먹지 않는다

40대 중반에 접어들면서 나는 나만의 방식으로 중년의 위기를 맞이했다. 20살짜리 여자 친구나 빨간 오픈카에 관심을 두는 게 아니라 건강에 주의를 기울이기 시작했다. 젊을 때는 미래의 건강도 과거부터 선형적 그래프를 그리며 계속될 걸로 생각하기 쉽다.

거기에도 그럴만한 이유가 있다. 그때까지는 직선으로 연결할 수 있는 데이터의 점이 많이 쌓여 있기 때문이다. 그러나 나이가 들면서 몸은 오래된 엔진처럼 움직이는 데에 훨씬 좋은 품질의 연료가, 그리고 더 많은 튜닝이 필요하다. 정크푸드를 멀리하고 꾸준히 운동을 해야 한다는 말이다.

나는 정신적으로 좋은 상태를 유지하기 위해서는 신체적으로도 좋은 상태를 유지해야 한다는 것을 깨달았다. 이 말은 습관을 바꿔야 한다는 뜻이다. 나쁜 습관을 버리고 좋은 습관을 들여야 했다. 나쁜 습관을 버리기 위해서는 2가지 방법이 있다. 첫째 환경을 바꾸는 것, 둘째 반쪽 선택지를 만드는 것이다.

환경의 중요성에 대해서는 "환경에 휘둘리지 말라"에서 더 나누도록 하겠다. 사소한 선택이라도 의식적으로 환경을 바꾸면 우리가 만드는 창조적 결과물과 좋은 결정을 내릴 수 있는 역량도 달라진다. 나쁜 습관을 버리기 위한 또 하나의 방법은 '반쪽 선택지'를 만드는 것이다. 나는 롤프 도벨리의 훌륭한 책 『불행 피하기 기술』을 읽은 후로는 디저트를 끊었다. 케이크, 쿠키, 사탕, 아이스크림 등을 더 이상 먹지 않으며, 자주 스스로에게 말한다. "나는 디저트를 먹지 않는다."

조금만 인내심을 가지고 들어주시길 바란다. 내가 가끔, 가령 2%의 시간만 디저트를 먹는다고 가정하면 2%가 아무리 짧은 시간이어도 디저트를 먹을지 말지에 대한 고민이 생긴다. 그러나 단호하게 "나는 디저트를 먹지 않는다"라고 정해놓는다면 아예 고민이 사라지게 된다. 나는 이것을 '반쪽 선택지'라고 부른다. 보통 선택지가 '예'와 '아니오'의 고민이라면 반쪽 선택지에는 오직 '아니오'만 있다.

나는 의식과 잠재의식의 관계에 대해 생각하고 관련 책을 읽는 데 많은 시간을 할애한다. 잠재의식은 우리의 모든 신체 기능(호흡, 혈액 공급, 소화 등)을 작동시키는 놀랄 만큼 강력한 컴퓨터다. 잠재의식이 거대한 메인프레임의 정보처리 능력을 가지고 있다면, 의식은 아이폰이라 할 수 있다. 잠재의식은 의식으로부터 명령을 받으면 그대로 실행한다.

잠재의식은 모든 명령을 문자 그대로 받아들이기 때문에 아이러니를 이해하지 못한다. 따라서 의식적으로 명확하게 "나는 디저트를 먹지 않는다"라고 명령을 전달하면 잠재의식은 맹목적으로 충실하게 명령대로 수행한다.

어떻게 들릴지 짐작이 가지만, 의지력은 결코 내 장점에 들지 못했었다. 실제로 나는 설탕(디저트) 중독이기도 했다. 하지만 반쪽 선택지를 실천한 이후로는 디저트를 먹지 않고 있다. 생일 파티는 물론 주변에서 모두 디저트를 먹고 있는 저녁 식탁도 마찬가지다. 디저트를 먹지 않는 데에 소모되는 의지력이나 에너지도 없다. 전혀 없다! 결정하지 않겠다는 결정을 내렸지만, 전보다 불행해지거나 그러지 않았다. 최근에 혈액 검사를 했더니 콜레스테롤 수치도 현저하게 개선되었다. 나는 좋은 습관을 기르는 것보다 나쁜 습관을 버리는 것이 나에게는 좀 더 쉽다는 것을 알게 되었다.

반면, 내가 운동을 시작하기 위해서는 외부의 압박이 필요했기 때문에 트레이너를 고용했다. 내 트레이너 세르게이는 우크라이나 출신 역도 세계 챔피언이다. 할리우드 영화에 나오는 전형적인 러시아 마피아의 근육질 행동대원을 상상해 보라. 딱 그렇게 생긴 세르게이가 말하면 반드시 나는 그 말을 따르게 된다. 천천히 조용하게 말해도 나는 세르게이가 하라면 하게 된다. 일주일에 2번 세르게이에게 알렉스 형과 함께 훈련을 받는다.

지난번 훈련 초반에 세르게이의 마음속 소리가 내게 크게 들렸다. "좋아, 이제 당신을 1시간 동안 고문하고 나서 렌터카를 반납하러 가야겠어." 세르게이가 고문하면 나는 두 발로 체육관을 걸어 나오지 못할 지경이 된다. 훈련이 끝나고 1시간 동안은 말할 힘조차 사라진다. 내가 역도를 좋아할 거라고는 생각해 본 적이 없는데, 이상하게도 좋아졌다. 각 동작을 훈련하는 데 집중하다 보면 고통 때문인지 주식 시장과 아이들에 대한 생각이 떠나고 1시간 동안은 외부 세계가 사라진다.

세르게이가 없어도 역도를 할 만큼 내게 의지력이 있는지 잘 모르겠다. 하지만 나 자신을 그만큼 밀어붙이지 못할 것은 확실하다. 결론은 세르게이다. 지방이 차츰 근육으로 변해가면서 좀 더 남자다운 기분과 함께 마음도 차분해진다.

지금까지는 일주일에 몇 번 로드바이크를 타고 출근하기(편도 11km)와 걷기 정도로 유산소 운동을 했다. 런던을 방문했을 때 회의 하나가 취소되어서 다음 회의까지 갑자기 4시간이 생겼고 회의 장소는 9.6km 정도 떨어진 곳에 있었다. 그래서 헤드폰을 쓰고 걷기 시작했다.

너무 좋았다. 회의 장소에 도착해서 내가 좋아하는 영국 투자자이자 친구 게리를 만났다. 게리는 나를 보자마자 "출발!"이라고 외쳤고 우리는 6.5km를 더 걸으며 대화를 나눴다. 2년 전에 게리를 만나서는 점심시간까지 이어지는 긴 아침 식사를 했었다. 하지만 이번에 한 걷기 회의는 더 활력 넘치고 역동적인 시간이었다. 게리는 대부분의 회의를 걷기 회의로 전환했다. 이 아이디어가 마음에 들어서 나도 해 보려고 한다. 실제로 걷기와 말하기가 창조성을 끌어낸다는 연구 결과가 많이 있다. 나는 일주일에 여러 번 산책하기를 목표로 삼고 있다.

8%

나는 식단에 지오펜싱[*]기법을 적용한다. 설명하면 다음과 같다. 나는 평소 덴버에서는 종교적 식단[**]을 지키지만, 여행할 때는 자유롭게 먹는다. 내 위와 두뇌가 원하는 대로 먹는다. 이렇게 하는 이유는 덴버가 아닌 곳에서는 식단을 지키기가 어렵고 불편해서 곤란할 때가 많기 때문이다. 나는 1년에 한 달 정도 여행을 다니는데(휴가를 포함해서), 1년에 11개월, 즉 92%의 시간 동안 식단을 지키게 되면 몸무게와 콜레스테롤 수치를 줄일 수 있다.

---

[*] geo와 fence의 합성어로 위치나 지역에 가상의 경계를 설정하는 기술.
[**] 유대인의 음식 규례인 코셔Kosher.

처음 지오펜싱 전략을 시작했을 때는 여행을 마치고 덴버에 와서 다시 식단을 지킬 수 있을지 걱정했었다. 그러나 환경에 따라 식단을 바꾸는 것은 전혀 문제 되지 않았다. 비행기를 타거나 최소 2시간 이상 운전할 때는 식단을 지키지 않지만, 집에 돌아오면 다시 지킨다. 지오펜싱 식단을 하면서 좋은 점을 더 발견했지만, 우선 다른 이야기부터 하고 싶다.

인생의 첫 18년을 소련에서 보내는 동안 나는 탄산음료를 12살 때 딱 한 번 마셔봤다. 펩시가 주는 톡 쏘는 달콤함이 얼마나 좋았는지 아직도 기억이 생생하다. 하지만 소련에서는 펩시도 코카콜라도 쉽게 접할 수 없었다.

그 후로 1991년 미국에 이민 올 때까지 탄산음료를 다시 마셔보지 못했다. 그런데 미국에 왔더니 탄산음료가 물처럼 갤런(약 3.7리터) 단위로 판매되고 있었고, 그래서 나는 콜라를 물처럼 마셨다. 미국에 온 첫해, 나는 과거 18년 동안 못 마셨던 양을 모두 채울 정도로 마셨다.

몇 년이 지나고 21살이었던 어느 날, 식당에서 세 번째 콜라 리필을 마시다가 내가 더 이상 톡 쏘는 달콤함을 느끼지 못한다는 사실을 깨달았다. 전혀 짜릿하지 않았다. 그동안 너무 많이 마신 탓에 탄산의 즐거움이 사라졌고 그렇게 특별했던 콜라는 이제 고칼로리 갈색 물로 보였다.

그날, 앞으로는 아주 특별한 경우에만 탄산음료를 마시겠다고 결심했다(영화 보러 갈 때 정도). 즐겁지도 않은데 그렇게 많이 마시는 것은 아무런 의미가 없었다. 매일 한두 잔씩 마시던 콜라 소비가 이제 일 년에 몇 번으로 줄었다. 그랬더니 재미있는 일이 일어났다. 작년에 딱 한 번 탄산음료를 마셨는데 정말이지 한 모금 한 모금이 너무 맛있었다. 풍요로움은 종종 우리가 좋아하는 것들의 가치를 떨어뜨린다. 아무리 좋은 일도 너무 지나치면 좋지 않다.

음식에 대해서도 마찬가지다. 나는 덴버에 있는 동안, 즉 92%의 시간 동안에는 음식을 매우 기능적으로 바라본다. 음식은 내 몸에 힘을 주는 연료이므로 되도록 엔진에 좋은 연료로 고른다.

그렇다고 하루 종일 샐러드와 퀴노아, 또 샐러드 이런 식으로 먹지는 않는다. 몸에 좋지 않은 음식이나 붉은 고기, 아이스크림, 파스타같이 내가 환장하는 음식을 종종 피하는 정도다.

여행할 때는 죄책감이나 염려를 버리고 한 입 한 입 즐겁게 먹는다. 탄수화물로 가득 차고 지방이 흘러넘쳐도 신경 쓰지 않는다. 8%의 시간이 너무 즐거워서 92%의 시간을 절제한 것이 소중하게 느껴진다. 덕분에 유럽에 가면 유럽의 느긋한 박자와 유쾌한 사람들을 즐길 뿐만 아니라 스위스 소시지와 이탈리아 파스타를 기대하게 된다.

하나 더, 25년 전 별생각 없이 탄산음료를 끊었을 때 건강 때문에 내린 결정은 아니었다. 그때가 21살이었으니 건강에 특별히 신경 쓸 일도 없었다. 하지만 지나고 보니 그 결정 하나로 체중을 15kg이나 줄일 수 있었다.

잠은
저축할 수 없어요

"얼굴이 왜 그러니? 눈도 푹 꺼지고 안색도 창백해. 너 괜찮은 거니?"

어느 날 오후 퇴근길에 부모님 댁에 들렀을 때 새어머니가 내 얼굴을 보고 이렇게 말했다. 나는 보기보다 상태가 더 나빴다. 여러분이 상상하는 재정적 파산 같은 일은 없었지만, 대신 이런 일이 있었다.

나는 한 달가량 테슬라와 전기 자동차 산업에 관한 얇은 책 『테슬라, 일론 머스크, 그리고 전기 자동차 혁명』을 쓰고 있었다. 글을 쓰기 위해 평소보다 좀 이른 시간인 새벽 4시에 일어났다. 그리고 밤에는 다음 날 쓸 자료를 조사하느라 평소보다 좀 늦게 잠자리에 들곤 했다.

주제가 너무 흥미로워서 나는 거의 무아지경으로 쓸 만큼 열정이 마구 솟구쳤다. 테슬라 책 집필을 마친 후에는 20쪽 분량의 고객용 뉴스레터를 쓰느라 2주를 더 무리했다. 그때 이미 늦게 자고 지나치게 일찍 일어나는 나쁜 습관이 자리를 잡았다.

나는 음식을 잘 챙겨 먹는 편이다. 운동도 일주일에 적어도 두세 번 한다. 건강 상태도 매우 좋았다. 그러나 수면 부족이 누적되자 몸이 무너졌다. 매일 오후가 되면 트럭이 치인 기분이 들었다. 걸어 다니는 좀비 같았다. 일상적인 대화에서도 이름이나 어떤 사실들이 기억나지 않았다. 아이러니하게도 너무 지친 나머지 나에게 문제가 있다는 사실조차 자각할 수 없을 정도였다.

이 사건을 계기로 수면에 관해 조사를 시작했다. UC 버클리 대학 신경과학 및 심리학 교수인 매슈 워커가 쓴 『우리는 왜 잠을 자야 할까』를 읽었다. 이 책을 읽고 수면에 대한 내 생각이 완전히 바뀌었다. 남성적이고 일 중독적인 우리 사회에서는 오래 일하고 적게 자는 삶을 칭송한다. 가장 늦게 퇴근하고 아침에 가장 먼저 출근하는 사람을 높이 평가한다. 잠은 깨어있는 시간을 빼앗는 불필요한 장애물이라고 여긴다. 흔히 "잠은 죽어서 자면 되지"라고 하는 말이 바로 내 생각(그리고 아마도 사회 전반적 생각)이었다. 그러나 내가 완전히 잘못 생각하고 있던 것이다.

나는 건강 문제에서 내가 통제할 수 있는 것들에 대해서는 많이 생각해 보았다. 하지만 식단, 운동, 라이프스타일에 관해서만 생각했지 잠은 생각해 보지 않았다.『우리는 왜 잠을 자야 할까』를 읽고 비로소 잠이 건강 공식에서 가장 중요한 부분인데도 불구하고 오늘날 가장 무시되고 있다는 사실이 눈에 보였다.

핵심은 이렇다. 깨어있는 동안에 우리 뇌는 계속 손상되고, 잠을 자는 동안에 치유되고 고쳐진다. 양질의 수면을 충분히 취하지 못하면 건강에 대한 상당한 대가를 치르게 될 것이다.

그렇다. 아주 단순한 사실이다. 충분히 잘 자지 않으면 일시적이든 장기적이든 몸의 가장 중요한 기관이 손상을 입는다. 하지만 그 피해는 뇌에서 그치지 않는다. 수면 부족은 면역 체계를 무너뜨리고, 암에 걸릴 위험을 2배로 높이고, 알츠하이머 발병에 결정적인 요소로 작용한다. 이 정도 설명으로도 부족하다면, 굳이 뇌화학까지 언급하지 않더라도, 수면 부족으로 손상된 뇌는 우울증, 불안, 심장마비, 체중 증가, 감정 기복, 감정 조절 능력 상실 등을 유발할 수 있다. 얼마든지 할 얘기가 더 있지만 요점은 충분히 전해졌으리라 믿는다.

나는 상황을 쉽게 빠져나온 것 같다. 내가 얼마나 탈진해 있었는지 생각해 보면 진짜 사고를 당할 수도 있었다. 자동차 사고 말이다. 나 혼자의 문제가 아니라 차로 학교, 직장, 모임에 다니면서 가족 전체를 위험에 빠뜨릴 수도 있었다. 수면 부족 운전자는 사고를 일으킬 확률이 15배나 높다. 실제로 매년 수면 부족으로 인한 교통사고 사망자 수가 음주 사고와 약물 사고를 합친 사망자 수보다 더 많다. 음주 운전뿐만 아니라 졸음 운전과도 전쟁을 선포해야 한다.

흥미롭게도 대자연은 우리 인간이 의도적으로 잠을 줄이기로 작정할 줄은 예상하지 못했다. 우리의 지방 세포는 맥도날드로 가다가 교통 체증에 갇혀있을 때를 대비해 에너지를 비축한다. 하지만 우리 몸에 잠을 비축하는 저장소는 없기 때문에 필요할 때 꺼내 쓸 수가 없다. 우리는 매일매일 잠을 충분히 잘 자야 한다. 대부분 사람은 최소 8시간 정도를 자야 한다.

수면 생활을 개선해 줄 몇 가지 방법을 소개한다.

서늘한 방에서 자라. 평소 생활하는 온도보다 1.5도~4도 정도 낮춘다. 18도 정도가 잠들기에 이상적인 온도다. 따뜻한 물로 목욕이나 샤워를 하면 숙면에 도움이 된다. 조금 의외인 사실은 샤워로 체온을 높여도 침대에 눕는 순간 체온은 크게 떨어진다.

매일 같은 시간에 잠자리에 들고 같은 시간에 일어나라(주말에도). 대자연은 우리 몸을 24시간의 일주기 리듬으로 프로그램했다. 대략 24시간의 생리적 순환으로 신체 리듬이 조절된다. 일주기 리듬은 빛과 온도에 영향받는다. 잠을 자든 안 자든 일주기 리듬은 계속 작동한다. 숙면을 취하려면 자신의 리듬에 맞춰 수면 시간을 조절해야 하는데, 이는 사람마다 모두 다르다. 나는 이른 아침형 인간이다. 내 체온은 오후 8시쯤 떨어지기 시작하기 때문에, 상대적으로 초저녁에 잠들기 쉽고 아침에 일찍 일어나기도 쉽다.

20년째 내 옆자리에서 자는 사람은 아침형 인간이 아니다. 이 사람이 나와 같은 시간에 자려고 노력한다면 몇 시간이 걸려도 잠들지 못할 것이다. 나와 일주기 리듬이 달라서 늦게 자고 늦게 일어나야 한다. 만약 아침에 너무 일찍 일어나면 두통이 생긴다.

우리가 일주기 리듬을 바꿀 수 있을지 알 수 없으므로, 자신이 아침형인지 저녁형인지 파악하고 그에 맞춰 생활을 계획하는 것은 매우 중요하다. 하지만 조정해 볼 수 있는 것들이 여러 가지 있다.

멜라토닌 분비를 조절하라. 대자연은 알람 시계도 인공조명도 없는 환경에서 수백만 년에 걸쳐 인간의 생체리듬을 설정했다. 태양 빛과 지구의 자전 효과로 우리의 수면이 조절된다. 빛이, 실제로는 빛의 부재가 멜라토닌이라는 '어둠의 호르몬'을 분비하게 만든다. 수면이 8시간짜리 경주라면 멜라토닌이 뇌에게 잠을 시작하라고 신호를 보내는 권총 역할을 한다. 멜라토닌이 잠드는 시간을 조절하지만, 수면의 질이나 지속 시간에는 영향을 미치지 않는다. 멜라토닌은 빛에 민감하다.

이어서 대자연의 프로그램을 활용할 수 있는 몇 가지 방법이 있다.

잠자리에 들기 몇 시간 전부터 조명을 어둡게 하라. 나는 집에 조도를 조정할 수 있는 조명을 설치해서 잠들기 한두 시간 전에 밝기를 낮추려고 계획하고 있다. 선글라스. 아침에는 선글라스를 쓰지 마라. 햇빛이 잠에서 완전히 깨워주기 때문이다. 선글라스는 오후에 쓰도록 하라.

잠자리에 들기 한두 시간 전부터는 전자기기 사용을 제한하라. 나는 아이패드 대신에 킨들 전용 기기로 바꾸어 전자책을 읽으려고 한다. 그리고 저녁에 컴퓨터로 작업할 때는 블루라이트 차단 안경을 쓰기 시작했다.

커피와 알코올은 전략적으로 섭취하라. 카페인은 '졸리다'라고 뇌에 보내는 신호를 차단한다. 커피를 마시고 30분 후에 카페인 수치가 상승하면서 효과가 나타난다. 반면 카페인의 반감기까지는 7시간이 걸린다. 즉, 커피를 마신 후 7시간이 지나도 체내에 카페인의 50%가 남아있다는 뜻이다. 카페인은 각성 효과가 있을 뿐만 아니라 수면의 질도 떨어뜨린다.

나는 커피를 많이 마신다. 하루의 첫 잔은 카페인 효과를 위해 마시지만, 이후로는 맛으로 마신다. 오전 8시나 9시가 지나면 디카페인 커피를 마셔서 몸에서 카페인이 배출될 수 있도록 12시간을 확보한다.

디카페인 커피에 카페인이 아예 없는 것은 아니다. 일반 커피의 10~30%의 카페인을 함유하고 있다. 또한 나이가 많을수록 몸(주로 간)이 체내에서 카페인을 해독하는 시간이 더 오래 걸린다.

또한, 알코올은 잠드는 데 도움이 될 수 있지만 수면의 질을 현저하게 떨어뜨린다. 무엇보다 꿈을 꾸게 하며, 우리의 감성지능과 창의성에 중요한 역할을 하는 REM 수면 단계에 영향을 미친다.

명상하라. 침대에 누우면 머릿속에서 오늘 하루가 다시 살아나서 잠을 이루지 못하는 경우가 많다. 명상은 우리가 평정심을 찾고 하루를 마무리한 후 쉴 수 있게 해 준다. 나는 명상을 실천하기까지 어려움을 겪었는데, 아침에 명상 시간을 확보하는 것은 쉽지 않았다(명상은 글쓰기와 경쟁 관계다). 그래서 잠자리에 들기 전에 명상하려고 한다(명상에 관해서는 "나는 매일 파티에 간다"에서 자세히 설명하겠다).

낮잠. 재밌는 사실은 낮잠에도 전략이 필요하다는 것이다. 낮에 잠깐 잠을 자면 실제로 에너지를 충전할 수 있지만 너무 길게 자거나(10~15분 이상) 저녁 시간에 가깝게 자면 밤에 잠드는데에 방해가 될 수 있다.

내 책을 읽어라. 특히 『적극적 가치투자』에 최면 효과가 있다는 말을 들었다. 진지하게 말하자면 침대에서는 책을 읽지 말라. 침대는 잠을 자는 장소로 인식하도록 뇌를 훈련해야 한다.

내 생각에 의사들이 가장 많이 처방하는 약은 '잠'인 것 같다. 경력의 1/4 분량의 시간 동안 의대에서 공부하고 수십만 달러의 학자금 대출 빚을 쌓은 후에 고작 "하루에 최소 8시간은 주무셔야 합니다"라는 처방만 내린다고 상상해 보라.

앞서 언급한 건강 관련 문제 외에도 깊이 생각해야 할 다른 문제들도 있다. 부모로서 나는 아이들이 저녁에 언제 전자기기를 사용하는지 면밀히 살펴보아야 하고 얼마나 잠을 자는지도 관찰해야 한다. 아이들의 늦잠을 단순히 '게으름'으로 치부하지 말고, 제대로 잘 수 있게 해줘야 한다.

창조적인 일을 하는 사람으로서 나는 투자와 글쓰기, 그리고 삶의 많은 부분에서 창조성을 발휘해야 할 때 수면이 부족하면 창의력이 떨어진다는 사실을 잘 알고 있다. 고용주로서 나는 같이 일하는 사람들이 아침형인지 저녁형인지 파악해서 각자에게 맞게 업무 일정을 정하도록 해야 한다.

매일의 일과를 하루 전 관점에서 계획해야 한다는 것을 깨달았다. 매일 새벽 4시에 일어나고 싶다면 전날 저녁 7시 30분에 잠자리에 들어야 한다. 나는 아이들보다 먼저 잠들고 싶지는 않아서 현실적으로 불가능할 수 있다. 그래서 저녁 8시 30분에 잠자리에 들어 9시에 잠들고, 하루를 새벽 5시에 시작해야 한다. 글로 쓰고 싶은 재미있는 주제를 발견하면 흥분을 가라앉히고 30일 걸려 쓸 글을 45일 동안 써야 한다 해도 그렇게 속도를 조절해야 한다.

우리가 쌓은 수면 부채는 미래에 잠을 더 잔다고 해서 갚을 수 없다. 안타깝게도 대자연이 이 결함을 고치려면 수천 년이 더 걸려야 할 수도 있다. 모두 평안하고 깊은 잠을 잘 수 있기를 바란다!

나는 돼지고기를
안 먹는 사람

코로나 팬데믹은 삶의 많은 부분에 영향을 미쳤다. 나는 재택근무를 좋아하지만 그만큼 대가도 치러야 한다는 것을 알게 되었다. 2020년 3월과 4월을 지나면서 몇 년 동안 공들여 쌓은 좋은 습관들이 대부분 무너졌다. 사회적 거리두기 때문에 트레이너와 하던 운동도 그만두었다(운동에 있어서 만큼은 나는 정말 외부의 압력이 필요하다).

4월에는 글도 많이 쓰지 못했다. 3월에 주식 시장이 널뛰기하는 바람에 근무시간이 크게 늘었고 4월이 되면서 잠을 좀 충분히 자고 싶다는 마음이 들었다. 그래서 기상 시간도 5시에서 7시로 늦췄다. 평소 이른 아침에 글을 썼었는데 이 습관도 깨지고 만 것이다.

좋은 습관이 점차 사라지는 시점에 나는 적극적으로 원래 있던 좋은 습관을 회복하고 새로운 습관도 세워야겠다고 결심했다. 습관 형성에 관해 내가 가장 좋아하는 책인 제임스 클리어의 『아주 작은 습관의 힘』을 오랜만에 다시 꺼내서 펼쳤다.

이 책에서 얻은 탁월한 지혜를 몇 가지 소개하고 싶다. 습관을 바꾸는 사고의 단계에는 3가지의 층이 존재한다.

첫 번째는 가장 표면적 층으로서 목표를 설정하거나 결과에 집중하는 것이다. 성공한 운동선수와 실패한 운동선수의 목표는 동일하다. 목표는 우리를 차별화해 주지 못한다. 하지만 시스템이 해 준다(이 점은 투자에도 똑같이 적용된다). 실제로, 목표가 우리의 장기적 성공이나 행복과 상충하는 경우가 많다. 일단 목표를 달성하고 나면 그다음은? 우리는 목적지 자체보다 목적지까지 가는 과정을 즐겨야 한다. 물론 목표(목적지)가 방향을 제시해 준다는 점에서는 중요하다.

여기서 사고의 두 번째 층인 시스템으로 넘어간다. 시스템은 목표 성취에 도움이 되도록 환경과 과정을 조성하는 것이다. 제임스 클리어는 이렇게 말한다. "당신은 당신의 목표 수준으로 올라가는 것이 아니다. 당신의 시스템 수준으로 떨어지는 것이다."

나는 글을 쓰려면 아침에 일찍 일어나야 한다. 그래서 일찍 잠자리에 든다. 오후에는 커피를 마시지 않는다. 저녁 식사는 더 일찍 더 가볍게 먹는다. 자기 전에 따뜻한 물로 샤워한다. 알람을 5시에 맞춰 놓는다.

이러한 시스템이 내가 하루에 2시간씩은 글을 쓸 수 있게 만들어 준다. 무너진 습관을 다시 세우는 첫 주에는 새벽 5시에 일어나기가 고통스러울 정도로 어려웠다. 정신을 차리려고 스스로를 몰아붙여야 하는 노력은 잘 작동하던 시스템을 중단한 대가다. 둘째 주에 접어들면 좀 쉬워진다. 일어나서 세수하고 커피를 내리고 헤드폰으로 음악을 들으며 6시 30분까지 글을 쓴다.

제임스 클리어에게 배운 또 하나의 비결은 좋은 습관을 하나씩 덧붙여 가는 것이다. 나는 아침 5시에 일어나 2시간 정도 글을 쓴다. 글쓰기가 끝나면 공원에 나가서 한 시간 동안 5km 정도 걷는다. 나는 이렇게 걸으면서 오디오북이나 음악, 팟캐스트를 듣는 시간이 아주 좋다.

그리고 습관을 바꾸는 사고의 세 번째 층은 정체성 변화다. 정체성은 자신의 자아상이며 세계관이다.

클리어는 이렇게 말한다. "어떤 행동을 반복할 때마다 정체성과 행동은 점차 하나가 된다. 정체성identity이라는 단어는 '존재'라는 뜻의 라틴어 essentita와 '반복적으로'라는 뜻의 identidem에서 기원했다. 즉 정체성은 말 그대로 '반복된 존재'를 뜻한다." 나는 글을 쓰는 사람이다, 나는 건강한 사람이다 등 어떤 정체성을 가질지는 자유다.

내 친구 중에 정통 유대교 랍비가 있는데, 어느 날 우리 집에 놀러 와서는 체중이 많이 늘었다면서 "나는 빵을 너무 많이 먹어"라고 말하는 것이었다. 그래서 나는 그에게 빵을 먹지 않는 사람으로 정체성을 바꿔야 한다고 말했다. 친구는 어리둥절해 했다. 나는 "자네가 돼지고기를 먹지 않으려고 노력하는 데 에너지를 얼마나 쓰지?"라고 물었다. 친구가 대답했다. "전혀. 나는 돼지고기를 안 먹는 사람이니까." 빵도 똑같이 하면 된다고 친구에게 알려주었다. 친구는 그대로 했고 몇 달 뒤 전화해서 덕분에 체중이 줄었다면서 고마워했다.

다른 관점으로 사고의 세 층을 살펴보면, 결과층은 당신이 이룬 것, 시스템층은 당신이 실행하는 것, 정체성층은 당신이 믿는 것이다. 이 사고 체계의 백미는 목표를 설정하고, 효과적으로 실행할 수 있는 시스템을 설계하고, 될 때까지 밀고 나가면 (당신이 인식하는) 당신의 정체성을 완전히 바꿀 수 있다는 것이다. 그렇다. 가상의 모습이어도 효과가 있다. 만약 당신의 체중이 158kg이고 계단 한 층도 겨우 올라가는 체력이라면, 스스로에게 건강한 사람이라는 정체성을 부여해 보라. 일단 건강한 사람의 행동을 구현하면 체중이 줄기 시작한다. 체중이 127에서 113, 그리고 90kg으로 줄고 움직이기가 수월해지면 스스로 건강한 사람이라고 확신하기가 더 쉬워질 것이다.

글쓰기가 습관으로 자리 잡고 나면 글을 쓰려고 억지로 노력할 필요가 없다. 글쓰기는 내 정체성의 일부가 된다. "나는 매일 아침 일어나서 글을 쓰는 사람이다"라고 스스로의 정체성을 만들어 보자.

한 달 동안 글을 쓰지 않았더니 글쓰기 없이는 내 머릿속이 완전히 대혼란 상태가 된다는 것을 깨달았다. 운동이 내 몸을 위한 훈련인 것처럼(운동을 거르면 몸이 곤죽이 되는 기분이다) 글쓰기는 두뇌를 위한 훈련이다. 글쓰기는 내가 투자와 별개로 하는 취미 생활이 아니다. 정말이다. 내게 필수적인 일이다. 글쓰기는 내 두뇌를 단련하는 동시에, 글쓰기가 없다면 혼란에 빠질 생각들을 연결하고 정리하는 방법이기도 하다.

나는 만들고 싶은 습관마다 '유의미한 측정 단위meaningful measuring unit' 또는 '최소 측정 단위minimum measuring unit'를 설정한다. 짧게 줄여서 MMU라고 부른다. MMU는 습관이 자리 잡을 때까지 한두 달 반복해야 하며, 눈에 띄는 효과와 성취감을 느낄 만큼 의미 있어야 한다. 하지만 지속할 수 없을 정도로 거창해서는 안 된다. 또한 정신적으로도, 그리고 신체적으로 실행했다는 것을 확인할 수 있도록 측정 가능해야 한다.

매일 걷기를 시작했을 때 내 MMU는 집 근처 공원을 세 바퀴(거의 4.8km) 걷는 것이었다. 글쓰기 MMU는 4시 30분에 일어나서 헤드폰을 쓰고 2시간 동안 노트북 화면을 응시하면서 키보드 위에 손을 올려놓는 것이다. 그다음은 잠재의식이 알아서 실행하도록 나를 맡긴다.

시간이 지남에 따라서 MMU는 증가하거나 감소할 수 있다. 내가 로드바이크를 타기 시작했을 때 MMU는 매일 20분이었다. 그러다가 '분당 60회 회전 강도로 x분 동안 타기' 등으로 바꿔보았다. 허리를 다쳤을 때는 '통증을 참을 수 있을 만큼만 밖에 나가기'로 걷기 MMU를 조정했다.

나는 이제 좋은 습관을 당연하게 보지 않고 소중하게 여기고 지켜야 한다는 것을 안다. 전에는 가치를 잘 몰랐지만, 지금은 사무실로 출근하는 것이 삶의 질서를 잡아 준다는 사실을 확실히 알게 되었다. 사무실로 출근하지 못하게 되었을 때 습관을 잘 유지할 수 있도록 시스템을 만들거나 적어도 대체할 만한 다른 좋은 습관을 찾았어야 했다. 예를 들어, 트레이너와 함께 운동하지 못하더라도 공원을 걷거나 팔굽혀펴기, 윗몸일으키기, 스쿼트를 할 수 있다.

지금이 바로 과거의 좋은 습관을 소중히 여기고 재건하면서 동시에 새로운 습관을 구축해야 할 때다. 나는 앞으로가 기대된다. 여러분도 그러길 바란다!

나는 매일 파티에 간다

"행복과 불행을 결정하는 것은 당신이 누구인지,
무엇을 가졌는지, 어디에 있는지, 무엇을 하는지가 아니다.
이것들에 대한 당신의 생각이 행복과 불행을 결정한다."
- 데일 카네기

좋은 생각이 행복을 가져온다. 나쁜 생각은 불안과 고통으로 우리를 갉아 먹는다.

우리의 뇌는 끊임없이 생각에 침범당한다. 사실 '침범'이라는 용어는 생각이 뇌의 거주자가 아니라 외부의 존재라고 암시하기 때문에 올바른 표현은 아니다. 이상하게 들릴 수 있지만 실제로는 우리가 뇌의 손님이다. 그렇다. 우리는 우리 뇌에서 쉼 없이 열리는 생각의 파티에 참석하는 손님이다. 우리 자신이 생각을 통제할 수 있다고 믿지만 실제로는 그렇지 않다. 대부분은 자신이 무슨 생각을 하고 있는지조차 인식하지 못한다.

그래서 우리는 명상한다. 우리는 명상을 통해 의식적으로 생각의 파티에 들어가 사려 깊은 보호자처럼 모든 손님과 그들의 동기를 자세히 살펴볼 수 있다. 다양한 명상 기법이 있지만 내가 수련하는 방법은 '마음챙김'이다.

먼저 편안한 자세로 앉아 호흡에 집중한다. 몸을 타고 흐르는 호흡을 의식하는 것 말고는 다른 생각을 하지 않으려고 노력한다. 호흡 말고 다른 생각을 하는 내가 감지되면 그 생각을 판단하지 않고 가볍게 인정한다. 생각은 곧 사라진다.

이 기법을 알아차림이라고 부른다.

목표는 내 생각에 대해 차분하고 신뢰할 만한 관찰자가 되는 것이다. 나는 이 과정에서 넘어야 할 중요한 장애물이 있어서 계속 훈련하고 있다. 바로 호흡에만 집중하는 것이다. 처음 명상을 시도했을 때는 불과 몇 주 만에 포기했다. 생각을 멈추지 못하는 내 모습에 좌절할 수밖에 없었다. 끊임없이 생각이 끼어들었다. 나는 명상에 실패했다고 느꼈다. 이 '실패'가 오류가 아니라 명상의 특징이라는 것을 이해하기까지 시간이 걸렸다.

명상의 유익함

첫 번째 시도가 실패로 끝난 후, 다시 명상에 도전하고 나서야 나는 명상의 진정한 효과를 이해했다. 처음에는 명상이 단지 마음을 잠잠하게 하는 수단이라고 생각했으나 내 생각이 틀렸다. 물론 명상이 마음을 잠잠하게 하지만, 그 이상의 좋은 점이 많다.

내가 발견한 명상의 유익함은 다음과 같다.

명상은 고통을 줄여준다. 해롭고 부정적인 생각은 주로 과거에 대한 재평가 아니면 미래에 대한 걱정이다. 우리의 생각은 고질적으로 과거 혹은 미래에 간혀있지만, 아이러니하게도 우리의 삶은 과거와 미래의 사이인 지금, 즉 현재에 속해 있다.

부정적 감정은 견디기 힘들다. 부정적 감정에 집착하는 것은 꺼져야 할 불에 기름을 더 붓는 일이다. 명상을 통해 부정적 생각을 규명할 수 있으며 알아차림과 인정하기를 통해 연기나는 불에 연료를 차단할 수 있다.♦

명상 전문가 샘 해리스Sam Harris는 이 과정을 완벽하게 요약했다. 명상하지 않는 사람은 불필요한 고통을 겪는다. 며칠 혹은 몇 시간을 괴롭히던 당신의 (불필요한) 고통이 2분도 채 되지 않아 줄어드는 것을 상상해 보라.

명상은 현재에 초점을 맞춘다. 명상은 습관적으로 과거나 미래로 가려는 우리를 현재로 되돌아오게 해 준다. 명상은 우리의 뇌가 지금 여기에 집중하도록 훈련한다. 현재에 존재한다는 것, 그 경이로운 경험이 내 일상에 스며들기 시작했다!

예를 들면 나는 거의 3년째 개인 트레이너와 운동을 하고 있다. 운동과 나의 관계는 좀 복잡하다. 운동이 항상 기다려지는

♦ 신경해부학자 질 볼트 테일러 박사는 『나는 내가 죽었다고 생각했습니다』에서 일명 90초의 법칙에 관해 이렇게 설명했다. "사람이 어떤 환경에 대해 반응할 때 몸에서 화학적 작용이 일어나는 시간은 90초이다. 90초 이후에도 남은 감정 반응은 스스로 감정 루프에 두기로 선택한 것이다."

것은 아니다. 하지만 운동을 하고 나면 늘 기분이 좋다. 운동하는 이유는 순전히 건강을 위해서, 그리고 알렉스 형과 함께 시간을 보내기 위해서이다.

명상을 시작하기 전에는 운동할 때마다 고문이 끝나기만을 안절부절 기다렸다. 내 마음은 미래를 향해 카운트다운을 하고 있었다. 하지만 마음챙김을 몇 달 수련하고 난 뒤 역도를 하면서 그 순간에 집중하고 있는 나 자신을 발견했다. 명상할 때 호흡을 따라가는 방식으로 기구를 드니, 근육 하나하나의 긴장을 의식할 수 있었다.

나는 기본적으로 미래에 사는 듯한 태도를 갖고 있었는데, 이는 내가 싫어하는 일들에만 국한되지 않았다.

2010년 나는 아버지와 비엔나에 있었다. 어느 날 오후 길을 걷다가 아버지가 나에게 말했다. "넌 항상 다음 장소로 가 있고 싶어 하는구나." 아버지의 말이 맞았다. 미술관에 가든 어떤 명소에 가든 나는 서둘러 다음 장소를 생각했다. 현재 순간을 누리는 태도는 내 마음의 기본 설정이 아니었다.

이제 나는 미래의 목표에 집중하지 않고 현재에 집중하는 것이 목표가 되었다. 아이러니하게 들린다는 것은 나도 안다. 명상은 내가 현재를 살도록 도와주었다. 최근에는 공원을 산책하거나 아이들과 시간을 보내면서 삶을 훨씬 더 깊이 있게 누리고 있다.

〈쿵푸팬더〉에 나오는 우그웨이 대사부의 가르침을 계속 되뇌인다. "어제는 역사요, 내일은 알 수 없지. 하지만 오늘은 선물이야. 그래서 현재와 선물[*]이 같은 단어로 쓰인단다."

명상은 감성지능을 높여준다.[♦] 몇 초의 여유가 중요하다. 스트레스 상황에 대응하기 전에 심호흡하는 그 몇 초 말이다. 명상이 우리에게 그 여유를 가져다준다.

어느 날 직원 한 명이 내게 전화로, 백업 여부가 확실하지 않은 데이터베이스를 실수로 삭제했다고 말했다. 내 안에서 분노가 치밀었던 것이 생생하게 기억난다. 하지만 그 순간, 분노의 감정을 차분히 바라보고 있는 나 자신을 발견했다. 덕분에 몇 초의 시간을 벌 수 있었고 잠시 후 나는 "자, 해결책을 찾아봅시다"라고 말했다. 내가 부정적 감정을 알아차렸기 때문에 계속 분노하고 있기는 어렵다. 놀랍게도 불과 몇 분 후에 나는 웃고 있었다.

일상의 일부

내가 30년 전에 명상을 시작했더라면 얼마나 좋았을까. 명상에 대한 나의 오해는 포스터 한 장에서 시작되었다. 아름다운

● 　현재와 선물을 뜻하는 present.

◆ 　내가 아직 직접 경험하지 못한 명상의 다른 유익들도 많다. 하버드에서 실행한 '더 나은 뇌를 위한 8주'라는 연구에 따르면 "8주간의 마음챙김 명상 프로그램으로 기억력, 자아의식, 공감, 그리고 스트레스를 관장하는 뇌 영역에서 측정 가능한 변화가 일어났다······ 참가자들이 보고한 스트레스 감소는 불안과 스트레스에 중요한 역할을 담당하는 편도체의 회백질 밀도 감소와 밀접한 상관관계가 있었다." 다시 말해, 하루 평균 27분씩 8주 동안 명상을 실행한 결과 참가자들의 뇌가 더 좋은 구조로 변했다는 뜻이다. 다른 연구에서도 비슷한 결과들이 있다.

산이 내려다보이는 절벽 끝에 말끔한 포니테일 머리의 아름다운 여인이 눈을 감고 요가 자세로 앉아있었고 반짝이는 햇살이 여인의 완벽한 피부를 부드럽게 감싸고 있는 그림이었다. 명상은 내게 그런 이미지였고 그래서 아무런 흥미도 불러일으키지 못했다.

하지만 명상이야말로 최소한의 공간과 환경만 있으면 얼마든지 가능하다는 사실을 알게 되었다. 명상하기 위해 새벽 4시에 일어나서 산으로 갈 필요가 없다. 말 그대로 어디서든 할 수 있다.

나는 명상을 산책과 연결했다. 보통은 공원에서 산책 끝에 내가 제일 좋아하는 벤치에 앉아서 명상한다. 그리고 사무실, 호텔 로비, 뒷마당, 침대에 누워서도 명상을 해 보았다. 나는 명상 초보자라서 제대로 하려면 조용한 환경이 필요하지만, 망치 소리나 사람들의 수다를 들으면서도 명상이 가능하다는 글은 읽은 적이 있다. 핵심은 이것이다. 명상은 두뇌를 위한 훈련이며 다른 모든 운동과 마찬가지로 꾸준히 해야 한다.

내 주위에 명상하는 사람들은 모두 매일 한다. 나도 매일 한다. 매일 10분씩 한두 번 명상하는데 이제 20분 명상에 도전하고 있다. 명상할 때 샘 해리스가 만든 웨이킹 업이라는 앱을 활용한다. 다른 좋은 앱들도 많다. 앞으로 경험이 쌓이면 훈련 보조 장치 없이도 명상할 수 있으리라 기대한다. 유튜브나 스포티파이에서도 명상 강의를 많이 찾아 들을 수 있다.

매일 산책하면서 명상할 때 명상이 끝나면 벤치에 앉아 클래식 음악을 들으면서 나무들을 바라보며 다른 생각을 하지 않고 각 악기의 소리와 음에 집중한다. 이런 형태의 명상적 음악 청취 덕분에 음악이 단순한 배경 소리가 아니라 매력적인 몰입의 경험으로 변한다.

명상을 꼭 해 보면 좋을 친한 친구가 한 명 있다. 친구에게 이 글의 초고를 보냈더니 "명상이 모든 문제를 고쳐주는 마법의 도구처럼 들리는군. 자네에게 도움이 되었다니 나에게도 도움이 되면 좋겠어"라고 말했다. 친구의 말을 곰곰이 생각하면서 명상에는 믿음과 인내가 필요하다는 것을 알게 되었다. 그렇다. 믿음. 자신의 마음에 대한 믿음이 필요하다. 혼자 조용한 시간을 보내는 것으로 자기 안에 이미 존재하고 있던 힘을 끌어내고 활용할 수 있다는 믿음 말이다.

10분씩 혹은 20분씩 명상할 때마다 우리 뇌는 재구성된다. 친구와 나의 뇌가 다르듯 사람마다 모두 뇌 구조가 다르다. 사람마다 성격도 모두 다르기 때문에 명상을 배우는 과정도 각각 다를 것이다. 기대치를 낮게 설정하라. 그렇게 하면 실망하지 않을 것이다.

명상에는 인내가 필요하다. 명상 수련은 체육관에서 역도 훈련을 하는 것과 다르지 않다. 당신과 내가 같은 무게를 같은 횟수로 든다고 해도 서로 신체 조건이 다르기에 운동의 결과도 다를 것이다.

한 가지 확실한 것이 있다. 무거운 역기를 들어 올릴 때 근육이 크고 강해지기 전에 반드시 근육조직이 손상되는 통증을 경험하게 된다. 명상도 매우 비슷하다. 성장하고 싶다면 노력을 기울이고 인내해야 한다. 이때도 역시 믿음이 중요하다. 어떤 사람들은 다른 사람에 비해 통증을 즐기기도 한다.

명상을 얼마나 해야 할까?

나는 앞에서 최소 측정 단위인 MMU를 설명했다. 처음 내가 명상했을 때 설정한 MMU는 생각을 없애는 것이었다. 실패하기 딱 좋은 설정이었다. 지금은 10분 또는 20분 명상 시간에서 완벽한 1분을 목표로 삼고 있다. 명상을 마칠 때 웨이킹 업 앱이 마지막 1분을 알려준다. 그 순간 내가 할 수 있는 최선을 다한다. 여전히 생각하지 않은 상태로 1분을 채울 수 없지만 한 번에 밀리초만큼씩 나아지고 있다. 나는 어떤 최종 목적지를 정해놓지 않았다. 내 목표는 과정을 즐기는 것이다.

늦더라도
안 하는 것보다 낫다

"당신이 말을 꺼내기 전에 세 개의 문을 통과해야 한다.
첫 번째 문에서 스스로에게 물어보라. '진실한 말인가?'
두 번째 문에서 물어보라. '필요한 말인가?'
세 번째 문에서 물어보라. '친절한 말인가?'"
- 루미

나는 미국으로 온 후에 데일 카네기의 『인간관계론』을 여러 번 읽었다. 1990년에 처음 읽었을 때보다 지금 훨씬 큰 감동을 느낀다.

러시아에 살 때였다. 냉전이 막 끝난 무렵이었고 미국의 자본주의 서적들이 빠르게 인기를 얻었다. 카네기의 책도 러시아어로 번역된 최초의 책 중 하나였고 '필독서'가 되었다. 모든 사람이 자본가가 되고 싶어 했고 이 책이 나를 더 나은 자본가로 만들어 줄 거라고 생각했다. 하지만 나는 이 책이 거짓과 과장으로 가득 차 있고 독자에게 진정성 없는 태도를 가르쳐서 결국 사기꾼으로 만든다고 판단했다.

돌이켜 보면, 그 당시 나에게는 카네기의 책에서 공감을 느낄 만한 부분이 전혀 없었다. 나는 소련 체제의 산물이었다. 우리 는 〈사인펠드〉 '나치 수프' 편에 나오는 "당신한테 팔 수프는 없 어"식의 사회였다.● 친절하고 학생들에게 영감을 주는 교사는 나약하다고 여겨졌다. 학교에서 대가라고 인정받던 선생님이 두 명 있었다. 두 선생님 모두 웃는 법이 없었다. 칭찬은커녕 학 생들이 답을 틀리면 거침없이 모욕했다. 하지만 자신이 가르치 는 과목에 정통하고 학생들을 완전히 통제하고 있었기 때문에 큰 인정을 받았다.

카네기는 이렇게 말한다. "사람을 대할 때는 우리가 논리적인 존재가 아니라는 것을 기억해야 한다. 우리는 편견에 휘둘리고 교만과 허영으로 움직이는 감정적 존재와 마주하는 것이다." 우 리가 감정이 없는 컴퓨터라면 지식 전달만을 중요하게 여겼던 소련 선생님들이 옳았을 것이다. 그렇다면 교육은 단지 교사가 학생에게 데이터를 전달하는 일에 불과한 일일 것이다.

그러나 우리가 다른 사람에게 업로드할 가치가 있다고 생각 되는 것을 가지고 있다면 상대방도 다운로드할 준비가 되어 있 어야 한다. 바로 여기서 카네기의 지혜가 적용된다. 우리가 컴 퓨터라면 데이터를 제시하는 방식은 문제가 되지 않는다. 컨텐 츠만 중요할 테니. 하지만 우리는 인간이기에 상대방이 우리의 컨텐츠를 기꺼이 받아들이려면 제시하는 방식이 무엇보다 중요

● 인기 TV 시트콤 〈사인펠드〉에서 등장하는 수프 가게 사장의 대사. 수프 맛은 뛰어나지 만, 자신이 정한 규칙대로 주문하지 않는 고객에게는 수프를 팔지 않는다.

하다.

비난은 사람을 방어적으로 만들고 자신을 정당화하도록 부추기기 때문에 쓸데없다. 비난은 상대방의 고귀한 자존심과 자존감에 상처를 입히고 분노를 불러일으키기 때문에 위험하다.

정기적으로 내 업무를 맡아주는 직원이 있다. 무척 부지런하고 열심히 일하는 사람이지만 가끔 실수를 저지른다. 카네기를 알기 전의 나였다면 그녀를 비난했을 것이다. 하지만 이제 그렇지 않다. 지금은 칭찬으로 시작한다. 일을 얼마나 잘하는지, 세부 사항을 꼼꼼하게 챙기는 능력이 얼마나 부러운지 인정하고 난 다음에만 가볍게 실수를 지적한다. 업무 능력에 대해 내가 그 직원에게 하는 칭찬은 전부 사실이다. 거짓이라면 그녀가 알아챌 것이다. 실수를 지적하는 내용은 같더라도 제시하는 방식을 다르게 한다. 그 결과 시간이 지남에 따라 실수가 줄어들고 업무 환경의 질이 개선되었다.

투자자로서 나는 사람들과 끊임없이 논쟁하고 토론한다. 업무 파트너인 마이크, 그리고 가치투자에 종사하는 여러 친구와 아이디어를 놓고 다툰다. 마이크와는 의견이 맞지 않을 때가 많은데 매우 다행이라고 생각한다. 매번 의견이 같다면 우리 둘 중 한 명은 불필요한 인력이란 뜻일 테니. 카네기의 책은 나의 논쟁 방식을 바꿔주었다.

당신은 결코 논쟁에서 승리를 얻을 수 없다. 당신이 논쟁에서 지면 패하는 것이고, 논쟁에서 이겼다 해도 패한 것이다. 왜일까? 당신이 상대방의 말을 이기고 상대방의 주장이 허점투성이의 정신 나간 헛소리라는 것을 증명했다고 치자. 그래서? 당신은 기분이 좋을 것이다. 하지만 상대는 어떨까? 당신은 상대에게 열등감을 심어주었다. 상대의 자존심에 상처를 입혔다. 그 사람은 당신의 승리에 대해 분통해 할 것이다.

카네기는 이렇게 조언한다.

> 불쾌한 상황에 맞닥뜨렸을 때 가장 자연스러운 첫 번째 반응은 방어적인 자세를 취하는 것이다. 조심하라. 침착하게 자신의 첫 반응을 살펴라. 최선의 모습이 아니라 최악의 모습이 나타날 수 있다. 감정을 다스려라. 무엇에 분노하는가를 보면 그 사람됨의 크기를 가늠할 수 있다는 것을 명심하라. 상대방에게 먼저 말할 기회를 주어라. 먼저 듣고, 동의할 수 있는 부분을 찾아라. 그리고 그 핵심에 대해 생각하라.

나는 논쟁에서 매번 이겨야 한다고 믿었던 사람이다. 이기면 스스로 대견하다고 느꼈다. 하지만 지금은 '그러지 말걸'하고 후회한다. 25년이 지난 지금, 나는 17살의 나에게 돌아가 이렇게 말해주고 싶다.

"그 책을 천천히 읽어봐. 집중해서. 네가 앞으로 읽게 될 책 중에서 가장 중요한 책이야. 네가 마음만 먹으면 이 책이 네 인생을 바꿔줄 거야." 안타깝게도 나는 타임머신이 없어서 그렇게 할 수 없다. 하지만 내 아이들과 내 주변 사람들에게 이 중요한 책을 꼭 읽으라고 권할 수는 있다.

카네기의 책은 다른 사람을 이해하는 데 많은 도움이 되기 때문에, 누구든지 더 나은 사업가나 자본가가 될 수 있게 해 준다. 하지만 그보다 더 중요한 것은 이 책을 통해 당신이 더 나은 배우자와 더 나은 부모가 될 수 있다는 사실이다.

너는 네가 길들인 것에 책임이 있어

"인생의 마지막 순간이 찾아오면
시험을 하나 더 통과하지 못했다고,
재판에서 한 번 더 이기지 못했다고,
거래를 한 건 더 성사하지 못했다고
후회하지 않을 것이다. 남편과 친구들, 아이들, 부모님과
더 많은 시간을 보내지 못해서 후회할 것이다."
- 바버라 부시

내 고객의 이야기다. 그녀의 남편은 미국 이민 2세로서, 러시아 이민자인 아버지가 시작한 가족 사업체에서 일하는 예일대 출신 변호사였다. 4년 전 남편은 암 선고를 받았다. 치열하게 투병했지만, 암이 이겼고 1년 후 66세의 나이로 세상을 떠났다.

그는 아내와 아들, 딸에게(아이들은 20대 후반이다) 1억 달러(약 1,300억 원)를 남겼다. 최근에 그 가족을 만났다. 며느리는 딸 출산을 며칠 앞두고 있었다. 곧 아빠가 될 아들과 대화를 나누었다. 나는 어떤 아빠가 되고 싶냐고 물어보았다. "우리 아버지 같은 아빠는 되고 싶지 않아요." 나는 좀 놀라서 이유를 물었다.

그는 이렇게 말했다.

"아버지가 돌아가신 후에 아버지 친구들은 아버지가 보통 사람보다 훨씬 사교적인 사람이었다고 했어요. 저는 그런 아버지를 본 적이 없어요. 아버지는 일주일 내내 16시간씩 일하셨어요. 저나 누나와는 함께 시간을 보내지 못하셨죠. 등하교는 물론, 축구 연습에 데려다주는 것까지 전부 엄마가 하셨죠. 저는 항상 엄마가 저를 키웠다고 생각했어요. 저는 아버지처럼 되고 싶지 않아요. 저는 제 아이들과 함께 있고 싶어요."

그리고 이렇게 말했다. "스스로 암을 이겨내겠다고 생각했기 때문에 아버지는 마지막 순간까지도 저나 누나에게 아버지의 진심을 표현하지 않으셨어요. 1년이 지난 뒤에야 아버지 친구분으로부터 아버지가 저희와 시간을 보내지 못한 것이 아쉽다고 털어놓았다는 말을 들었어요."

그 말을 듣고 갑자기 집에 달려가 아이들을 안아주고 싶다는 마음이 울컥 올라왔다. 나 또한 엄청난 슬픔을 느꼈다. 그리고 생각했다. "그분이 16시간이 아니라 8시간만, 아니 10시간만 일하고 자녀에게 1억 달러 말고 천만 달러만 남겼다면 어땠을까? 자녀들의 삶이 달라졌을까?" 자녀들은 모두 훌륭하게 자랐고 허세 없고 사려 깊은 젊은이들이었다. 아들은 아마도 모든 재산을 포기하고 아버지와 함께 하길 택할 것이다.

이 일은 나에게 큰 울림을 주었다. 나도 사업체를 운영하는 아버지로서 나 자신에게 질문한다. "나도 아이들에게 똑같이 하고 있지 않나?"

며칠 후에 조나를 공항에 데려다 줄 일이 있었다. 고등학교를 졸업하고 갭이어로 두 학기를 이스라엘에서 보내려고 가는 길이었다. 조나는 아메리칸 유대인 대학교수업을 수강하고, 인턴 활동과 이스라엘을 여행하면서 자아를 찾는 시간을 보내기로 했다.

자녀가 집을 떠나 대학에 갈 때 부모는 이전과 다른 관점으로 자신의 삶을 돌이보게 된다. "나는 아이들과 충분히 시간을 보냈나?" 하고 자문하기 시작한다. 조나가 비행기를 타기 전에 우리는 편지를 교환했다(조나의 아이디어). 나와 아내는 조나에게 편지를 썼고, 조나는 우리 부부와 여동생들에게 편지를 썼다.

조나 편지를 읽다가 눈물이 났던 부분이 있었다.

> 아빠, 저와 함께 멋진 추억을 만들 시간을 내주셔서 감사해요.
> 아빠가 그렇게 하기 위해 다른 많은 일들과 균형을 맞추느라
> 애쓰셨죠……. 얼마 전 워런 버핏의 책을 읽으셨죠?
> 책에서 워런은 자녀들과 시간을 더 보내지 못한 게 아쉬웠다고 했어요.
> 아빠도 우리와 시간을 충분히 보내지 못했을까 봐 걱정하셨잖아요.
> 걱정하지 마세요. 저는 기쁘게 말할 수 있어요.
> 아빠는 훌륭한 아버지였고, 지금도 여전히 그렇다고요. 저는 제 인생에서
> 아빠와 보낸 시간이 부족하다고 느낀 적이 한 번도 없었답니다.

이것이 내 인생에서 성취한 어떤 일보다 중요하다. 다른 모든 것은 일시적이고 하찮게 느껴진다.

조나가 두세 살이었을 때가 기억난다. 나는 아이의 조그만 손을 잡으며 생각했다. "얘가 크면 어떤 사람이 될까?" 어른이 된

아이를 상상해 보려고 해도 잘 그려지지 않았다. 그러나 이제 내 눈앞에는 192cm 키에 목소리가 멋지고 유머 감각이 넘치는 마음 따뜻한 곱슬머리 청년이 서있다.

오늘은 두 딸을 바라보며 어떤 사람으로 성장할지 상상해 본다. 조나 때처럼 역시 잘 그려지지 않는다. 하지만 아이들은 멋지게 자랄 것이다. 해나와 미아 세라가 집을 떠나기까지 이제 각각 5년, 13년밖에 남지 않았다. 먼 미래처럼 느껴지지만 조나 때처럼 시간은 빠르게 지나갈 것이다.

조나를 안아주고 조나가 비행기에 오르자 아내가 딸들(해나는 13살, 미아 세라는 5살이다)을 바라보며 말했다. "너희는 아무 데도 가면 안 돼. 홈스쿨 대학에 가는 거야!"

나는 아내의 심정을 이해한다. 머리로는 아이들이 어른이 될 것을 잘 알지만, 최대한 그 시간을 늦추고 싶은 거다. 그럼에도 언젠가 그날이 올 테니 우리가 할 수 있는 유일한 일은 한 지붕 아래 사는 동안 최대한 많은 시간을 함께 보내는 것이다. 아이들이 집을 떠나야 할 시간이 되면 떠나보내고 싶지 않을 테니.

팀 어번이 추정하기를 고등학교를 졸업하기 전까지가 평생 부모와 함께 보내는 시간의 93%를 차지한다고 한다. 요즘 나는 하루에 최소 6시간, 주말에는 20시간을 아이들과 보내고 있다. 아이들은 부모와 함께 살 때 특히 더 어린아이일 경우 전적으로 부모에게 의존한다.

미아 세라와 해나를 예로 들어 보자. 당연히 둘 다 아직 운전을 못하고, 어른이 보지 않는 상태에서는 현관 밖으로 다니지 못한다(할 수만 있다면 아내는 미아 세라에게 목줄이라도 채우고 싶을 것이다). 아이들이 대학에 가고, 결혼해서 자식을 낳은 후에는 우리가 한 달에 6시간 정도만 함께 할 수 있어도 다행일 것이다.

아이들과 시간을 보낼 때 나는 스스로에게 더 높은 새로운 기준을 세우려 한다. 최근에 "집중이 시간을 사는 화폐다"라는 말을 읽었다. 딸들과 시간을 보낼 때 나는 그 시간 그 자리에 100%로 존재하고 싶다. 주식이나 읽던 책 생각을 버리고 온전히 아이들에게 관심을 집중하고 싶다.

하나 더 생각하는 것이 있다.

기업가는 항상 사업이 성장하길 원한다. 늘 현재 매출과 수익이 충분하다고 생각하지 않기 때문에 다음 해에는 더 높은 목표를 설정한다. 우리는 항상 더 많은 것을 원한다. 하지만 이 '더 많은' 뒤에는 숨겨진 대가가 있다. 바로 가족과의 시간이다. 가족을 부양하는 것이 나의 가장 중요한 책임이지만 언제부터인가 나는(아마 여러분 가운데서도) '더 많은'이 그만한 가치가 없다고 말하게 되었다.

때때로 우리에게 일이 게임처럼 느껴진다. 즉, 현실판 '캔디 크러시'인 셈이다. 돈이 더 이상 물건을 사는 수단이 아니며 쓸 생각도 없이 쌓는 칩이 되는 세계이다. 이 칩은 단지 우리가 성공한 횟수를 세기 위한 도구이며, 계속해서 다음 레벨, 또 다음 레벨로 나아가게 하는 화폐다. 무분별하게 캔디 크러시를 하면서 수십 시간씩 허비할 수 있는 것과 마찬가지로 우리의 일도 생계를 위한 목적에서 중독으로 변질될 수 있다.

아버지가 앙투안 드 생텍쥐페리의『어린 왕자』에서 자주 인용하는 구절이 있다. "너는 네가 길들인 것에 영원히 책임이 있어."

타이머는 6개월로

> "자신이 죽었다고 생각해 보라. 주어진 삶은 이미 다 살았다.
> 이제 남은 시간을 가지고 새롭게 제대로 살아라."
> - 마르쿠스 아우렐리우스

스위스와 베네치아 여행을 마치고 덴버로 돌아오는 길에 베네치아 공항에서 아내와 딸들에게 줄 팔찌를 샀다. 프랑크푸르트에서 비행기를 환승하려는 순간 공항 기념품 매장에 팔찌를 두고 온 것이 기억났다. 5초 정도 기분이 나빴지만, 비행기에서 세 번째 읽었던 『마지막 강의』에 나오는 이야기를 떠올렸다. 46살에 췌장암으로 6개월 시한부 선고를 받은 랜디 포시 교수의 일인칭 이야기이다.

일부를 발췌해 본다.

10여 년 전쯤 크리스가 7살, 로라가 9살이었을 때 나는 신형 폭스바겐 카브리오 컨버터블을 타고 아이들을 데리러 간 적이 있었다.

"랜디 삼촌 차를 탈 때는 조심해야 해!" 여동생이 아이들에게 말했다. "차 타기 전에 신발을 깨끗이 털어야 해. 어지르면 안 돼. 더럽히지도 마."

나는 동생의 잔소리를 들으며 애 없는 삼촌이나 할만한 생각을 했다. '저런 말은 당연히 애들이 들을 리 없지. 결국 내 차는 엉망이 될 뻔해. 아이들은 어쩔 수 없다구.' 그래서 나는 상황을 편하게 바꾸기로 했다.

동생이 규칙을 읊는 동안 나는 천천히, 하지만 의도적으로 음료수 캔을 따서 컨버터블 뒷좌석 시트에 쏟아부었다.

내가 하고 싶은 이것이었다. '사람이 물건보다 훨씬 중요하다.' 차는 아무리 신형 컨버터블처럼 반짝이는 보물이라도 그저 물건일 뿐이다.

우리가 랜디와 같은 상황에 있다고 가정하지 않더라도 우리 모두에게는 유효 기간이 있다. 랜디의 타이머는 의사에 의해 6개월로 설정되었다(실제로는 11개월을 더 살았다). 우리 중에는 코비 브라이언트*처럼 갑자기 삶이 중단되는 사람도 있고, 커크 더글라스**처럼 길게 연장되는 사람도 있다.

우리는 모른다.

당신에게 6개월의 삶이 남아있다는 사실을 알게 되면 어떻게 살겠는가? 지금과 똑같은 일에 몰두하도록 자신을 내버려두겠는가? 공항에 두고 온 장신구 따위로 화가 나도록 자신을 내버려두겠는가? 자동차 뒷좌석에 묻은 얼룩이나 먼지 때문에 화를 내도록 자신을 내버려두겠는가? 생각해 보라. 랜디는 12년 전

●   LA 레이커스 농구 선수. 헬기 추락 사고로 41세에 사망했다.

●●   미국 영화 배우이자 프로듀서로 103세까지 장수했다.

에 죽었다. 랜디의 차는 지금 어디 있을까? 뒷좌석은 깨끗할까? 찌그러진 자국은 있을까? 그런 게 정말 중요한가? 진실은 우리가 너무 덧없고 중요하지 않은 일에 가치를 부여하기로 선택한다는 것이다.

내가 계속 '우리'라고 표현하고 있지만 실제로는 '나'를 말하고 있다. 열흘 동안 유럽 여행을 떠나기 전, 아내에게 신형 테슬라 모델3에 흠집이 생기지 않도록 다른 차 가까이 주차하지 말라고 부탁했었다. 아내는 마트 출입구에서 가장 가까운 주차 자리 찾기를 게임처럼 즐기는 사람이다. 다른 차와 너무 붙여 주차할 때가 많다는 뜻이다. 아내가 문자로 주차장 가장자리에 혼자 떨어져 주차된 내 차 사진을 보냈다. "당신 차는 흠집 제로예요."

앞으로 6개월밖에 살지 못한다는 것을 알게 된다면 나는 그때도 아내에게 이런 부탁을 했을까? 우리는 물건 특히 자동차를 중요하게 여긴다. 만약 우리 삶의 타이머를 6개월로 설정한다면 정말 중요한 것만 우선순위에 둘 것이다. 다른 사람과의 관계, 삶을 천천히 즐기는 것, 공원을 걷는 것에 말이다. 우리가 소중하게 생각하는 대상들을 재조정하겠지만, 물건은 그 대상에 들지 않을 것이다.

인생의 타이머가 언제 울릴지 나는 모르지만, 마음속으로는 6개월로 설정해 놓으려고 노력한다. 언젠가 진짜 6개월 남은 날이 오기도 할 것이다(그러니까 여보, 이 글을 읽으면 그 쇳덩어리는 당신이 원하는 아무 데나 주차해도 돼).

인생을 바꾼
재무 조언

2000년 결혼할 당시 나의 신부 레이첼과 내가 받은 최고의 결혼 선물은 친구인 마크 바우어와의 점심 식사였다. 마크와는 콜로라도 대학에서 친구가 되었고 마크는 언제나 든든한 나의 학습 파트너였다. 마크는 나보다 10살 많았는데 운명적인 점심을 함께 먹던 그 당시에도 이미 나보다 2배쯤 성숙했다(나는 28살이었다).

마크는 내가 결혼하기 몇 달 전부터 레이첼과 다 같이 점심을 먹을 수 있는지 물어보았다. 식사를 하면서 마크는 수많은 부부가 돈 문제로 파탄에 이르는 얘기를 해 주었다.

마크는 이렇게 말했다.

"나한테 정말 도움이 됐던 방법은 가족 예산이야. 겉보기에는 아주 간단해. 수입(가족의 총급여 합해서)을 계획한 후 총지출을 빼면 순소득이 나오지. 남는 돈이 생기면 저축해. 그럼 원하는 곳에 쓸 수 있는 여유가 생긴다네."

나는 마크의 조언에 좀 실망했다. 그때 나는 공인재무분석사 CFA, Chartered Financial Analyst 취득을 몇 달 앞두고 있었고 금융학 석사 학위도 가지고 있었다. 그렇게 단순한 조언을 듣고는 솔직히 좀 무시당하는 기분이 들었다.

마크는 시큰둥한 내 표정을 읽었지만, 말을 이어갔다.

"일반적인 예산의 문제점은 대출, 공과금, 식비 등과 같은 일상적인 지출은 잘 파악하지만, 미래의 지출은 예측하지 못한다는 거야. 예를 들어, 자네 차를 생각해 봐. 찻값을 완납한 상태니까 지금은 너무 좋지.

하지만 5년이 지나면 새 차로 바꿔야 할 때가 되고 '갑자기' 한 번에 2만 달러(약 2,600만 원)을 지출해야 한다는 사실을 알게 될 거야. 지금 타는 차를 평생 쓸 계획이 아니라면 그런 상황이 결코 갑작스러운 일도 아니고 한 번만 발생할 일이 아니라는 걸 알아야 해.

차는 시작에 불과하지. 휴가도 가야 하고, 가구도 사야 하고, 아이들은 대학에 갈 거고, 그다음에는 은퇴가 찾아오지."

이제 좀 대화가 흥미로워지기 시작했다.

"둘이 같이 앉아서 현재와 미래의 모든 비용을 파악하도록 해. 미래에 발생할 주요 비용을 파악하고 나면 각 지출에 대한 감채기금을 준비하게."

마크는 감채기금에 관해 설명했다.

"'감채기금'은 미래와 현재를 같은 시간으로 맞춰 놓고 생각하는 거야. 다시 차를 예로 들어 볼게. 5년 후에 2만 달러를 내고 새 차를 사야 한다면, 지금 타는 차가 5,000달러(약 660만 원) 정도 값어치가 있을 테니 1만 5,000달러가 더 필요하게 되겠지. 즉, 1년에 3,000달러(약 400만 원), 매달 250달러(약 34만 원)씩 저축해야 한다는 뜻이야. 매월 이 250달러도 예산 항목에 포함해서 별도의 계좌에 넣어 관리하는 게 좋아.

또는 하나의 저축 계좌를 사용하고 스프레드시트로 감채기금을 관리할 수도 있지만, 별도의 계좌를 만들 수 있게 해 주는 은행들이 있을 거야. 복잡하게 수익률을 가늠해 볼 수도 있지만, 나 같은 경우 5년 이상 지출이 없이 묶어두는 계좌가 아니라면 복리는 염두에 두지 않네.

정확해 보이는 잘못된 방법보다 모호해도 옳은 방법을 선택해야 해. 미래에 발생할 지출을 파악하고 나서 예산을 세우도록 해. 그러면 실제 수입이 생각보다 훨씬 적다는 사실을 발견할 거야. 이 지출이 미래에 발생한다고 해서 절대 현실성이 떨어진다고 할 수는 없어. 미래 지출에 대해 계획을 세우지 않은 수많은 가정은 예상하지 못한 지출에 놀라서 어쩔 수 없이 돈을 빌리는 일이 발생하지. 대출을 받게 되면 그동안 친구였던 복리 이자는 갑자기 적으로 변해 기하급수적으로 불어나서 이자에 대한 이자를 내야 하는 악순환이 시작된다네."

나는 당장이라도 집에 가서 엑셀을 열어서 예산을 짜고 싶어졌다. 레이첼과 함께 우리의 월별 미래 지출을 계산하다가 부모님께 전화를 걸어야 했다. 우리 둘 다 부모님과 함께 살고 있어서 생활비가 얼마인지도 잘 몰랐다.

공과금, 식비, 자동차 보험료, 의류비와 같이 반복적으로 발생하는 지출을 파악한 후 미래에 발생할 큰 지출 항목에 대해 생각해 보기 시작했다. 갑자기 예상하지 못했던 항목들이 리스트에 추가되었다. 가구, 자동차 보험 공제액, 새 TV(대형 TV가 고가였던 시절), 게다가 이것들도 모두 아이가 태어나기 전의 일이었다.

거의 20년이 지난 지금, 마크의 조언 덕분에 무분별하고 때론 충동적이던 지출이 신중한 지출로 바뀌었다는 사실을 알 수 있다. 마크의 조언이 우선순위를 정하는 훌륭한 도구였다. 레이첼과 나는 제한된 수입 안에서 우리에게 가장 중요한 일을 우선적으로 배정하고 덜 중요한 일은 포기했다.

현재 지출과 미래 지출을 모두 월 소비 예산안에 포함해서 예상하지 못한 지출을 없앴다. 또한 자동차 사고, 대대적인 집수리 등 예상 밖의 일이 발생했을 때 '비상용' 감채기금을 적립해 둔 별도의 계좌에서 지출했기 때문에 수표를 쓸 때 훨씬 덜 고통스러웠다.

그때 이미 마크가 알고 있던 지혜를 나는 몇 년이 지나서 깨달았다. 우리의 욕구는 끝이 없어서 항상 소득을 초과한다는 것이다. 아무리 돈을 많이 번다 해도 시스템이 없으면 만족할 줄 모르는 욕구가 통제되지 않아 언제나 소득을 앞지르게 된다.

수입을 2배, 3배로 늘리면 행복해지고, 충분히 가졌다고 느낄 수 있을까? 우리 대부분이 하지 않는 일, 즉 지출을 동결하지 않으면 우리는 결코 충분하다고 느끼지 못할 것이다. 돈을 더 벌수록 더 좋은 와인, 더 고급스러운 차, 더 비싼 동네에 있는 더 큰 집을 바라며 취향도 높아지게 된다.

> "부는 소유물을 늘리는 것이 아니라 욕구를 줄이는 것이다."
> - 에픽테토스

항상 우리보다 더 멋진 것을 소유한 이웃이나 친구가 주변에 있을 것이다. 우리 내면의 나침반이 그들을 향하게 둔다면 부러움은 언제나 소득을 앞지르고 우리는 끝없는 경쟁에 내몰려 삶은 비참해질 수밖에 없다. 워런 버핏이 말하기를 시기심이 모든 치명적인 죄악 중에서도 가장 어리석은 죄라고 했다. 적어도 다른 죄들은 약간의 쾌락이라도 주지만.

백만장자인 고객이나 동료와 일하는 투자 업계에서는 내면의 나침반이 오락가락하기 쉽다. 오랜 시간 동안 우리의 충동이 최악이었을 때, 아내와 나는 예산으로 돌아가 새 차나 더 큰 집을 선택하려면 무엇을 포기해야 하는지 살펴보았다. 새집이 겨울 스키 여행이나 플로리다 휴가를 포기할 만큼 가치 있을까?

집이나 차 같은 물질적인 것들은 우리의 우선순위 목록에서 하위에 있다는 것을 알게 되었다. 그리고 우리가 중요하게 여기는 네 영역을 발견했다. 바로 건강, 경험, 시간, 그리고 교육이었다. 이 영역들에도 예산이 정해져 있긴 하지만, 훨씬 많고 융통성도 있다.

건강부터 시작해 보자. 건강을 잃으면 아무 소용이 없다. 개인 트레이너를 고용하는 것이 불필요한 사치처럼 보일 수 있지만 나는 트레이너 없이 운동해 보려다 매번 실패했다. 음식도 건강 영역에 속한다. 식료품점에서 토마토와 고기를 살 때는 가격을 따지지 않는다.

교육. 아이들 학비와 방과 후 교육비 외에도 아이들의 도서 구입비에는 제한을 두지 않는다. 세미나나 코칭 등 우리 부부의 교육비도 마찬가지다.

경험. 아이들이 자라면서 아이들과 함께 할 수 있는 시간이 유한하다는 사실을 깊이 자각하게 되었다. 가족 휴가나 겨울 스키 여행, 당일치기 여행도 우리에게는 매우 소중하다. 장거리 출장에도 가족을 데리고 가려고 항상 노력한다.

그리고 시간도 중요하다. 시간에 대한 내 생각은 여러 해를 거치며 달라졌다. 전에는 투자 업계 친구들이 비서를 통해 통화 일정을 잡거나 내 이메일에 답장을 보내는 것이 늘 거슬렸다. 친구들의 이런 업무처리 방식이 타인보다 자기를 더 중요한 존재라고 표현하는 것이라고 오해했다. 하지만 나도 나이가 들면서 시간으로 돈을 사지 말고 돈으로 시간을 사야 한다는 것을 깨달았다.

받은 편지함 검토하기, 비서가 대신할 수 있는 이메일에 답장하기, 통화 일정 짜기, 병원 예약 하기, 항공권 예약 하기 등 중요하지 않은 업무를 위임해서 확보한 시간으로 리서치를 하고, 고객을 상담하고, 가족이나 친구들과 어울릴 수 있다.

이 말이 좀 허세처럼 들릴 거 같아서 또 다른 예를 들어보겠다. 전에 나는 6달러가 잘못 청구됐다는 이유로 신용 카드 회사에 전화해서 항의하는 데 한 시간씩 쓰곤 했다. 지금은 그렇게 하지 않는다.

건강, 교육, 경험, 시간은 우리 가족에게 중요한 지출 영역이기에 결과적으로 예산을 매우 느슨하게 짜는 편이다. 하지만 우리 가족에게 중요하다고 해서 모든 사람에게 중요해야 한다는 말은 아니다. 절대 아니다. 우리는 모두 다르다. 가치관도 다르고 재정 상황도 다르고 각자 처한 인생의 시기도 다르다. 우리 가족이 '의도적으로' 내린 선택을 하나의 예로 제시하는 것뿐이다.

또 다른 예가 있다. 내 친구의 이야기이다. 그는 이혼했고 스물한 살 딸과 아주 가깝게 지내고 있다. 직업은 개인 트레이너이며 일주일에 20시간만 일하기를 결정해서 살고 있다. 좁은 아파트에서 룸메이트와 함께 살고 있다. 외식도 잘 하지 않고 대체로 매우 검소하게 생활한다. 하지만 여행을 매우 좋아한다. 한 달에 두어 번 딸과 미국 곳곳으로 3일간 여행을 다닌다. 둘은 60달러(약 8만 원)짜리 저렴한 모텔에서 묵는다. 딸과 함께 시간을 보내는 것이 그가 여행을 좋아하는 이유라는 생각이 든다. 그리고 운전을 좋아해서 수입이 많지 않아도 2년마다 새 차를

리스한다.

그 친구가 자리에 앉아서 예산을 세웠을 것 같진 않다. 그렇지만 여행이나 운전처럼 자신에게 즐겁고 소중한 것들을 우선순위에 놓고, 반대로 음식이나 집처럼 덜 중요한 것들은 우선순위를 낮추어 의도적으로 예산을 정한 셈이다. 지금 자기 인생에서 가장 중요한 필요를 충족할 만큼만 일하기로 선택했다. 그리고 무엇보다 중요한 것은 그가 더할 나위 없이 행복하다는 사실이다. 우리 각자의 예산은 자신의 가치관에 따라 정해야 한다. 우리(우리의 가치관)에게 무엇이 중요한지 파악해서 그에 따라 지출의 우선순위와 규모를 정해야 한다. 무엇보다도 돈은 우리가 실제로 가치 있다고 여기는 곳에 쓸 때 최고의 값어치를 한다.

돈이 실제로 행복을 가져다주는지는 잘 모르겠지만 돈의 없으면 엄청난 불행이 발생한다는 것은 잘 알고 있다. 표면적으로 이 문장이 논리가 맞지 않아 보이지만, 진실이 담겨있다. 산소가 당신을 행복하게 해 주지는 못하지만, 산소가 결핍되면 금방 불행해진다. 돈도 마찬가지이다. '결핍'의 의미에 대해서는 모두 생각이 다르겠지만.

다시 요약하면, 행복은 현실에서 기대치를 뺀(적절하게 조절한) 값이며 예산을 통제할 때 기대를 통제할 수 있다.

버는 것보다 계속해서 더 많이 쓰면 저축한 돈을 다 써버리고 빚더미에 앉게 될 것이다. 그래서 레이첼과 나는 건강, 교육, 경험, 시간은 최대한 누리고 예산 범위 안에서 살기 위해 우리에게 덜 중요한 것들을 포기해야 했다.

예산 범위 안에서 생활하고, 레이첼과 내가 예산을 함께 세우고 서로 생각이 같았기 때문에 돈 문제로 다툴 일이 전혀 없었다.

점심 식사 한 번으로 내 인생을 풍요롭고 수월하게 만들어 준 마크 같은 친구가 있어서 정말 행운이었다. 여러분에게는 이 글이 마크의 역할을 할 수 있길 바랍니다. 그리고 조나와 해나, 미아 세라! 너희들도 이 글을 읽기 바란다.

4장

스토아주의 1부

- 삶의 운영 시스템

내 인생은 스토아 철학으로 달라졌다.
인생의 밝은 빛이 되어줄
스토아 철학의 지혜를 소개한다.

스토아주의라는
프로그램

우리는 거의 빈 하드웨어 상태로 태어나 아무것도 모른 채 인생으로 뛰어들었다. 대자연은 우리에게 아주 기본적인 수렵 채집 운영 시스템만 심어줬다. 거기에 부모가 프로그램을 짜기 시작하면서 서서히 외부 환경도 우리의 삶으로 들어온다. 우리는 가족, 친구, 동료, 미디어(이제는 SNS)라는 환경이 심어주는 프로그램으로 채워진다.

운이 좋아서 좋은 부모, 형제, 친구에 둘러싸여 좋은 책을 읽고 올바른 방향으로 인생의 길을 인도 받는다면 좋은 프로그램으로 길러질 수도 있겠지만, 현실은 프로그램 대부분이 우리의 의지와 상관없이 무작위로 우연히 주어진다는 것이다.

인생은 그렇게 펼쳐진다.

그래서 마음챙김이 중요하다. 마음챙김은 생각에 대해 생각하며 자신이 내리는 결정을 감지하는 것이다. 현재의 순간에 온전히 집중하는 것이다. 자신에게서 한 걸음 물러나 외부의 관찰자가 되어 자아와 내면의 생각을 바라보아야 한다. 이때 명상이 도움이 된다. 명상은 우리가 생각에 대해 생각하는 상태에 들어갈 수 있도록 도와준다.

우리가 '마음챙김 상태'에 들어가면 어떤 프로그램을 활성화하고 어떤 프로그램을 멈추어야 할까? 우리는 각각 고유한 하드웨어를 갖추고 있기 때문에 자신의 하드웨어에 맞는 프로그램을 만들고 유지해야 한다.

나는 훌륭한 부모님과 친지들, 친구, 가족, 직업이 있고 러시아에서 태어난 행운과 미국에 이민 온 행운까지 두루 갖춘 인생로또 당첨자의 자질을 갖추었다고 생각한다. 하지만 인생에 관해 글을 쓰기 전까지 나는 자기 성찰이나 자기 인식이라고 할만한 것을 거의 하지 못했다. 마음챙김이 부족했다.

나에게 맞는 프로그램을 찾아 그것을 나의 의식에 집어넣어 설계해야 한다는 사실을 깨달았다(종교는 내게 답에 되지 않았다).

스토아 철학이 바로 그 프로그램이었다.

지금부터 읽을 내용은 학문적 모험이 아니라 삶의 운영 시스템에 관한 실용적인 탐구로서 나 자신, 그리고 내 아이들의 삶을 위해 쓰고 있다. 그리고 당신을 위해서도.

앎과 행함

스토아 철학자들

나의 스토아주의 여정은 아주 천천히 세네카나 에픽테토스의 격언을 한 번에 하나씩 새기며 시작되었다. 그러다가 점점 속도가 빨라져 어느새 스토아 철학에 관한 책을 연이어 읽고 있었다. 스토아 철학은 종교가 나에게 주지 못한 것을 주었다. 스토아 철학은 내세에 대한 약속이나 하늘에 있는 친구와의 관계◆, 비약적인 믿음을 요구하지 않고, 현세의 삶을 위한 운영 시스템, 즉 삶을 살아가는 매우 논리적이고 실용적인 방법을 제시했다. 이 방

◆　나는 종교가 있는 사람들이 신을 단지 "하늘에 있는 친구"로만 여기지 않는 관점을 존중한다. 이는 순전히 내 관점에서 하는 말이며 내가 더 성장하면서 생각이 바뀔 수도 바뀌지 않을 수도 있다.

법이 나에게는 아주 잘 맞았다. 종교가 있는 사람에게도 스토아 철학은 종교적 가르침을 방해하지 않으면서 인간 정신에 대한 통찰을 보완해 줄 수 있다.[●]

더 깊이 들어가기에 앞서 스토아 철학과 스토아 철학자에 대해 살펴보자. 고대 그리스어에서 철학의 문자적 의미는 지혜에 대한 사랑이다. 나에게 철학이란 여러 가지 정신 모델이 서로 긴밀하게 연결된 하나의 사고 체계이다.

하지만 스토아주의는 역사적으로 나쁜 평판을 받아왔다. 스토아주의자가 되려면 스토아학파 창시자들의 대리석 조각상처럼 감정이 돌 같아야 한다는 인식이 대부분이다. '스토아주의자'라는 단어의 일반적인 정의가 고통, 쾌락, 기쁨, 슬픔에 대해 아무 감정을 느끼지 않는 사람이기 때문이다.

독자들은 나를 잘 모르겠지만 나는 불 화산 같은 감정의 소유자다. 감정을 없애라고 주장하는 철학은 나에게 맞지 않는다. 그것이 스토아주의자라는 단어의 사전적 정의일 수는 있어도 실제 스토아주의나 스토아 철학은 그렇지 않다. 스토아 철학은 불필요한 부정적 감정을 최소화하고 긍정적 감정을 최대화하는 것을 추구한다.

불필요한 부정적 감정에 사로잡히지 않을수록 긍정적 감정으로 채울 공간이 늘어난다. 절대로! 나는 이 책을 다 쓸 때쯤 그

● 　종교가 있는 친구들(여러 종교)이 이 책의 초고를 읽고 스토아적 지혜가 상당 부분에서 종교 경전의 가르침과 비슷하다고 알려주었다.

리스 대리석 조각상으로 변할 생각이 조금도 없으며, 이 책을 다 읽을 때쯤 독자 여러분도 그렇게 되지 않을 것이다.

나심 니콜라스 탈레브는 스토아주의자를 다음과 같이 훌륭하게 설명했다. "스토아주의자는 두려움을 신중함으로, 고통을 변화의 기회로, 실수를 배움의 시작으로, 욕망을 책임으로 바꾸는 사람이다."

스토아학파는 기원전 300년경 고대 그리스에서 제논에 의해 창시되었다. 부유한 상인이었던 제논은 항해하던 배가 난파하여 모든 재산을 잃고 가까스로 목숨만 부지했다.

이 책에서 전반적으로 내가 지속적으로 강조하는 점이 있다. 많은 경우 고통이 창조성의 문을 열어준다는 것이다. 하룻밤 사이에 모든 것을 잃는 일은 제논에게는 틀림없이 참담한 고통의 경험이었을 것이다. 그럼에도 불구하고 제논은 훗날 이렇게 남겼다. "내 삶의 가장 유익한 여정은 난파당하고 전 재산을 잃은 날 시작되었다."

한동안 제논의 철학은 제논학파Zenoism라고 불렸지만, 아마도 제논이 종교적 숭배 대상이 되는 것을 원하지 않았기 때문에 아테네에서 제자들과 모였던 건물인 스토아 포이킬레(채색된 회랑이라는 뜻이다)라는 이름을 사용했다. 수 세기 후에도 이 관행은 미국의 헤지펀드 업계에도 이어져서 창립자가 자란 곳이나 첫 키스를 했던 곳 등의 지명을 따서 회사 이름을 지었다.

오늘날까지 저술이 남아있는 스토아 철학자는 에픽테토스, 세네카, 마르쿠스 아우렐리우스이다. 이 3명의 스토아 거장의 눈을 통해 오늘날 우리는 스토아주의를 이해할 수 있다.

이 장 전반에 걸쳐 세 철학자의 말을 광범위하게 인용하겠다고 미리 말해 두고 싶다. 원문에 담긴 말이 너무 아름답고 명료하고 지혜로워서 되도록 그대로 인용하고 싶다.

위대한 철학자의 삶과 글을 읽으면서 2,000년 넘는 시간 동안 사람은 거의 변한 것이 없다는 사실에 놀라지 않을 수 없었다.

에픽테토스

먼저 에픽테토스부터 시작해 보자. 에픽테토스에 대해서는 그가 노예였다는 사실 말고는 별로 알려진 것이 없다. 에픽테토스도 그의 진짜 이름이 아니었다. 고대 그리스어로 '획득한'을 뜻한다. 10대 후반에 자유인이 된 후에 철학을 가르치기 시작했다. 에픽테토스는 직접 글을 남기지는 않았다. 다행히 그의 제자인 아리안이 스승의 강연을 받아 적어 8권의 시리즈로 묶은 『대화록』 가운데 4권이 남아있다. 에픽테노스가 제시한 '통제 이분법'이라는 사고의 틀은 단순하지만 매우 탁월하다.

마르쿠스 아우렐리우스

그리고 로마 황제이자 장군, 철학자, 실천적 스토아주의자였던 마르쿠스 아우렐리우스가 있다. 마르쿠스는 내게 가장 깊은 감명을 준 인물이다.

확실히 밝혀 둘 점은 황제라는 지위가 감명 깊었다는 것이 아니라 황제이면서 좋은 인간으로 살았다는 사실이 놀라웠다. 누군가를 파괴하고 싶다면 그에게 절대적 권력과 무한한 부를 주면 된다. 역사에는 부와 권력으로 망가진 통치자가 가득하다. 마르쿠스는 아주 드문 예외적인 사람이다. 2세기 로마 제국을 상상해 보라. 지중해에 닿는 모든 영토를 지배하는 나라다. 마르쿠스의 말은 곧 법이다. 황제는 원하는 모든 것을 할 수 있다. 얼마든지 인생의 지름길을 택할 수도 있었다. 하지만 그는 그렇게 하지 않았다.

19년 동안 로마 제국을 통치하면서 마르쿠스는 권력을 남용하지 않고 정의와 품위를 지키며 다스렸다. 자신의 정적을 공격하지 않겠다고 약속했고, 그 약속을 지켰다.

우리에게 전해진 유일한 글은 마르쿠스의 개인적 일기로, 그는 이 글을 『명상록』이라고 불렀다. 이 일기는 세상에 알리기 위한 목적이 아닌 마르쿠스가 개인적으로 자신의 삶을 돌아보기 위해 쓴 글이다.

"좋은 사람이 어떤 사람인지 논쟁하느라 시간을 낭비하지 말라. 좋은 사람이 되라.""약속을 깨거나 자존감을 잃게 만드는 일이라면 어떤 것도 유리한 일로 여기지 말라.""사람의 가치는 그가 품은 야망의 가치를 뛰어넘지 못한다"라는 말들을 남겼다.

세네카는 "우연히 지혜로워지는 사람은 없다"라고 말했다. 마르쿠스는 우연히 천재가 된 사람이 아니라 삶의 모든 면에서 스토아주의를 적용해 의도적으로 훈련하며 자신을 빚어 간 사람이었다.

그러나 마르쿠스는 2000년 전 사람이었기에 이런 이미지가 지나치게 이상화된 것일 수도 있다. 에픽테토스는 이렇게 말했다. "공적인 자리에서뿐만 아니라 사적인 자리에서도 당신이 본보기로 삼을 만한 인물을 떠올리며 자기 자신을 그려보라." 내게는 마르쿠스가 내가 되고 싶은 '인격'이지만 내가 그 경지에 이를 수 있을 것 같지는 않다. 하지만 마르쿠스를 닮기 위해 끊임없이 노력하는 것만으로도 내 삶은 나아질 것이다.

세네카

이제 끝으로 스페인 태생의 안나이우스 세네카 또는 간단히 세네카라고 부르는 인물을 살펴보자. 진정한 르네상스적 인간 (르네상스 시대보다 15세기 앞섰지만)이었던 세네카는 철학자이면서 투자자, 극작가, 저술가, 원로원 의원, 로마 황제 네로의 고문으로 활동했다. 세네카는 세 사람 중 가장 많은 저서를 남긴 작가였다.

세네카의 지혜는 그 단순함이 감탄을 자아낸다. 나는 세네카의 명언 중 세 단어로 된 이 말을 가장 좋아한다. "시간이 진실을 발견한다." 이 말은 인생의 많은 일을 설명해 주며 투자가 무엇인지에 대한 핵심도 짚어 준다. 투자자로서 내 목표가 시간보다 앞서 진실(기업의 진정한 가치)을 발견하는 것이기 때문이다.

세네카의 말을 마음에 새기고 누군가와 대화하거나 토론하면 대화의 목적이 자존심 대결이 아니라 진실을 찾는 것으로 바뀔 수 있다. 결국 시간이 지나면 진실은 밝혀진다. 대화를 한 후에도 마음이 바뀌지 않는다면 대화하지 않는 편이 좋다. 대화의 목적이 무엇인가?

세네카는 세 명의 스토아 철학자 중에서 가장 논란이 많고 모순으로 가득 찬 사람이다. 세네카는 부를 윤리적인 방법으로 획득해야 한다고 썼다. 여기에 첫 번째 모순이 있다. 세네카는 사악한 폭군 네로 황제를 섬긴 대가로 로마에서 가장 부유한 사람이 되었다. 네로는 자신의 어머니를 죽이고 훗날 세네카에게 자결을 명령한 사람이다. 세네카의 진짜 의도를 우리는 알지 못한다. 네로가 폭군이었지만 세네카는 로마와 로마 시민의 유익을 위해 황제를 지도하는 것이 시민으로서 자신의 의무라고 생각했을지도 모른다. 우리가 아는 것은 세네카가 네로를 섬기면서 많은 부를 얻었다는 것뿐이다.

모순은 또 있다. 세네카는 "부는 현명한 사람에게는 노예지만, 어리석은 사람에게는 주인이 된다." 그리고, "질그릇을 은그릇처럼 사용하는 사람은 위대하다. 하지만 은을 진흙처럼 사용하는 사람도 그만큼 위대하다"라는 말을 남겼다. 세네카는 광택이 흐르는 가구, 외국에서 온 노예, 잘 숙성된 와인, 화려한 귀걸이 등 물질적인 소유에 집착했으니 자기 자신도 가끔 부의 노예였던 것 같다.

세네카는 "이론적으로 이론과 실제는 차이가 없지만, 실제로는 차이가 있다"(미국의 위대한 철학자 요기 베라가 남긴 말)라는 말을 그대로 보여주는 사람이다. 세네카는 스토아주의 이론에 관해 많은 책을 남겼지만, 이론을 실천하는 데는 어려움이 많았다. 자신의 이상을 살아내지 못했다고 스스로 인정했다. 여기서 내가 판단하는 말을 하는 것처럼 들린다면 전혀 그렇지 않다. 오히려 그 반대다. 세네카의 고군분투를 보면서 이론은 전제일 뿐 충분하지 않다는 사실을 깨닫게 된다. 성공은 실천에서 온다.

다른 말로 하면, 내가 매일 스토아 철학을 실천하지 않는다면 여기에 이렇게 글을 쓰는 의미가 전혀 없다. 아시아에 이런 격언이 있다.◆ "알되 행하지 않으면 아는 것이 아니다!"

그러므로 나의 목표는 앎과 행함이 일치하는, 실천하는 스토아주의자가 되는 것이다.

◆ 우리가 격언의 출처를 모를 때 쓰는 표현이다. 모순된 출처가 여럿 있거나, 너무 게을러서 제대로 찾아보지 못하거나 아니면 정말 아시아 격언일 경우에 사용하는 말이다.

통제
이분법

"어떤 일은 우리에게 달려있지만 어떤 일은 우리에게 달려 있지 않다." 에픽테토스는 통제 이분법 사고를 이렇게 소개했다.

이어서 이렇게 설명했다. "우리의 힘 안에 있는 일이란 자신의 의견, 목표, 욕망, 혐오감 등 한 마디로 자기 자신 안에 속한 모든 것이다. 우리의 힘 밖에 일이란 우리의 신체, 재산, 명성, 지위 등 실제로는 우리 자신에게 속했다고 할 수 없는 모든 것이다."

그렇다면 무엇이 우리에게 달려있는가? 우리가 가진 의견, 우리의 행동, 우리의 감정, 우리가 자신을 위해 설정한 목표, 우리의 욕망. 이런 것들은 내부적 요소들로서 우리가 완전히 통제할 수 있다. 그밖에 모든 것은 외부에 존재하기 때문에 우리에게 통제할 수 있는 힘은 거의 없다. 이 사고의 설계가 내가 처음 스토아 철학에 매료된 이유이다. 스토아 철학은 내가 다른 사람과 관계 맺는 방식을 바꿔주었다. 그렇다. 아마도 내 부정적 감정의 가장 큰 원인은 사람일 것이다.

침묵 서원을 한 수도승들과 여생을 함께 보내기로 결심하지 않는 한 나는 삶에서 현실을 받아들여야만 한다. 내가 사랑하는 사람들이나 거의 모르는 사람들이 종종 나를 실망하게 할 것이다. 내가 좋아하지 않는 말이나 행동을 할 수도 있다. 나는 지금은 수도원에 들어갈 계획이 없다. 그러므로 내가 사람들의 말이나 행동은 통제할 수 없지만, 사람들에 대한 나의 반응은 통제할 수 있다. 통제할 수 없는 일들로 흥분할 이유가 전혀 없다.

당신은 내일 해가 뜰까를 얼마든지 걱정할 수 있다. 하지만 태양은 당신의 존재나 당신의 걱정을 전혀 인식하지 못한다. 해는 뜰 수도 있고 뜨지 않을 수도 있다. 에픽테토스는 이렇게 탁월하게 설명했다. "우리가 통제할 수 없는 일에 가치를 부여할수록 우리는 점점 통제력을 잃게 된다." 절대 통제할 수 없는 것에 대한 걱정은 불필요한 부정적 감정을 일으키고 더욱 증폭시킨다. 부정적 감정은 서로 복합적으로 작용해서 사소한 걱정도 많아지면 큰 스트레스로 이어진다. 당신이 통제할 수 없는 일을 걱정하면 더욱 오랫동안 고통을 겪게 된다.

에픽테토스는 "자기 자신의 주인으로 살지 않는 사람은 자유인이 아니다"라고 말했다. 우리의 목표는 우리 자신의 주인으로 사는 것이다.

1990년대 후반 나는 CFA(공인재무분석사)가 되기 위해 공부했다. CFA 과정은 3년 프로그램으로 투자 전문가를 위한 수퍼 MBA라고 할 수 있다. 내가 회계사 친구들에게 설명했듯이(좀 놀리면서) 말하자면, 공인회계사 시험과 비슷하지만 더 어렵다. 시험을 준비하려면 1월에 책과 학습 가이드를 산 후 혼자서 또는 스터디그룹을 만들어서 공부하면 6월에 시험을 치르게 된다. 시험에 합격하면 다음 단계(총 3단계)로 넘어간다.

합격하지 못하면 1년을 버리게 된다. 재도전하려면 1월까지 기다려야 하기 때문이다. 나는 시험에 떨어져 1년을 기다리고 싶지 않았기에 어마어마하게 열심히 공부했다. 아마 친구들보다 두 배는 열심히 했을 것이다. CFA 협회는 시험 후 적어도 한 달 반, 즉 7월 말 전에 결과를 보내주겠다고 했다. 나는 매일 우편배달원을 기다렸다. 오전 11시가 되면 우체통 옆에 가 있었다. 7월 중순에서 8월로 접어드는 시간은 그리 즐겁지 않았다. 시험 결과는 8월 중순에 도착했다. 매년 1월부터 8월까지 내 머릿속은 온통 시험 결과 생각뿐이었다. 다행히도 결과는 합격이었다.

20년이 지나서 돌아보니 이 모든 과정에 대한 내 접근 방식은 완전히 잘못되었었다. 나는 내가 완전히 통제할 수 없는 일, 그것도 한 번도 아닌 세 번의 시험에 합격하는 일에 내 행복과 자존감을 걸었다. 스토아주의에 관해 쓴 탁월한 책『좋은 삶을 위한 안내서』에서 윌리엄 B. 어빈은 에픽테토스의 통제 이분법을 통제 삼분법으로 설명하고 있다. 세상에는 전적으로 우리에게 달린 일들이 있다. 우리의 가치관과 목표, 우리의 내부적 요소인 감정적 반응이 그렇다. 반대로 내일 해가 떠오르는 것 같이 외부적 요소는 전혀 우리에게 달려 있지 않다. 거기에 덧붙여 어빈은 부분적으로 우리에게 달린 일들이 있다고 설명했다.

이 사고의 틀을 CFA 시험에 적용해 보자.

시험 합격은 외부적 요소를 포함하고 있다. 틀린 문장으로 구성된 문제가 시험에 나올 수도 있다. 시험을 보는 동안 두통이 생길 수도 있다. 실수로 시험지 한 부분을 건너뛰는 일이 생길 수도 있다(실제로 제가 그랬답니다. 6시간짜리 시험이 끝나기 20분 전에 발견했지요).

그러므로 시험에 합격하는 일은 부분적으로는 통제할 수 있지만 완전히 내가 통제할 수 있는 일은 아니었다. 그래서 목표를 합격이 아니라, 매 시험에 최선을 다해 공부하는 것으로 설정하기로 했다. 이것을 스스로 과정을 설계하고 실행하는 '과정 중심 목표'라고 한다. 모든 목표를 과정 중심으로 설정하고 단기 피드백 루프를 활용해 과정을 수정할 수 있도록 한다. 과정은 완전히 내가 통제할 수 있으니 매우 좋은 방법이다.

스토아 철학자라면 시험 합격은 선호 사항이지 목표가 되어서는 안 된다고 말할 것이다. 합격하면 나는 행복하다. 불합격하더라도 나는 마음 상하지 않을 것이다. 부정적 감정은 전혀 존재하지 않는다. 나는 이런 감정의 비대칭이 좋다. 나는 최선을 다해 공부했고, 내가 쏟은 노력과 내가 배운 것에 자부심을 느낀다. 시험에 떨어지면 내년에 또 기회가 있다.

일단 시험장을 떠나면 나는 결과를 전혀 통제할 수 없다. 지금 생각하면 시험 결과를 내려놓고 이제 내 손을 떠난 일이라고 말하면서 여름을 즐겼어야 했다. 아무리 염려해도 결과를 바꾸지 못할 테니.

인간관계에서 우리의 목표는 상대방이 나를 사랑하게 만드는 것이 아니라 우리가 자신의 가치관에 맞게 행동하는 것, 그리고 상대방에게 친절하고 배려하는 사람이 되는 것이어야 한다. 다른 사람들이 우리를 사랑할지 말지는 우리가 통제할 수 없는 일이지만 우리 자신의 행동과 태도는 통제할 수 있다.

나는 왜 그렇게 많은 배우와 음악가들이 끔찍한 인생으로 삶을 마감했는지 오랫동안 이해할 수 없었다. 이제는 분명히 안다. 타인의 찬사에 기댄 행복은 중독성 있는 마약과 같아서 끊임없이 갈망하고 더 많은 용량을 원하게 된다. 이런 사람들은 자신이 결코 통제할 수 없는 외부의 힘에 행복을 건다. 당신의 팬들이 오늘은 당신을 사랑하지만 내일이면 더 빛나고 화려한 다른 대상을 찾아 떠나갈 수 있다.

나는 글쓰기 분야의 레이디 가가는 아니지만 독자들에게 많은 이메일을 받는다. 엄청나게 쏟아진다. 받은 편지함에 들어온 이메일 하나하나가 도파민을 자극한다. 만약 내가 생각하기에 따라 이메일들이 내가 중요한 사람이라는 지표가 될 수도 있다. 내가 경각심 없이 이메일에 나의 행복을 연결한다면 보상은 거의 없이 감정만 수시로 요동칠 것이다. 지금은 독자들의 이메일을 별도의 편지함에서 관리하면서 일주일에 몇 번만 확인한다.

내가 더 많은 독자의 이메일, 또는 '좋아요'를 받으려는 목적으로 글을 쓰면 결국 글에 문제가 생길 것이다. 독자들이 듣고 싶어 하는 내용만 쓰느라 나에게 의미 있는 것들을 희생할 수도 있다. 약간의 도파민과 장기적인 행복을 맞바꾸게 된다. 나는 오직 쓰기에 집중하고 다른 사람의 생각과 반응에는 초점을 두지 말아야 한다.

우리의 행복을 우리가 통제할 수 없는 것과 연결할수록, 외부 세계의 부정적인 변화에 점점 휘둘리게 된다. 그러므로 목표를 설정할 때 주의해야 한다. 목표는 우리가 통제할 수 있는 우리 내부적 요소이어야 하고 과정중심적이어야 한다.

이름 붙이기

일상에서 부정적 감정을 유발하는 일이 발생할 때 나는 각각에 대해 '내부' 혹은 '외부'로 나누어 이름을 붙인다. 어느 날 아내가 내가 유독 싫어하는 말을 했는데, 나는 마음속으로 이름 붙이기를 하지 못하고 큰 소리로 말해 버렸다. "여보, 당신은 외부야!"라고 소리친 것이다. 아내는 앞으로 나보고 거실 소파에서 살라는 표정을 지었다(내가 배운 교훈 - 절대 큰 소리로 이름을 붙이지 말 것).

나는 스토아주의를 정신적 합기도라고 생각한다. 합기도는 20세기에 탄생한 일본 무술로서 어느 정도는 주짓수에 기반을 두고 있다. 합기도는 수련자와 상대를 모두 보호하는 방식으로 진행된다. 전통적인 무술의 방식처럼 상대의 공격을 강하게 막는 대신, 상대의 에너지를 이용해 수련자의 몸에서 상대의 공격을 멀리 떨어뜨리는 방향으로 전환한다. 나는 어떤 면에서는 통제 이분법도 이와 같다고 생각한다. 부정적 감정을 일으키는 것이 외부 요소라고 인지하면 생각을 통해 나로부터 멀리 보내버린다.

마르쿠스는 "당신은 외부에서 일어나는 사건은 통제할 수 없지만 당신 마음을 통제할 힘을 가지고 있다. 이것을 깨달으면 당신은 강한 힘을 얻을 것이다" 로마 황제와 논쟁하고 싶지 않으나 한 마디를 덧붙이면 강한 힘 외에 행복도 얻을 수 있다. 당신의 삶에서 부정적 감정을 없애는 것은 요리할 때 음식에 소금한 꼬집을 더하는 것과 같다. 풍미를 가져오고 행복을 끌어올린다."

사건, 판단,
반응 프레임워크

렌터카 카운터 직원이 내가 신청했던 SUV는 재고가 없고 미니밴만 빌려 갈 수 있다고 당당하게 말했다(여러분도 열받으신 거 같군요). 옛날 같았으면 내 반응은 완전히 예측불가였을 테고, 대부분은 아침에 무엇을 먹었는지에 따라 달랐을 것이다(잠재의식에서 나오는 반응이므로).

통제 이분법 덕분에 타인의 행동은 외부적 요소여서 내가 바꿀 수 없지만, 내 반응은 내가 결정할 수 있다는 사실에 눈을 뜰 수 있었다. 말이 쉽지 행동하기는 매우 어려운 일이다. 나는 감정적인 사람이다. 점검하지 않은 상태로 놔두면, 부정적인 요인들은 자동적으로 부정적인 반응을 일으키고 결국 그렇게 반응한 결과로 엄청난 죄책감이 찾아온다. 솔직하게 생각해 보자.

이런 패턴은 삶을 이끌어가기에 아주 끔찍한 방식이다.

스토아 철학에는 '프로파테이아'라고 부르는 원형적 정념이 있다. 원형적 정념은 태생적이고 판단이나 평가를 내리기 전 상태의 감정인데, 렌터카 직원에 대해 즉각적으로 올라온 분노가 바로 원형적 정념이다. 나는 그것을 통제할 수 없다. 대자연이 내 안에 심어준 감정이기 때문이다. 원시 시대에 숲에서 표범이 눈앞에 나타났을 때 대자연은 우리에게 철학을 기대하지 않았다. 대자연은 우리가 즉각 반응해서 대응하도록 설계했다.

판단이 개입하지 않으면 원형적 정념은 자동적으로 감정으로 전환되고 반응으로 이어진다. 원형적 정념에 판단이 개입하면 보다 긍정적인 반응으로 전환되고 효과적으로 반응할 수 있게 된다. 홀로코스트 생존자이자 심리학자인 빅터 프랭클은 이렇게 말했다. "자극과 반응 사이에 공간이 존재한다. 그 공간에 우리가 자신의 반응을 선택할 힘이 존재한다. 우리의 성장과 자유는 우리의 반응에 달려있다."

자극과 반응 사이, 즉 원형적 정념과 감정 사이에 프랭클이 말한 작은 공간인 판단이 존재한다. 그래서 원형적 정념이라는 개념이 매우 유용하다. 내가 대자연을 탓할 수는 있지만 내 감정에 대한 책임은 회피할 수 없다.

올바른 판단은 무엇일까? 내 안의 이성적인 나에게는 핵심 가치가 있다. 어디든 세상을 처음보다 좀 더 나은 곳으로 만드는 것, 그리고 내가 만나는 사람들의 삶에 손해를 입히기보다 유익을 주는 삶을 살아야 한다는 것이다. 하지만 내 감정은 종종 이러한 이상을 따라가지 못한다. 판단이란 스스로에게 이렇게 질문하는 단계이다. "한 시간 후에 돌아보면 과연 자랑스러워할 행동인가? 나는 지금 나의 가치관을 따르고 있는가?"

렌터카 회사에 내가 원하는 차가 있는지를 나는 통제할 수 없다. 나는 세상을 바꿀 수 없다. 때때로 세상이 나를 실망하게 하지만, 그에 대한 내 반응은 내가 통제할 수 있다.

사건, 판단, 반응EJR, Event, Judgement, Reaction 프레임워크를 다음과 같이 요약할 수 있다. 당신의 원형적 정념을 자극하는 사건이 발생한다. 이때 당신의 판단이 개입할 수 있는 공간이 있다. 그 공간에서 당신은 감정과 반응을 조정한다.

한 가지 더 생각해 보자. 원형적 정념이 대자연의 프로그램에서 비롯한 태생적 감정이라고 해도 EJR 훈련을 꾸준히 하면 우리가 감정을 다시 프로그램할 수 있다. 나는 작은 사건들을 간단한 스토아 테스트로 여기고 이 사고를 훈련할 수 있는 기회로 활용해서 나의 원형적 정념을 건강한 감정으로 다시 프로그램한다.

에픽테토스는 이렇게 요약했다. "매를 맞거나 모욕을 당하는 것만으로는 해를 입을 수 없다. 당신이 해를 입었다고 믿기 때문에 해가 된 것이다. 누군가 당신을 도발하는 데 성공한다면 당신의 마음이 그 도발에 동조했기 때문이라는 것을 기억하라. 그러므로 눈에 보이는 것에 충동적으로 반응하지 않는 태도가 매우 중요하다. 반응하기 전에 잠시 멈추면 자제력을 유지하기 쉬워질 것이다."

부정적
시각화

내가 운영하는 IMA는 투자 자문회사다. 우리는 장기 가치투자를 한다. 현명한 사업가의 관점에서 회사를 장기 유지하는 것을 목표로 기업을 분석한다. 저평가된 기업이나 주식을 발견하면 매수하지만, 내일 혹은 지금부터 몇 달 후에 주식 시장에서 가격이 어떻게 될지는 알 수 없다.

IMA가 소규모 회사였을 때 거물 고객과 거래한 적이 있다. 고객에게 우리가 하는 일을 명확히 설명했고, 고객은 30쪽 분량의 안내서도 읽었다. 천생연분이라 느껴지는 고객이었다. 몇 달 후, 그 고객이 주 단위로 우리의 성과를 평가하고 있다는 사실을 깨닫기 전까지는.

지금이었다면 고객과 대화하면서 우리의 업무가 고객에게

맞지 않을 수 있다는 사실을 설명하고 투자 기간이나 우리와의 계약을 재고하도록 완곡하게 말했을 것이다.

그때 우리는 까다롭게 고객을 고를 형편이 아니었다. 하지만 나는 본능적으로 부정적 시각화를 연습했다. 우리가 그 고객을 놓칠 상황을 그려보았다. 무엇보다도 나는 고객이 이미 떠난 것처럼 회사를 운영했다. 오랫동안 연습할 필요는 없었다. 4개월 후에 고객은 떠났다. 고객을 잃고 생각만큼 고통스럽지는 않았다. 나는 정신적으로나 재정적으로나 준비되어 있었다.

부정적 시각화는 사전에 나쁜 일이 일어날 것을 미리 상상하고 숙고해보는 일이라고 할 수 있다. 마치 미래의 불행에 대한 예방주사와 같다. 이미 머릿속으로 그려보았기 때문에 마음은 적응할 기회를 얻는다. 세네카는 "나쁜 일이 다가올 것을 이미 알고 있었다면 현재 있는 나쁜 일의 영향력을 없앨 수 있다"라고 설명했다.

부정적 시각화를 연습해야 할 또 다른 이유는 현재 가진 것에 더욱 감사할 수 있게 하기 때문이다. 책의 앞부분에서 밝혔듯이 나는 어머니의 죽음을 겪고 두려움과 트라우마로 인해 아버지마저 잃는 상상을 자주 했다. 이 경험으로 어릴 때부터 나는 아버지의 존재에 감사하는 마음이 컸고 아버지와의 관계가 더 의미 있고 견고해졌다.

어머니가 돌아가신 후 나는 친구나 가족의 죽음에 대해서는 부정적인 시각화를 연습한 적은 없다. 하지만 아이들이 성장하고 대학으로 떠나는 모습은 종종 상상하면서 한 지붕 아래에 아이들과 같이 있는 제한된 시간에 감사하는 마음을 갖게 되었다. 주변의 모든 사람이 한시적이라는 사실을 깨닫게 되면 더 가치 있는 존재로 대하게 된다. 사랑하는 사람들과의 관계를 더 소중하게 여기도록 도와주기 때문에, 주변 사람들과의 관계를 개선할 수 있다.

한 가지 짚고 넘어가고 싶은 것은 부정적 시각화가 나쁜 일이 일어난다는 부정적인 생각에 빠져 산다는 의미는 아니다. 예를 들면, 나는 아이들이 다 커서 집을 떠나고 자신의 삶을 살아간다는 생각에 늘 집착하지 않는다. 오히려 부정적 시각화 연습이 컴퓨터 화면에서 벗어나 아이들에게 관심을 집중하게 한다. 자전거를 타러 나가고, 서점 데이트를 하고, 스키를 타고, 스마트폰을 보지 않고 저녁 식사를 하며 대화할 수 있게 해 준다. 그렇게 하면 잠재적 부정적인 일이 실시간 긍정적인 일로 변한다.

부정적 시각화는 긍정적 행동의 원동력이 되며, 실시간으로 스트레스에 대처하고 현실의 고통을 줄이는 데 도움이 된다. 이런 상상을 해 보자. 당신은 운전해서 집으로 가는 길이다. 집에 저녁 식사가 기다리고 있는데 당신은 꽉 막힌 도로에 갇혀있다. 이 순간 당신은 2가지 일을 비교하면서 긍정적 시각화를 한다. 바퀴 달린 금속 상자에 앉아 교통 체증 속에서 공회전하기와 저녁 먹기. 상자 안에서 공회전하기는 상대적으로 매력이 떨어지는 일이다. 당신은 스트레스를 받는다. 불필요한 부정적 감정은 치솟고 행복감은 떨어진다. 특별히 상상력을 발휘할 필요도 없을 것이다. 우리는 항상 이런 일을 겪으며 산다.

이때가 바로 EJR 사고를 작동할 시간이다. 교통 체증에 갇혀 있다(사건). 몇 가지 옵션이 있다(판단). 부정적 시각화를 연습할 수 있다. 도로에서 공회전하기와 우리를 기다리는 따뜻한 저녁 식사와 와인을 비교하면서 긍정적 시각화를 하는 대신에 상황이 훨씬 더 나쁠 수도 있다고 상상해 보는 것이다. 앞으로 2주밖에 살 수 없다는 의사의 말을 듣고 돌아오는 길이었을 수도 있다. 그 순간, 집에 30분 늦게 도착하는 일이 그렇게 나쁘게만은 느껴지지 않는다.

몇 가지 예를 더 들어 보자. 나는 친구와 대화를 나누고 있었다. 최근에 데이트를 시작한 홀아비 친구다. 친구가 정말 좋아했던 여자였지만 헤어졌다. 친구는 우울하고 외롭다고 했다. 나는 친구에게 말했다. "생각해 보라고. 자네는 지금 70대지. 건강도 매우 좋아. 자네를 사랑하는 아이들이 있고 아이들도 모두 건강하고 잘 살고 있잖아. 자네는 친구들도 많고. 재정적으로도 안정되었지. 전용기를 타고 다니지는 못하더라도 가게에서 토마토 가격을 걱정할 필요는 없잖아. 심지어 좋아하는 축구팀도 작년에 성적이 좋았어. 그런데 그 모든 것을 잃었다고 상상해봐. 지금의 삶이 그렇게 나쁜가?" 그는 잠시 멈춰서 곰곰이 생각했다. 그리고 말했다. "그러게. 그렇게 나쁘지는 않네." 나는 친구의 얼굴에 퍼지는 미소를 보았다.

다른 친구가 내게 들려준 이야기가 있다. 그 친구가 공항 카운터에 서 있었다. 자기 앞에 중동 여행을 마치고 집으로 돌아가는 군인처럼 보이는 남자가 서 있었다. 항공사에서 그 남자의 짐을 잃어버렸다고 말하는 소리가 들렸다. 군인은 침착하고 조용하게 대답했다. "괜찮습니다. 아무도 죽지 않았으니까요." 전투에서 죽음에 직면하거나 길에서 폭탄에 맞아 친구가 산산조각나는 것에 비해 가방 분실 따위는 얼마나 사소한 일일지 상상하기는 어렵지 않다. 이 군인은 이론적으로 부정적 시각화를 연습할 필요가 없다. 직접 살아냈기 때문이다. 부정적 시각화는 이미 그에게 배어있었다. 그 결과 무엇이 중요하고 무엇이 사소한 것인지에 대해 견고하고 명확한 관점을 가지고 있다.

사소한 일 하나를 말해보자면, 내가 오랫동안 아내와 부정적 시각화를 연습했다는 사실을 잘 인식하지 못하고 있었다. 아내는 돈을 많이 쓰는 편이 아니다. 사라고 한 적 없는 물건을 내가 살 때마다 아내는 의아한 표정으로 묻는다. "그거 얼마였어?" 만약 100달러 물건이면 나는 300달러라고 3배로 부풀려 말한다. 아내는 눈을 크게 뜨며 말한다. "300달러라고!?! 너무 비싸잖아!" 그러면 나는 아니라고, 사실은 100달러라고 말해준다. 아주 잠깐이지만 내 말이 정박효과를 일으켜 아내는 300달러라는 부정적 시각화를 하게 된다. 그러고 나면 갑자기 100달러는 싸게 느껴진다.

마지막으로, 스토아적 관점에서 생각해 보면, 어째서 소셜 미디어가 우리를 비참하게 만들고, 저장 강박, 가정불화, 불륜 등을 저질러 리얼리티 쇼에 나오는 역기능적인 사람들이 우리를 행복하게 하는지 설명할 수 있다. 소셜 미디어는 긍정적 시각화를 일으킨다. 사람들은 소셜 미디어에 배우자와 싸웠거나 아이가 생떼를 쓰거나 집 상태가 태풍이 쓸고 간 것 같은 모습은 올리지 않는다. 친구들에게 공유하는 사진과 동영상은 집이 모델하우스 같고, 아이들은 사랑스럽고, 배우자는 다정하게 웃고 있는 완벽한 순간들이다.

친구의 행복이 당신에게도 전염되어 당신도 행복해질 거라 기대하지만, 현실은 그렇지 않다. 잠재의식이 발동하면서 당신의 평범한 인생과 친구의 끝없이 웃는 이모티콘 낙원을 비교하기 시작한다. 그리고 친구에게 뒤처졌다고 느낀다.

반면에 TV의 리얼리티 쇼에 나오는 역기능적인 사람들은 부정적 시각화를 일으킨다. 우리의 삶도 TV에 나오는 사람들만큼 엉망이었을 수도 있다는 사실을 깨닫게 된다.

스토아 철학자들은 소셜 미디어나 리얼리티 쇼에 대해 어떻게 말했을까?

세네카는 아마 시간의 소중함을 일깨워주었을 것이다. 세네카라면 소셜 미디어나 리얼리티 쇼의 팬은 되지 않았을 것이다. 에픽테토스는 자신이 했던 말을 다시 언급할 것이다. "우리 대부분은 육신이 마비된다고 하면 두려움에 사로잡혀 이를 피하기 위해 무슨 일이든 하려고 할 테지만, 영혼과 마음이 마비되는 데는 전혀 신경 쓰지 않는다." 마르쿠스는 일기를 쓰면서 이 문제를 묵상하고 궁극적으로 우리를 비참하게 만드는 일에 관여할 이유가 전혀 없다고 결론을 내렸을 것이다.

스토아 철학자 누구도 SNS의 해독제로 리얼리티 쇼를 삼키라고 제안하지는 않을 것이다. 대신 우리가 현재 가지고 있는 것이 없어질 수 있다는 상상을 하면서 감사하는 법을 배우라고 권할 것이다.

마르쿠스에게 이 장의 마무리를 맡기고 싶다. "가지지 못한 것을 가질 꿈에 빠져있지 말라. 현재 가지고 있는 가장 좋은 축복을 생각하라. 그리고 그 축복이 내 것이 아니었다면, 그것을 얼마나 갈망했을지를 생각하며 감사하라."

마지막 순간

"어느날 당신의 마지막 해피밀을 주문했지만,
그것이 마지막일 줄 당신은 알지 못했다."

– 맥도날드

그렇다. 이 맥도날드는 세네카가 살았던 고대 로마 시대의 사람이 아니다. 마지막이라는 주제에 관해 쓰려고 컴퓨터 앞에 앉았을 때 브라우저에 뜬 맥도날드 회사의 트위터 내용이다. 윌리엄 B. 어빈이 『좋은 삶을 위한 안내서』에서 설명한 "마지막"이라는 개념을 한 마디로 보여주는 문장이라고 생각했다.

우리가 하는 모든 일에는 마지막이 있다. 그렇다. 우리가 숨 쉬는 마지막 순간이 올 것이다. 그러나 이 훈련의 초점은 그게 아니다. 내가 미아 세라의 기저귀를 갈아준 마지막 순간이 있었고, 조나를 학교에 데려다 준 마지막 날이 있었고, 해나에게 이야기를 해주며 재워 준 마지막 날이 있었다. 내가 어머니를 본 마지막도 있었다. 그리고 물론 내가 맥도날드에서 맥플러리를 살 마지막 순간이 올 것이다.

마지막에 대해 부정적 시각화를 연습하면 무한한 시간 속에서 우리에게 주어진 시간은 유한하다는 사실을 깨닫고 감사하는 마음을 느끼게 된다. 우리 각자에게 주어진 시간의 유한성을 시각화하면 현재의 순간이 얼마나 귀한지 깨닫게 된다.

"살아갈 시간이 짧은 것이 아니라 우리가 시간을 낭비하는 것이다. 인생은 충분히 길다. 올바르게 잘 쓰면 최고의 성취를 거둘 수 있을 만큼의 충분한 시간이 우리에게 주어진다." 세네카의 저서 『인생의 짧음에 관하여』에서 발췌한 이 문장은 이 글의 주제를 잘 나타내며 핵심은 다음과 같다.

"무분별한 사치나 선하지 못한 행동으로 시간을 낭비하다가 피할 수 없는 죽음의 압박이 닥쳐서야 우리는 자신도 알지 못한 채 어느새 시간이 흘러갔다는 것을 깨닫는다. 시간은 그렇게 흐른다. 우리에게 주어진 삶은 짧지 않다. 우리가 삶을 짧게 만든 것이다. 우리는 부족하지 않은 시간을 받았다. 우리가 낭비한 것이다……. 제대로 쓰는 법을 안다면 인생은 길다."

나를 포함해 우리는 모두 현재에 충실하게 살지 않을 때가 많다. 우리가 과거나 미래의 일에 빠져 사는 동안, 시간은 그저 흘러간다. 위대한 프레디 머큐리의 말이 맞다. "시간은 아무도 기다려주지 않는다."

우리는 졸업식이나 장례식에 가면 인생의 짧음을 깨닫고 집에 오는 차 안에서 곰곰이 생각해 보지만 곧 잊어버린다. 지금 나는 추수감사절을 하루 앞둔 수요일 새벽 5시에 이 글을 쓰고 있다. 우리는 스키를 타러 베일로 며칠 여행을 떠난다. 2시간 후면 아이들이 일어나고 아내가 아침을 만들고 아이들이 추운 날씨에 제대로 옷을 챙겨 입지 않을까 봐 걱정할 것이다. 그리고 우리는 떠날 준비를 할 것이다.

나는 노트북을 치우고 내일 아침까지는 이 책에 대해 생각하지 않을 거다. 아이들과 함께 삶을 깊이 호흡하는 데 집중할 생각이다. 미아 세라가 귀여운 스키 부츠 신는 것을 도와주고, 해나에게 장갑을 챙기라고 말하고, 조나가 미아 세라에게 스키 가르치는 것을 보고 감탄하면서 지낼 생각이다.

오늘 내가 하는 일 가운데 어떤 일은 오늘이 마지막일 수 있다. 아이들은 자란다. 미아 세라가 스키 부츠 신는 것을 도와줄 필요 없을 때가 온다. 해나가 스키 장갑을 챙기고 다시 잃어버리지 않을지는 확신할 수 없지만, 어느 때가 오면 남편이 그 역할을 해 줄 것이다. 곧 미아 세라도 조나의 스키 강습이 필요하지 않을 것이고 이제 조나는 자기 아이들을 가르치게 될 것이다.

그렇다. 오늘 내가 마지막으로 하게 될 일이 있다. 나는 그것이 무엇인지 모르고 아마 나중에야 알아차릴 것이다. 그래서 이 순간에 온전히 존재하고 싶다. 장례식이나 졸업식까지 기다리지 말고 스스로에게 매일 이 사실을 일깨워야 한다.

윌리엄 B. 어빈은 『좋은 삶을 위한 안내서』에서 말한다. "세상 모든 일의 덧없음을 깊이 생각하면 우리가 무엇을 하든 매 순간이 그 일의 마지막이 될 수 있다는 사실을 깨달을 수밖에 없다.

이러한 깨달음 덕분에 전에 없었던 가치와 열정을 우리가 하는 일에 쏟아부을 수 있게 된다."

나는 종교를 별로 좋아하지 않지만(소련 탓이다), 종교는 매일 반복되는 일상의 의미를 잘 이해하고 있다. '마지막 순간' 시각화는 매일 반복하면 좋을 훈련이다(원한다면 기도의 형태로 해도 좋다). 매일 아침 당신이 오늘 마지막으로 하게 될 일이 있을 거라는 사실을 기억하라. 과거는 이미 지나갔고 미래는 언제나 미래에 존재하므로 우리가 가진 것은 현재뿐이다.

세네카는 이것을 아름답게 표현했다. "마치 인생의 마지막 날에 다다른 것처럼 마음을 준비하라. 아무것도 미루지 말라. 매일매일 인생의 장부를 결산하라. 날마다 자신의 삶을 마무리하는 사람은 결코 시간이 부족하지 않다." 동양의 세네카로 볼 수 있는 인물인 공자는 이미 500년 먼저 이렇게 말했다. "우리에게 두 개의 삶이 있다. 삶이 한 번뿐이라는 것을 깨닫는 순간 우리의 두 번째 삶이 시작된다."

리프레이밍

앞서 스토아 철학은 여러 가지 정신 모델이 서로 긴밀하게 연결되어 만들어진 사고의 도구라고 설명했던 것을 기억하는가? EJR 모델은 리프레이밍이라는 도구와 서로 연결되어 있다. 당신이 판단 단계에 있을 때 사건을 부정에서 긍정으로 바꾸어 바라볼 수 있는 기회가 생긴다. 에픽테토스는 리프레이밍을 이렇게 설명했다. "우리가 통제할 수 있는 것은 사건 자체가 아니라 사건에 대한 우리의 태도다. 사건 그 자체는 재앙이 될 수 없다."

2010년 나는 아내와 아이들, 고모와 함께 차로 큰 공원을 가로질러 가고 있었다. 내가 아내의 미니밴을 운전하고 있었는데 기름이 부족하다는 사실을 인지하지 못해서 어느새 기름은 바닥이 났고, 넓은 주립 공원 한가운데서 차가 멈춰 섰다.

순간 아내는 우리가 낯선 곳에 갇혔다는 사실에 화를 냈다. 평소의 나라면 마찬가지로 화를 냈을 것이다. 하지만 내 안의 부모님의 입장에서 생각해봤다. "아버지라면 어떻게 말하고 행동했을까?" 나는 얼굴에 미소를 띠고 가족들에게 말했다. "생각해 봐. 우리가 공원을 지날 때 아무 일도 일어나지 않는다면 A 지점에서 B 지점으로 이동한 일상적인 일에 불과했겠지. 하지만 이제 우리는 기억에 남을 만한 작은 모험을 하게 된 거야. 목숨이 위태로운 것도 아니고 모두 안전하니까, 일단 이 상황을 최대한 즐겨보자."

이 이야기에는 특별한 극적 요소나 고난은 없다. 간단하게 아버지에게 전화를 걸어 휘발유를 가져다 달라고 부탁해서 마무리되었다. 그동안 우리는 축구도 하고 아름다운 공원을 산책했다. 한 시간 후 아버지가 휘발유를 가지고 왔다.

아이들과 나는 이 작은 사고를 공원에서 기름이 떨어져서 재밌는 시간을 보낸 행복한 기억으로 분류했다. 아내는 내가 운전 전에 우리 차의 연료를 확인하지 않은 일로 분류했다.

스토아 철학 연습을 시작하기 전이었지만 차에 기름을 넣지 않은 것에 대해 나 자신이나 아내를 탓하지 않고 넘어갈 수 있었다. 일단 기름이 떨어지면 상황을 바꾸기 위해 우리가 할 수 있는 일은 딱히 없었다. 외부적 요소다. 내가 통제할 수 있는 것은 상황에 대한 나의 반응이었다. 나는 그 상황을 재앙이 아닌 모험으로 보기를 선택했다. 상황을 리프레이밍하는 것이다. 당시에는 몰랐지만 스토아 테스트를 치른 셈이고 나는 성공적으로 통과했다.

다시 흐름을 이어가면, 우리는 방금 EJR, 리프레이밍, 통제 이분법을 서로 연결했다.

사건은 기름이 떨어져 공원에 갇힌 것이었고, 판단은 상황을 리프레이밍하기로 선택한 것이었다. 그리고 리프레이밍된 반응은 사건을 공원에 갇힌 사고로 보지 않고 사랑하는 사람들과 공원에서 시간을 보낼 기회로 생각한 것이었다. 여기에 부정적 시각화를 추가해 볼 수도 있다! 날씨가 따뜻하고 화창하지 않았다면 추위에 덜덜 떨 수도 있었다.

아들 조나가 고등학교 졸업반 때 리프레이밍을 연습할 일이 있었다. 조나의 첫 차로 아내가 타던 혼다 오디세이 미니밴을 물려줄 생각이었다. 아내가 SUV를 새로 사고 조나는 엄마가 11년 탄 차를 쓰기로 했다. 나는 조나가 초보 운전자일 동안에는 튼튼한 철에 둘러싸여 다니길 원했기 때문에 매우 좋은 생각이라고 여겼다.

조나는 체리크릭 고등학교에 다녔는데, 덴버에 있는 〈90210〉* 스타일의 공립고등학교여서 대부분 부유한 집안 아이들이 다니고 있었다. 조나의 차는 화려한 독일제 차들 틈에 주차되어 있어야 했다.

조나는 차가 생기는 일 자체는 대박이었지만 친구들이 그 차를 어떻게 생각할지 염려하기 시작했다. 내 처방은 미니밴에 대

●   1990년대 미국 FOX 제작 청소년 드라마인 <베벌리힐즈 90210>으로 부유층 고등학생들의 생활을 그렸다.

한 태도를 바꾸는 것이었다. 그래서 조나에게 내가 가장 좋아하는 영화인 〈겟쇼티〉를 보여주었다. 모두들 기억하다시피 영화는 마이애미 마피아 칠리 파머 역을 맡은 존 트라볼타가 마피아에게 빚진 남자의 돈을 받으러 LA에 도착하는 장면으로 시작한다. 존 트라볼타는 자기가 마피아의 차, 캐딜락을 빌렸다고 생각했다. 하지만 공항에 도착해보니 비가 쏟아지고 남은 렌터카가 없었다. 남은 차는 딱 한 대, 미니밴뿐이다. 둘 중 하나를 선택해야 한다. 택시를 탈 것인가 아니면 미니밴을 빌릴 것인가. 트라볼타는 밴을 선택한다.

LA에 도착한 트라볼타는 영화 제작자가 돼야겠다고 결심한다. 근사한 마피아의 이미지로 자신을 부각했다. 트라볼타가 대니 드비토가 연기한 유명한 영화배우를 만나는 장면에서 배우는 트라볼타의 멋짐과 마피아라는 신비함에 매료된다. 드비토가 트라볼타와 차로 걸어가는 장면에서 카메라는 미니밴을 클로즈업한다. 드비토가 묻는다. "칠리, 이게 당신 차요?"

트라볼타는 아무렇지도 않게 한치의 당황함도 보이지 않았고 렌터카 회사에서 예약을 망친 것에 변명조차 하지 않는다. 그런 말은 전혀 없다. 그리고 말한다. "맞아. 당연하지. 나는 높은 데 앉아 내려다보면서 전부 확인하길 좋아하거든. 이 차는 미니밴계의 캐딜락이라고 할 수 있지."

이어서 "이것 봐" 하면서 리모콘을 누르자 뒷좌석 문이 열린다. 마치 갓 출시한 페라리 신형 모델을 보듯 드비토는 눈을 반짝이며 말한다. "내가 한 번 타봐도 괜찮겠나?" 빨리 감기를 눌

러서 영화의 마지막 몇 장면으로 가보자. 할리우드 스튜디오의 주차장은 미니밴으로 가득 차 있다.

내가 〈겟 쇼티〉, 특히 그 장면을 보여준 다음 조나의 태도가 바뀌었다(리프레이밍). 내가 학교에서 가장 근사한 차를 가진 사람처럼 행동하면 내 차는 가장 멋진 차가 되는 것이다.

조나는 학교에서 가장 인기 있는 아이 중에 하나였다. 키가 192cm에 잘 생겼고(저도 여느 아버지들만큼 객관적입니다), 항상 웃고 다니며, 도움이 필요한 사람을 보면 기꺼이 도와준다. 안 좋은 상황을 바꿀 수 있는 사람이 있다면 그건 바로 조나다. 조나는 차에 옥사나(뭔가 영화 〈보랏〉*과 관련된 이름이지만 묻기가 망설여진다)라고 이름을 붙이고 의기양양하게 타고 다니면서 미니밴계의 BMW라고 말했다.

문제가 리프레이밍되고 해결된 것이다!

몇 달 후 조나의 문제는 더 어려워져서 다시 한번 리프레이밍을 해야 했다. 고등학교 2학년이 되던 해 조나에게 여자 친구 문제가 있었는데 결국 실연의 상처로 막을 내렸다. 성적이 떨어지고 종합 평점도 엉망이었다.

친구들은 모두 자신들이 원하는 1지망이나 2지망으로 좋은 학교에 진학하고 있었다. 나는 조나가 아주 어렸을 때부터 함께 코미디 영화를 보러 가거나 한두 번씩 콜로라도 대학에 버팔로스의 경기를 보러 다녔다. 조나는 볼더 캠퍼스를 좋아했고 콜로라

●   Borat, 2006년 개봉한 풍자 코미디 영화.

도 대학 진학을 꿈꿨다.

그런데 이제 그 꿈이 깨진 것이다. 커뮤니티 칼리지에 가서 한두 학기를 다닌 후에 콜로라도 대학 볼더 캠퍼스에 편입해야 했다. 조나는 한동안 무척 속상해했지만, 문제를 리프레이밍 했다. 자신의 상황을 "볼더에 못 들어간 일"로 보지 않고 해외에서 공부할 수 있는 기회로 보기로 결정했다.

조나는 1년간 이스라엘로 떠났다. 아메리칸 유대인 대학교에서 수업을 들으면서 핀테크 스타트업에서 인턴으로 일하고, 여행도 다녔다. 아메리칸 유대인 대학에서는 만점 성적을 받았다.

지금 조나에게 물어보면 볼더에 입학하지 '못한' 것이 인생에서 최고의 일이었다고 말할 것이다.

교통 체증에 갇혔을 때 당신을 기다리고 있는 따뜻한 음식을 생각하면서 30분을 괴롭게 보낼지, 아니면 상황을 리프레이밍해서 밀린 팟캐스트를 듣거나 혼자만의 생각에 잠길 수 있는 절호의 기회로 여길지 선택할 수 있다.

에픽테토스의 말처럼, "우리의 마음이 상하는 것은 어떤 일 자체가 아니라 그 일에 대한 우리의 생각 때문이다." 생각은 전적으로 우리에게 달려있다는 사실을 기억해야 한다. 고통을 최소화하는 방식으로 우리가 리프레이밍 할 수 있다.

또한 당신에게 일어나는 일을 하나의 소설로 리프레이밍할 수 있다. 작가라면 갈등이 소설에 필수적인 요소라는 것을 잘 알고 있다. 나도 작가인 덕분에 글을 쓰지 않는 사람보다는 조금 유리한 면이 있다. 나는 항상 이야깃감을 찾는다. 글을 쓸 때 언제나 이야기를 찾으려고 고도로 집중한다. 모든 것이 계획대로 순조롭게 진행되면 이야기는 지루해진다.

처음으로 과속 딱지를 받고 조나는 눈에 띄게 화를 냈다. 이야기를 해 보니 자기가 번 돈으로 200달러를 내야 한다는 사실에 화가 난 것이 아니라 다른 이유 때문이라고 했다. "딱지를 아무 이야깃거리도 없이 지루하게 떼였어요. 재밌는 사건도 없고 별다른 할 얘기도 없었죠." 과속 딱지에서 아무 이야기가 없다는 것이 조금 안타깝지만 조나가 이야기를 찾고 있다는 사실은 뿌듯했다.

삶에서 일어나는 모든 사건은, 우리를 영웅으로 만들어 줄 또 하나의 기회다. 그리고 영웅이 되려면 영웅답게 행동해야 한다. 인생은 우리가 인생 이야기의 영웅이 될 수 있는 많은 기회를 펼쳐준다.

인생은 종종 계획대로 흘러가지 않을 것이다. 그렇지 않다면 삶은 지루할 것이다. 사건은 언제든 발생한다. 처음에는 나쁜 일로 받아들일 수도 있지만 나쁘다는 것은 우리가 선택하는 프레임일 뿐이며 대부분의 프레임을 바꿀 힘은 우리에게 있다는 사실을 기억하라.◆

세네카는 말했다. "선한 사람은 자신의 색으로 사건을 물들인다. 그래서 일어난 모든 일들은 자신에게 유익하게 바뀐다."

◆ 스토아 철학자들은 항상 이렇게 말했다. 개인적으로 나는 사랑하는 사람의 죽음을 리프레이밍하는 데는 어려움을 겪는다.

일시적 광기

하드리아누스는 마르쿠스보다 선대 로마 황제였다. 어느 날 화가 폭발한 하드리아누스는 가엾은 노예의 눈을 찔렀다. 제정신을 차리고 진정한 후에 자신이 보상할 수 있는 일이 있는지 노예에게 물었다. 노예는 "제가 원하는 것은 눈을 되찾는 것뿐입니다"라고 대답했다.

화는 하나의 감정일 뿐이지만 스토아 철학자들이 화를 특별하게 다룬 이유는 화로 인한 피해가 때로는 돌이킬 수 없을 만큼 크기 때문이다. 또한 마르쿠스는 이렇게 기록했다. "화의 결과가 얼마나 해로운지, 화를 일으킨 상황보다 더 비참하다."

화가 낳은 독을 타인에게 쏟아부으면 항상 후회가 뒤따른다. 우리는 자신이 해를 입었다고 느껴서 화를 낸다. 화는 좌절감을 전달하는 감정적 지름길이다. 하지만 자기 자신의 주인으로 사는 것이 당신의 목표라면, 화는 타인에게 당신의 왕국을 마음대로 통치하도록 권한을 내주는 것이기에 그 목표를 놓치기 가장 쉬운 방법이다.

세네카는 화를 "일시적 광기"라고 불렀다. 화가 나면 자신이 하는 말과 행동에 대한 통제력을 일시적으로 상실한다. 또한 명료하게 생각하는 능력도 잃어버린다. 사람들에게 상처를 준다. 때로는 사랑하는 사람들에게도. 나는 화가 난 상태의 나를 견디기 힘들다. 화를 내고 있으면 사기꾼에게 내 몸을 점령당한 기분이 든다.

또 다른 종류의 화도 있다. 때때로 우리는 원하는 결과를 얻을 편한 지름길로 사용하려고 일부러 화를 낸다. 예를 들어 예약을 망친 렌터카 직원에게 불만을 표출하기 위해 화를 이용한다. 업그레이드 서비스를 받을 심산으로 말이다. 세네카는 『화에 관하여』에서 이런 방식으로 화를 사용해서는 안 된다고 주장한다. "최선책은 화를 유발하는 첫 번째 미끼를 바로 거부하는 것이다. 이로써 화가 시작되지 못하게 막고 화에 휘둘리지 않도록 경계하는 것이다." 일단 분노에 휩싸이면 건전한 정신으로 되돌리기 어렵다. 마음에 격정을 허용하고 자유의지로 통치권을 내주면 이성은 아무 소용이 없어지기 때문이다. 그때부터 화는 당신이 허용한 범위에 머물지 않고 화가 원하는 대로 당신을 차지할 것이다.

다르게 표현하면 화는 궁극적으로는 당신이 통제할 수 없게 되는 사나운 짐승과 같다. 통제할 수 있다고 믿으면서 의도적으로 화를 도구로 사용할 때마다 당신은 조금씩 통제력을 잃어버리고 결국에는 맹수가 당신을 공격한다.

세네카는 덧붙였다. "화는 발 디딜 땅도, 견고하고 영원한 토대도 없이 솟아난다. 무모함이 진정한 용기와 거리가 멀 듯 화는 진정한 대범함과 거리가 먼 변덕스럽고 공허한 감정일 뿐이다. 화는 결코 어떤 위엄이나 아름다움을 가져다주지 못한다."

화는 단순한 부정적 감정이 아니라 스테로이드를 주입한 부정적 감정이다. 평범한 부정적인 감정이 파도라 치면 분노는 쓰나미의 위력을 떨친다. 스토아 철학자들은 그 차이를 파악하고 화를 별도로 다루었다. 책『화에 관하여』는 세네카가 분노만을 다룬 책이다.

분노가 닥쳤을 때 사건과 반응 사이에 판단할 수 있는 시간 여부에 따라 EJR이 도움이 될 수도 있고 그렇지 않을 수도 있다. 스스로 통제하고 판단을 내릴 시간이 있다면 화를 평범한 부정적 감정처럼 다룰 수 있다. 그리고 통제 이분법도 충분히 활용할 수 있다. 외부 세계는 통제할 수 없지만 자신의 반응은 통제할 수 있다.

세네카는 분노에 휩싸였을 때 최선의 방책은 아무것도 하지 않는 것이라고 믿었다. "화가 난 상태에서는 아무것도 하지 말아야 한다. 왜일까? 화를 내고 있을 때는 못 할 일이 없을 것처럼 느끼기 때문이다." 마르쿠스도 동의했다. "분노에 대한 최선의 대답은 침묵이다."

화에 관해 좋은 점이 하나 있는데 보통 화는 오래가지 않는 다는 것이다. 화가 날 때 시간을 벌기만 하면 된다. 수를 세거나, 다른 어떤 방법도 좋다.

25년 전이라면 이런 글을 쓸 필요도 없었을 것이다. 1990년 대는 화가 나면, 상대방에게 유선 전화를 걸어야 했고, 통화가 될 수도 되지 않을 수도 있었다. 어쨌든 시간이 걸렸으니 진정 할 시간을 충분히 확보할 수 있었다. 오늘날에는 누구나 주머니에 휴대전화가 있어서 몇 초 안에 관계를 파괴할 맹수를 보낼 수 있다.

화가 난 상태에서 이메일에 답장을 보내거나 온라인에 글을 올리면 경력과 평판을 망칠 수도 있다. 나는 화가 날 때는 이메 일, 문자, 전화, SNS에 답을 하지 않는 것을 원칙으로 삼고 있다.

분노의 정점을 벗어나면 마르쿠스의 조언이 도움이 된다. 마 르쿠스는 『명상록』에서 화를 다루는 여러 가지 전략을 제시한 다. 심리학자 도널드 로버트슨은 『로마 황제처럼 생각하는 법』 이라는 훌륭한 책에서 그 방법을 설명해 준다.

우리는 서로 돕도록 설계된 사회적 동물이다. 언제든 우리를 열 받게 하는 사람을 만날 수 있다는 사실을 받아들여야 한다. 그 런 사람들이 없다면 삶은 지루할 것이다. 그리고 그런 상호작용 을 '스토아적 테스트'로 바라보아야 한다. 내 가치관 중 하나인 세상을 처음보다 더 나은 곳으로 만들자는 다짐을 스스로 되새 긴다. 내가 그다지 좋아하거나 동의하지 않는 사람에게 분노로 대응하는 것은 전혀 도움이 되지 않는다.

한 사람의 성격을 전인적으로 생각해 보라. 당신을 불쾌하게 만든 사람이 저녁을 먹고, 운전하고, 잠을 자는 등 일상을 사는 모습을 상상해 보라. 누군가를 전인적으로 바라보면 그 사람에게 화를 내기 어려워진다. 특히 당신이 잘 알고 있거나 가깝게 지내는 사람이라면 함께 보냈던 좋은 순간들을 떠올려 보라.

아무도 고의로 잘못을 저지르지 않는다. 마르쿠스는 "타인의 행동을 간단한 이분법적 관점으로 바라보아야 한다. 그들이 옳은 일을 하고 있는지 아니면 잘못된 일을 하고 있는지. 만약 옳은 일을 하고 있다면 그것을 인정하고 짜증을 멈추어야 한다. 화를 내려놓고 상대방에게 배워야 한다. 상대방이 잘못된 일을 하고 있다면 더 나은 것을 모르기 때문이라고 헤아려야 한다"고 말했다.

마르쿠스는 누군가 당신에게 잘못했다면 먼저 그 사람이 옳고 그름에 관한 근본적인 생각이 있는지 고려해야 한다고 말했다. 상대방의 생각을 제대로 이해하게 되면 상대방의 행동에 놀랄 이유가 없으며 자연스럽게 분노의 감정도 사그라든다.

당신이나 그 누구도 완벽한 사람은 없다. 스스로 얼마나 잘못할 때가 많은지 상기하라. 운전 중에 누군가 끼어들면 선택한 무기(가운뎃손가락)를 꺼내기 전에 나 역시 운전하다 잘못한 적이 많다는 사실을 기억한다. 상대방에게 화를 표현하려면 다른 사람에게 똑같은 잘못을 저지른 나 자신에게 먼저 화를 내는 것이 마땅하다.

타인이 완벽하기를 기대하는 것은 정신 나간 생각이다. 정말 인생을 사는 동안 완벽한 행복 속에서 완벽한 사람들만 만나길 기대하는가? 인생은 예측할 수 없다. 좋은 사람의 어려운 날에 그 사람을 만날 수도 있고, 나쁜 사람의 평범한 날에 그 사람을 만날 수 있다는 사실에 놀라지 말아야 한다. 그것이 인생이다. 우리는 이런 일에 대비해야 한다. 마르쿠스는 살면서 화가 날 상황에서 온유와 친절을 발휘할 수 있는 사람은 분노를 표출하는 사람보다 더 강하고 용감하다고 생각했다.

우리는 다른 사람의 동기를 확실히 알 수 없다. 사람들이 악하지 않다는 가정에서 출발하라. 분노는 타인의 동기에 대해 부당하다는 확신에서 시작된다. 도널드 로버트슨은 이것이 인지치료에서 말하는 마음 읽기의 오류, 즉 항상 타인의 동기 가운데 불분명한 부분이 있는데도 성급하게 결론을 내리는 것이라고 설명한다. 우리는 항상 상대방의 의도에 잘못된 점이 없다는 가능성을 열어두어야 한다. 타인의 행동에 대한 합리적인 해석이 존재한다는 것을 생각하라. 열린 마음을 유지하면 분노의 감정을 줄이는 데 도움이 될 수 있다.

아내는 장녀로 자랐다. 여동생과 남동생이 각각 한 명씩 있다. 장인어른은 항상 아들을 원했지만 첫째 둘째 모두 훌륭한 딸이었고 그런 다음 막내로 아들을 얻고 어린 왕자님처럼 대우했다. 아내는 항상 남동생에 대한 미묘한 질투심을 품었고 아버지 때문에 남동생이 버릇없이 자랐다고 생각했다.

10년 전쯤, 우리 집을 새로 페인트칠 해야 해서 처가 식구들 휴가 시기에 처갓집에 가서 지냈다. 아내와 나는 장인 내외의 침실을 썼다. 첫날 방에 들어갔더니 아내는 화가 나서 거의 울기 직전의 상태로 침대에 앉아있었다. "무슨 일 있어?" 나는 물었다. 아내가 대답했다. "창턱에 있는 이 그림 보여? 동생이 여덟 살 때 그린 그림이야. 잘 그리지도 못한 그림이지. 내가 훨씬 더 잘 그린 그림이 많았는데도 내 그림은 여기에 하나도 없어." 나는 아내에게 부모님이 아내를 매우 사랑한다고 말했다. 어떻게 그렇지 않을 수 있겠는가? 나는 그림을 가까이 있는 서랍장에 올려 놓았다.

몇 시간 후에 우리는 잠이 들었다. 나는 얼굴에 빛이 느껴져서 잠이 깼다. 그리고 알게 되었다. 밖이 어두워지고 가로등이 켜지면서 창문으로 빛이 들어오고 있었다. 처남의 그림이 창턱에서 들어오는 가로등의 빛을 가려주고 있던 것이었다. 나는 처가 식구들이 그 그림이 무슨 그림인지, 누가 그렸는지 전혀 관심이 없고 그저 빛을 가릴 만한 물건이 필요했을 뿐이라고 생각한다. 아내에게 내가 받은 계시를 말하고 우리는 크게 웃었다.

함부로 최악을 가정하지 말라.

기억하라. 우리는 모두 죽는다. 당신도 죽고 당신이 화를 내는 상대방도 결국 죽는다는 것을 기억하라. 이렇게 생각하면 당신의 분노가 일시적이고 덧없다는 사실을 올바로 볼 수 있게 된다.

우리를 화나게 하는 것은 우리 자신의 판단이다. 여기서 다시 에픽테토스의 통제 이분법을 살펴보자. 마르쿠스는 "외부의 일로 괴로워한다면, 고통은 그 일 자체가 아니라 그에 대한 당신의 판단에서 비롯되며, 당신에게는 언제든지 그 판단을 철회할 힘은 있다"라고 말했다.

화는 얻는 것보다 잃는 것이 많다. 부처는 "화에 연연하는 것은 다른 사람에게 던지려던 뜨거운 숯을 부여잡고 있는 것과 같다. 화상을 입는 쪽은 당신 자신이다"라고 말했다. 마르쿠스는 당신이 허용하지 않는 한 타인의 악은 당신의 인격에 침입할 수 없다는 것을 기억하라고 말한다. 아이러니하게도 화의 가장 큰 피해자는 화를 멈출 힘이 있는데도 화를 내는 사람이다.

자연은 우리에게 분노를 다룰 수 있는 미덕을 주었다. 내가 가장 좋아하는 덕목이다. 누군가 내 기분을 상하게 하는 이메일을 보냈을 때 일단 내 안에서 분노을 가라앉힌 후에 친절하고 공손하게 상대를 대하면 상대도 나도 무장해제가 된다. 특별히 친절하게 대하는 사람을 향해 화를 내기란 매우 어렵다. 나는 이런 순간을 스토아적 테스트라고 한다. 그리고 친절함으로 상대방과 내가 모두 변화되는 경험은 정말 놀라운 일이다.

워런 버핏의 말을 명심하자. "당신에게는 언제든지 상대방에게 지옥에나 떨어지라고 말할 기회가 있다."

날마다 새로운
오늘

우리는 시간을 엉망으로 쓴다. 시간에 대해 말하면 우리는 일단 넷플릭스나 페이스북부터 탓하고 본다. 나도 충분히 이해할 수 있긴 하지만, 동의하지는 않는다.

세네카는 거의 2,000년 전에 살았던 사람이다. 그때는 친구들의 사진을 인스타그램이 아닌 돌에 새겼다. 훗날 넷플릭스에 드라마로 나올 역사가 로마 콜로세움에서 실시간으로 쓰이고 있었다. 하지만 그 시대에도 세네카는 『도덕에 관한 서한』의 첫 편지에서 이렇게 썼다. "인생의 가장 큰 부분은 우리가 나쁜 일을 하는 동안 지나가고, 좋은 부분은 우리가 아무것도 하지 않는 동안 지나가네. 그리고 우리가 목적에 맞지 않는 일을 하는 동안 인생 전부가 지나간다네."

그 시대에도 세네카는 사람들이 시간을 낭비하는 것에 대해 매우 언짢아했다.

"그대는 시간에 가치를 두는 사람, 하루의 가치를 헤아리는 사람, 날마다 죽어가고 있다는 사실을 알고 있는 사람을 내게 보여줄 수 있겠는가? 우리가 죽음을 앞두고 있다는 생각은 착각일세. 죽음의 상당 부분은 이미 지나갔지. 우리 뒤로 지나온 시간이 몇 년이든 모두 죽음의 손으로 들어갔다네."

세네카의 충고를 보자. "매시간을 붙잡아라. 오늘의 의무에 집중하라. 그러면 내일의 일에 크게 의존할 필요가 없다. 우리가 미루고 있는 동안 인생은 빠르게 흘러간다."

페이스북에서 고양이 동영상에 시간을 낭비할 때 이 말을 생각해 보라.

"시간 말고 우리 것은 아무것도 없다. 자연은 우리에게 단 한 가지에 대한 소유권을 맡겼다. 너무 덧없고 빨라서 누구든지 우리에게서 그 권한을 빼앗을 수 있다."

세네카 역시 시간 관리에 어려움을 겪었다고 인정한다. "내가 아무것도 낭비하지 않는다고 당당히 말할 수 없다. 그러나 적어도 내가 무엇을 낭비했는지, 왜 어떻게 잃어버렸는지는 말할 수 있다."

그리고 이 부분이 내가 아이들에게 꼭 읽어주고 싶은 세네카의 말이다. "그러므로 그대에게 꼭 말해주고 싶네. 진정한 그대의 것을 지키게나. 언제 시작하더라도 결코 이른 것이 아니니."

세네카의 글을 읽고 나면 우리의 타고난 권리이자 가장 중

요하고 대체불가한 선물인 시간에 대한 권한을 되찾고 싶어진
다. 하지만 어떻게 찾을 수 있을까? 세네카에게 실용적인 해결
방법을 빌려 올 수 있다. "하루마다 새로운 인생을 산다고 생각
하라."

매일 새로운 인생을 산다니, 정말 놀라운 생각이다. 일출로
시작해서 일몰로 끝나는 인생. 하루는 완벽하고 의미 있는 측정
단위이다. 하루는 내가 볼 수 있고 평가할 수 있다. 하루를 완벽
하게 보낸다면 그 하루들이 모여 완벽한 인생을 이룰 것이다.

해마다 1월이면 우리는 대부분 새해 결심을 정한다. 의식적
으로 생각하지는 않지만, 사실 우리는 해마다 세네카의 조언대
로 일 년을 새로운 인생으로 여기는 셈이다. 다만 일 년은 긴 시
간이어서 3월이 되면 새해 결심을 잊어버려서 탈이지만.

하루마다 새로운 인생을 산다고 생각하면 많은 장점이 있다.
하루마다 피드백을 하면서 조금씩 과정을 수정할 수 있다. 결
과보다 과정에 집중할 수 있게 된다. 체중을 감량하고 싶다면
15kg 줄이기를 새해 목표로 정하지 말고 하루 단위의 칼로리 섭
취량이나 운동 시간 등을 목표를 정하는 것이다(일주일에 몇 번
운동하기가 더 좋다면 그것도 괜찮다). 이 땅에서 살날이 얼마나 더
주어질지 아무도 알지 못한다. 하지만 햇수보다는 일수가 많다
는 것은 확실하다.

완벽한 하루란 출근길 신호등이 모두 녹색으로 바뀐다든지,
렌터카 회사가 내가 신청한 차를 딱 맞춰 준다든지, 날씨가 좋
다든지, 만나는 사람들이 모두 내 뜻을 따라 준다든지에 달려

있지 않다. 에픽테토스는 훌륭한 지침을 알려주었다. "상황이 원하는 대로 될 거라고 기대하지 말라. 무슨 일이 일어나든 기꺼이 받아들이라. 이것이 평안에 이르는 길이다."

이 말은 우리에게 오늘이 마지막인 것처럼 살 수 있는 기회를 준다. 오늘이 당신의 마지막 날이라고 상상해 보라. 무엇에 주의를 더 기울이고 무엇에 주의를 덜 기울이겠는가?

목표는 우리가 하는 일을 바꾸는 것이 아니라 일을 하는 우리 마음을 바꾸는 것이다. 얼마든지 내일을 생각하거나 계획할 수 있다. 하지만 내일을 생각하면서 오늘에 감사하는 것을 잊지 말아야 한다.

해가 질 때 나는 그 하루를 평가해 본다.

의미 있는 문제에 현명하게 시간을 썼는가? 가족이나 친구들과 있을 때 나는 온전히 집중하며 함께했는가? 나는 친절했나? 세상이 나로 인해 좀 더 나아졌는가? 나는 인생이 내준 스토아 테스트를 통과했는가? 바쁜 일과 속에서 고요함을 얼마나 연습했나? 좋은 습관을 쌓는 데 방해되는 일은 무엇인가? 새로 생긴 나쁜 습관이 있나?

그래서 나는 매일 일기를 쓴다. 우리는 매일의 끝에 그날 하루를 돌아볼 수 있다.

세네카는 다음과 같이 썼다. "불이 꺼지고 아내가 침묵에 잠기면 이제 나의 습관으로 돌아가 오늘 하루를 돌아보고 내가 했던 말과 행동을 되짚어 본다."

세네카는 이 시간을 하루의 인생을 되돌아보는 시간으로 썼다. 만약 실수를 저질렀다면 실수를 저지른 자신을 용서하고 스스로에게 올바른 행동을 일깨운다. "나는 나 자신에게 아무것도 숨기거나 모른 척 하지 않는다. '더 이상 이런 행동을 하지 말라. 지금 너를 용서하노라'라고 말할 수 있다면 실수를 두려워할 이유가 없다."

하루를 되돌아 봄으로써 실수로부터 배우고 바로잡을 수 있다. 예를 들어, 오늘 친구와 한 시간 동안 정치에 대해 논쟁을 벌였다. 다시 생각해 보면 그 시간을 완전히 허비했고 결코 되돌릴 수 없는 시간이 되었다. 우리 둘다 상대방의 생각을 바꾸지 못했다. 오히려 서로에게 좀 짜증만 나고 말았다. 다음에 정치 이야기가 다시 나오면 친구가 생각을 말할 수 있도록 반박하지 말고 대화가 좀 더 건설적으로 이어지길 바라야겠다. 만약 그렇게 되지 않으면 나는 정치 이야기는 하지 않는다고 친구에게 말해야겠다.

매일 일기 쓰기는 아침이든 저녁이든, 혹은 둘 다 쓰든 인생을 바꿔주는 습관이 될 수 있다. 나아가 일기는 하루의 기록이자 인생의 기록이 되고 자기 성찰과 자기 점검의 장이 된다. 장담컨대 상담사보다 훨씬 저렴하며 자기 자신에게 정직할 수 있는 안전한 공간이다.

명상과 마찬가지로 일기는 잠재의식 속에 맴도는 생각을 파악하고 정리하는 데 도움이 된다. 그리고 좋은 점이 하나 더 있다. 잠자리에 들기 전에 일기를 쓰면 좀 더 숙면을 취할 수 있다.

일기를 쓴 스토아 철학자는 세네카뿐만은 아니었다. 마르쿠스에 관해 알려진 대부분은 모두 마르쿠스가 자기 자신에게 쓴 개인적인 일기인 『명상록』에서 나왔다. 황제는 매우 위험한 직업이었기에 일기는 마르쿠스가 자신과 대화를 나눌 수 있는 안전한 장소였다.

그럼 얼마나 써야 할까? 쓸 수 있는 만큼 최선을 다하라. 힘들다면 한 문장만으로도 충분할 수 있다. 모든 새로운 습관을 기를 때와 마찬가지로 양이나 질보다 일관성이 더 중요하다.

일기를 통해 시간 여행을 할 수도 있다. 펜 앤 텔러●의 펜 질렛은 서른 살에 일기를 쓰기 시작했지만 이미 늦은 나이라고 생각했다. 매일 나누었던 중요한 대화를 기록하고 자신이 본 영화와 읽은 책의 감상을 기록했다. 그날 있었던 일들도 적었다. 무엇보다 중요한 것은 1년, 10년, 20년 전 그날의 기록을 다시 볼 수 있다는 점이다.

소크라테스가 말했듯이 "성찰하지 않는 인생은 살 가치가 없다."

● Penn and Teller. 미국 마술사 콤비인 펜 질렛Penn Jillette과 레이먼드 텔러Raymond Teller.

타인의
생각

　우리는 사회적 동물이며 다른 사람들이 우리를 어떻게 생각하는지 신경 쓰도록 설계되었다. 마르쿠스는 이점을 곤혹스러워했다. "항상 놀라지 않을 수 없다. 우리는 모두 타인보다 자신을 사랑하면서도 자신의 의견보다 타인의 의견을 더 중요하게 여긴다."

　에픽테토스는 이렇게 썼다. "타인의 찬사에 의존하지 말라. 거기에는 힘이 없다. 자신의 가치는 외부에서 오지 않는다. 인간관계에서도 오지 않으며 다른 사람의 평가에서도 오지 않는다. 당신을 사랑하는 사람들조차도 당신의 생각에 동의하지 않고, 당신을 이해하지 못하고, 당신의 열정에 공감하지 않을 수 있다는 것이 바로 삶의 현실이다. 철 좀 들어라! 다른 사람이 당신에 대해 어떻게 생각하든 무슨 상관인가!"

노벨상 수상자인 물리학자 리처드 파인만은 이렇게 말했다. "당신은 타인이 기대하는 성과에 맞춰 살아야 할 의무가 없다. 나는 타인이 기대하는 존재가 되어야 할 의무가 없다. 그것은 다른 사람들의 착각이지, 나의 실패가 아니다."

이런 이야기는 다시 통제 이분법으로 귀결된다. 우리는 다른 사람이 우리에 대해 어떻게 생각하는지 통제할 수 없다. 그러므로 타인의 의견에 너무 큰 무게를 두면 수시로 변하는 타인의 이상을 만족시키기 위해 늘 애쓰게 된다. 결국 깊은 실망과 고뇌만 얻을 뿐이다. 우리는 스스로 정한 가치에 따라 살고 그 가치에 따라 자신을 판단해야 한다.

오마하의 현인이자 항상 내게 새로운 배울 점을 주는 워런 버핏도 네브라스카 출신 스토아주의자이다. 버핏도 통제 이분법에 대한 에픽테토스의 생각에 동의한다. "사람들의 행동 방식에서 가장 큰 문제는 내면의 성과표가 아닌 외부의 성과표에 따라 사는 것이다. 내면의 성과표에 만족하는 삶을 살아야 한다."

네브라스카의 스토아주의자는 여기서 그치지 않고 한 단계 더 끌어올린다. "모두 사람에게 최악의 연인이라 평가받지만, 세상에서 가장 위대한 연인이 되고 싶은가? 아니면 모두에게 최고의 연인으로 평가받지만, 최악의 연인이 되겠는가?"

마르쿠스의 명쾌한 답을 들어보자. "누군가 나를 경멸한다면 그건 그 사람의 문제다. 나는 오직 경멸받을 만한 말이나 행동을 하지 않는 데만 집중한다."

모욕

인생의 길을 걷다 보면 아주 치명적인 선물을 들고 있는 사람과 종종 마주친다. 바로 모욕이다. 모욕은 우리를 기분 상하게 하는 방식으로 표현된 타인의 생각일 뿐이다.

우리가 잘 알다시피 모욕은 분노를 포함해 여러 가지 부정적 감정을 유발할 수 있다. 우리가 판단 단계에 이르기 전에 사건 단계에서 모욕을 피할 수 있다면 부정적 감정을 줄일 수 있을 것이다.

이 부분에 대해서 스토아 철학자들도 많은 가르침을 남겼다.

그 중심에는 통제 이분법이 있다. 에픽테토스는 "누군가 당신의 육신을 통제하여 노예로 만들려 한다면 당신은 자유를 위해 투쟁할 것이다. 그런데 당신을 모욕하는 사람에게는 어째서 그렇게 쉽게 마음을 내어준단 말인가. 그들의 말이 당신의 생각을 지배하게 내버려두면 그를 주인으로 삼는 것이다."

우리는 다른 사람의 생각이나 말을 통제할 수 없다. 다른 사람이 주는 모욕은 우리가 통제할 수 없는 외부에 속해 있다. 마르쿠스는 "당신은 외부의 사건이 아닌 당신의 마음을 다스릴 힘을 가지고 있다. 이 사실을 깨달으면 그 힘도 발견할 수 있을 것이다"라고 말했다.

모욕은 우리가 의미를 부여하는 말에 지나지 않는다. 우리에게는 스토아주의적 사고로 해석할 자유가 있다. 에픽테토스는 이렇게 설명한다. "당신을 모욕하는 것은 당신을 조롱하거나 때리는 사람이 아니라 그런 것들에 모욕당했다고 여기는 당신의 생각이다. 누군가 당신을 화나게 할 때마다 화는 당신의 생각에서 비롯된다는 것을 기억하라. 그러므로 보이는 것에 휘둘리지 않도록 노력하라. 잠시 멈추어 시간을 가지면 스스로를 통제하기 쉬워진다."

나는 글을 쓰고 수십만 명이 내 글을 읽는다. 나는 수많은 비판과 모욕을 받는다. 만약 내가 모욕에 굴복한다면 오래전에 글쓰기를 그만두었을 것이다.

우리는 모욕과 비판의 출처에 대해 생각해 보아야 한다. 당신이 조언을 구하지 않을 만한 사람에게서 온 비판은 받아들이지 말자. 또는 에픽테토스가 한 말을 기억하자. "그들이 현명한 사람들이라면 다투지 말라. 어리석은 사람들이라면 그냥 무시하라."

내가 덧붙이자면 그들이 완전히 바보는 아닐지라도 그 주제에 대해서만큼은 정통하지 않을 수도 있다. 다른 예도 있다. 아내는 평생 스키를 타보지 않았고 스키 강습을 받은 적도 없다. 하지만 아이들의 스키 동영상을 볼 때면 스키에 대한 조언을 아끼지 않는다. 나는 웃음이 나기도 한다.

스토아 철학자들은 자기 비하적 유머를 사용해서 모욕에 대처하라고 권한다. 세네카는 "스스로를 비웃는 사람은 웃음거리가 될 수 없다"라고 했다. 에픽테토스도 "누군가 당신에 대해 나쁘게 말하면 그 말에 맞서 자신을 변호하지 말라. 오히려 '자네가 나의 다른 나쁜 점은 잘 모르는 모양일세. 알았더라면 그 얘기도 했을 텐데'라고 말하라"라고 했다.

세네카는 유머 감각이 부족하다면 모욕을 무시하라고 권한다. "모욕을 주려는 사람에게서 모욕의 즐거움을 빼앗는 것이 일종의 복수이다. 그는 결국 이렇게 말하게 될 것이다. '아, 이런! 내 말을 못 알아들었군.'" 핵심은 다음과 같다. "그러므로 모욕의 성공 여부는 듣는 사람이 얼마나 민감하고 분을 내느냐에 달려있다." 모욕을 준 사람을 무시함으로써 그 사람의 가치를 떨어뜨리고 그 자체가 상대에게 더 큰 모욕이 된다. 합기도 고수의 대응법과 같다.

마르쿠스는 모욕을 당할 때 가장 명심해야 할 내용을 이렇게 요약했다. "최고의 복수는 당신의 적과 같은 사람이 되지 않는 것이다."

베타 버전

소프트웨어 개발자들에게는 '베타 버전'이라는 개념이 있다. 출시 준비가 거의 완료되었지만 아직 확인하고 수정해야 할 버그가 남아있는 단계의 소프트웨어 프로그램을 말한다. 내가 나를 바라보는 관점이 이러하다. 나는 언제나 베타 버전에 있다.

베타 버전의 태도로 살면 스스로 개선하고 배우고 성장할 기회에 마음을 열어두기 때문에 자유로울 수 있다. 그렇다고 해서 자기계발서에 파묻혀 살아야 한다는 뜻은 아니다. 단지 베타 버전, 즉 인생 학교의 영원한 학생의 태도를 갖추면 된다.

우리가 배울 수 있는 것은 책뿐만이 아니다. "살면서 만나는 모든 사람에게는 어떤 면에서든 나보다 뛰어난 부분이 있다. 나는 항상 그들에게 배운다"라는 랄프 왈도 에머슨의 말처럼 친구와 지인, 그리고 아직 만난 적이 없는 사람에게도 배울 수 있다.

몇 가지 예를 들어 보겠다. 알렉스 형과 텍사스주 댈러스에서 하루를 머물며 존 몰딘과 4시간 동안 즐겁게 시간을 보낼 기회가 있었다. 존은 경제학자이자 사상가이며 뛰어난 작가이기도 하다. 십여 권의 책을 썼고 수백만 명에게 널리 읽히는 뉴스레터를 집필했다. 대부분의 금융 서적 작가와 달리 존의 글은 매우 따뜻해서 마치 독자에게 쓴 편지처럼 느껴진다. 지루할 틈이 없고 자신이 사는 모습을 즐겁게 나눈다.

존에게 깊은 인상을 받고 배운 2가지가 있다. 첫째, 그의 진정성이다. 당신이 글을 읽고 호감을 느낀 존은 진짜 존 그대로의 모습이다. 그렇다. 실제 존이 작가 존보다는 조금 덜 세련된 면이 있긴 하지만 다른 작가들도 그렇다. 실제로 만나면 텍사스 억양으로 느릿느릿 말하는데 인쇄물에서는 말투가 사라진다! 수년간 매주 글을 쓰면서 진짜 자신의 모습을 속이고 글을 쓰기란 불가능하다. 존은 복잡하고 지루할 수 있는 경제 개념을 독자가 공감할 만한 이야기로 풀어낸다. 존은 글을 지속적인 독자와의 대화로 생각하고 쓰기 때문에 오랫동안 그의 글을 읽은 사람은 존을 잘 알고 있다고 느낀다. 존은 작가로서 나에게 지대한 영향을 미쳤다.

댈러스에서 만난 존에게서, 나는 모두에게 언제나 친절해야 한다는 것도 배웠다.

존은 만나는 사람마다 상대방을 세상에서 가장 중요한 사람으로 대한다. 존과 함께 있는 동안 나도 매우 특별한 존재가 된 기분이 들었다. 이것이 존의 기본적인 태도라는 것을 알게 되었다. 우리는 댈러스 시내에 있는 존의 집에서 만나서 얘기하다가 근처 호텔 바에서 3시간 정도 대화를 이어갔다.

존은 바에 들어가면서 마주치는 모든 사람에게 웃으며 따뜻하게 인사를 건넸다. 종업원에게 말할 때도 마치 평생 알고 지낸 사람처럼 대했다. 그 대화에 자신의 100%를 집중했다.

내 행동과 비교해 보면, 나는 종업원에게 말할 때 생각이 다른 곳에 가 있다. 종업원 얼굴을 쳐다보지만 실제로는 그 사람을 보고 있지 않다. 방금 대화를 나눈 종업원에 대해 설명하지 못한 적도 몇 번 있었다. 반면, 존은 대화하는 순간에 상대방에게 완전히 집중하며 상대방도 그것을 느낄 수 있다. 나는 사람들과 대화할 때 스스로 묻는다. "존이라면 어떻게 할까?"

식당에서 종업원을 대하는 태도를 보면 그 사람에 대해 많은 것을 알 수 있다. IMA에서 채용 면접을 볼 때 가끔 점심 식사를 같이 하면서 종업원에게 메뉴를 틀리게 가져다 달라고 부탁한다. 이때 면접자들의 반응을 주의 깊게 관찰한다. 종업원을 하대하는 사람은 부하직원도 같은 방식으로 대할 것이다.

19살인 아들 조나는 몇 년 동안 덴버에 있는 호화 골프장 체리힐 컨트리클럽에서 캐디로 일했다. 그때의 경험에 대해 조나는 이렇게 말한다. "누군가의 하인으로 일하는 건 제가 하고 싶은 일은 아니에요. 하지만 다양한 사람들을 대하는 방법을 배웠고 그건 앞으로 제 인생에서 중요한 자질이 될 것 같아요. 흥미로운 사람을 만날 때도 있고 술에 취한 멍청이를 상대하는 법을 배울 때도 꽤 자주 있었죠. 매번 코스를 돌 때마다 어떤 사람을 만나게 될까 기대가 되었어요. 재미있는 사람을 만나면 그 사람에게 좋은 점을 배울 수 있어요. 술주정뱅이를 만나면 그런 사람을 어떻게 다룰지 배우는 기회가 되죠. 이런 입장이 되어 보니 나도 다른 사람에게 해야 할 것과 하지 말아야 할 것을 배우게 됐죠. 특히 사회적 지위가 낮은 사람을 대할 때요." 나 또한 아들에게 많은 것을 배운다.

세네카는 이렇게 썼다. "사람이 있는 곳이면 어디든 친절을 베풀 기회가 있다."

또 소개하고 싶은 작가는 매일 내가 읽는 기술 관련 뉴스레터이며 이름도 재미있는 〈스트레텍처리〉의 창업자 벤 톰슨이다. 나는 자기 자신에게 가장 혹독한 비평가가 되는 법을 벤에게서 배웠다. 매일 글을 쓰다 보면 수많은 생각과 분석을 쏟아내게 된다. 우리가 항상 옳을 수만은 없다. 벤은 지속적으로 과거 자신이 했던 분석을 되짚으며 실수를 신랄하게 지적한다. 나는 과거에 썼던 글이나 생각에서 과오를 발견할 때마다 스스로에게 묻는다. "벤이라면 어떻게 할까?"

유라시아 그룹 정치 리스크 연구 및 컨설팅 회사를 운영하는 이언 브레머에게도 2가지를 배웠다.

첫째, 이언은 자신에게 동의하지 않는 사람을 열심히 찾아서 그들에게 배운다. 둘째, 그는 모든 문제에 선입견 없이 접근하는 능력이 있다. 나는 정치적 문제를 분석할 때 내 안의 편견을 발견하면 스스로에게 묻는다. "이언이라면 어떤 식으로 접근

할까?"

당신은 당신의 가장 친한 친구 5명의 평균이다. 주변 사람들이 그들의 수준으로 당신을 끌어올릴 수도 있고 끌어내릴 수도 있다. 세네카가 경고하기를 악덕은 전염성이 있다고 했다. 악덕은 눈에 띄지 않으면서 주변 사람에게로 빠르게 번진다. 나는 항상 친구 관계에 주의를 기울여왔고 다행히 주변에 나를 더 나은 사람으로 끌어 올려주는 친구들이 많다.

언제든지 친구들에게 배울 점이 있다. 내 친구들은 저마다 본받고 싶은 자질을 가지고 있다.

대런과 맷은 둘 다 편견이 없고 놀랄 만큼 긍정적인 친구들이다. 나는 대런을 '덴버의 모세', 맷을 '시애틀의 예수'라고 부른다. 두 친구는 다른 사람에 대해 부정적으로 얘기하는 법이 없다. 오히려 다른 사람의 부정적인 자질을 설명할 때도 최대한 나름의 중립적인 단어를 찾으려 한다. 이런 긍정적인 자질이 성격에 배어있다. 마르쿠스가 말했듯이 "당신의 영혼에는 당신 생각의 색깔이 드러난다." 타인에 대한 부정적인 생각이 떠오를 때 스스로 묻는다. "대런과 맷이라면 어떻게 할까?"

배리는 언제나 침착하게 논리적으로 아이들을 대한다. 크리스는 지속적으로 자기 계발에 힘쓴다. 대니얼과 제프가 아이들과 있는 동안에는 바깥 세계가 존재하지 않는다. 이던은 자신의 감정을 완벽하게 통제한다. 앨런은 도움이 필요한 사람에게 깊은 관심을 보인다. 한번은 텔아비브에 있는 식당에서 함께 저녁을 먹고 음식이 조금 남았다. 앨런은 포장용 봉투를 달라고 한 뒤 남은 음식을 포장했고, 호텔로 걸어가는 길에 이 빵이 필요한 노숙자를 발견했다. 친구들의 이야기를 계속할 수 있지만 당신도 아마 핵심을 파악했을 것이다. 우리는 친구로부터 많은 것을 배우기 때문에 친구를 신중하게 선택해야 하고, 무엇을 배울 수 있을지에 주목해야 한다.

또한 친구나 다른 사람들을 보면서 하지 말아야 할 행동이 무엇인지도 배울 수 있다. 내가 사상가로서는 매우 존경하는 사람이 있다. 하지만 그에게는 다른 면도 있다. 사람들이 자기에게 동의하지 않거나 자기를 부당하게 대했다고 느끼면 상대방을 공개적으로 들춰내서 가루가 될 때까지 짓밟아 놓는다. 한편으로는 경이로운 지혜를 알려주지만 다른 한편으로는 하지 말아야 할 행동이 무엇인지 가르쳐 준다. 워런 버핏의 충고를 기억하면 좋을 것 같다. "칭찬은 공개적으로, 비판은 부문별로 하라."

물론 나에게 가장 중요한 스승은 아버지다. 이 책 곳곳의 다양한 이야기에서 아버지의 지혜가 보일 것이다. 정말 어려운 상황에 놓일 때마다 나는 스스로 묻는다. "아버지라면 어떻게 할까?"

스토아주의자는 베타 버전이다. 마르쿠스의 『명상록』은 자신의 인생과 타인에게서 배운 지혜를 꾸준히 성찰한 기록이다. 세네카는 끊임없이 글을 썼고 노년에도 배움을 지속했다.

전성기에 도달한 듯 행동하지 말라. 항상 베타 버전의 자세를 유지하라. 그리고 "살아있는 동안 사는 법을 배우라"라는 세네카의 말을 기억하라.

자, 어서
네 이웃의 아내를 탐내라

　가치투자자인 친구와 삶의 의미에 관해 깊이 있고 실존적인 대화를 나눈 적이 있다. 내가 친구에게 물었다. "자네도 워런 버핏과 같은 성공을 원해?"

　친구는 질문을 듣고 다소 놀란 듯 다시 물었다. "그거 일종의 수사학적 질문인가?" 아니었다.

　나는 아내가 알려준 유대인의 지혜 하나를 친구에게 얘기했다. 우선 여기서 십계명 중 하나를 다시 확인해 보자. 탐내지 말라. 더 정확히 말하면 네 이웃의 아내를 탐내지 말라. 좀 더 확실히 해두자면 나는 노골적인 간음을 말하는 것이 아니라, 이웃집 아내가 지닌 매력에 대해 당신이 품을 수 있는 생각을 말하는 것이다. 그리고 더 엄밀히 말하면, 내 이웃의 아내를 말하는 것이 아니다.

유대인의 실용적인 지혜는 다음과 같다. 어서 가서 네 이웃의 아내를 탐내라. 단 아름다운 눈과 부드러운 목소리 멋진 몸매만 탐내서는 안 된다. 그녀를 둘러싼 모든 것을 탐내라. 만날 때마다 무조건 입맞추려 하고 원하지도 않는 충고를 끝도 없이 쏟아내는 그녀의 어머니를 빠뜨려서는 안 된다. 그리고 하루가 멀다고 보석금을 내주고 감옥에서 빼내야 하는 남동생도 포함해야 한다. 이웃의 아내가 하루 종일 거울 앞에 서서 보내는 시간도 생각해야 한다.

탐내라! 하지만 삶 전체를 탐내라. 탐심貪心에 대한 해독제는 총체적인 탐심이다. 그러므로 버핏이 이룬 성공을 탐낼 때도 총체적으로 탐내야 한다. 버핏이 건설한 제국과 축적한 수십억 달러뿐만 아니라, 그가 살아온 삶도 포함해야 한다.

앨리스 슈뢰더의 『스노볼』을 읽고 내가 책에서 얻은 핵심은 버핏처럼 되지 말자는 것이었다. 나는 아이들이 아직 어렸을 때 이 책을 읽어서 매우 다행이라고 생각했다. 주식 시장에 대한 버핏의 집착은 건강하지 않았다. 버핏은 저녁마다 미리 다음 날 신문을 배달받았다. 모든 시간을 서재에서 보내며 아내와 아이들을 완전히 잊고 살았다. 버핏이 사랑했던 아내는 견디지 못하고 그를 떠났다.

그럼에도 여전히 버핏이 가진 것이 탐나는가?

버핏이 결혼 생활을 희생하지도 자녀들을 등한히하지도 않았다면 지금과 같은 재정적 성공을 거둘 수 있었을까? 우리는 결코 이 질문에 답을 얻을 수 없을 것이다. 아마 성공할 수도 있었겠지만, 평범한 억만장자 정도는 되었어도 가장 유명한 억만장자가 되어 세계적 찬사는 얻지 못했을 것이다.

내 직감으로는 버핏에게 다시 기회가 주어져서 과거의 삶을 바꿀 수 있다고 한다면 아마 투자 방식은 바꾸지 않았겠지만, 아내와 아이들에게 쏟은 관심의 양은 조정했을 것이다.

우리가 잘못된 것을 바라지 않기로 결심하면, 우리에게는 고통을 없앨 힘이 생긴다. 스토아 철학에 일관성 있게 담긴 이 메시지를 세네카는 완벽하게 설명했다. "원하는 것을 모두 가질 수 있는 능력은 아무에게도 없다. 하지만 가지지 않은 것을 탐내지 않고 가진 것을 즐겁게 사용할 능력은 누구에게나 있다."

탐심의 밝은 면

나는 탐심보다 탐심의 해로운 사촌인 시기심이 더 흥미롭다고 생각한다. 시기심은 다른 사람이 가지고 있는 것을 탐내다가 (바라다가) 그 이유로 그 사람에게 적대감까지 품게 만든다. 시기심은 사람들의 삶에 독이 된다. 탐심을 품지 않는 방법을 배우면 시기심에서도 벗어날 수 있다.

버핏은 "투자자는 모든 치명적인 죄에서 뭐든 얻을 수 있지만 시기심은 예외다. 남을 시기하는 것은 매우 어리석다. 다른 사람이 잘못되길 바라거나 다른 사람의 성과를 부러워하면 당신의 하루만 망칠 뿐이다. 다른 사람에게는 아무런 타격도 주지 못하면서 자신에게는 아무런 이득도 없다"라고 강조했다.

찰리 멍거는 시기심에 대해서 재미있는 글을 남겼다.

> 가장 위대한 음악적 재능을 가졌던 모차르트, 그의 삶은 어땠을까?
> 모차르트는 비참하고 불행하게 살다가 젊은 나이에 죽었다.
> 그것이 모차르트의 삶이다. 모차르트는 어쩌다 인생을 망쳤을까?
> 불행을 만든 2가지 이유가 있었다. 첫 번째 이유는
> 벌어들인 돈을 모조리 낭비한 것이다. 정말 어리석은 짓이다.
> 다른 하나는 모차르트의 삶이 질투와 분노로 가득했다는 것이다.
> 수입을 넘어 과도하게 돈을 쓰고 질투와 분노로 가득 차면
> 엉망진창으로 불행하게 살다가 일찍 죽을 수 있다.

스토아주의자들은 탐심, 그리고 시기심에 대해 흥미로운 접근 방식을 취한다. 탐심에도 에픽테토스의 통제 이분법을 적용한다. 이웃의 아내와 버핏의 부유함은 외부 요소다.

하지만 여기에 흥미로운 점이 있다. 스토아주의자는 버핏을 보면서 존경할 만한 미덕을 찾아 당신의 내적 요소로 만들라고 권할 것이다. 내가 버핏의 실수를 보고 배운 점이 있다고 이야기했지만, 사실 훨씬 더 많은 것을 버핏에게 배웠다.

다른 예들도 많다.

신문 테스트

어떤 행동이 다음 날 신문에 실린다는 것을 안다면 당신은 그 행동에 대해 어떻게 생각하겠는가? 명성을 쌓는 데는 평생이

걸리지만 잃는 데는 5분이면 충분하다. 다시 말해, 항상 명예롭
게 행동하라. 항상!

성공에 대한 버핏의 정의

당신에게 소중한 사람들이 당신을 사랑하도록 행동하라. 버
핏은 말했다. "인생에서 내 나이 정도 되고도 당신을 좋게 생각
하는 사람이 아무도 없다면 은행 계좌에 돈이 아무리 많아도 소
용없다. 당신의 인생은 실패다."

버핏에게는 홀로코스트 생존자 친구가 있었다. 그 친구는 사
람들을 볼 때 딱 한 가지만 묻는다. 저 사람은 나를 숨겨줄까?
버핏은 말했다. "70살이 되어 인생을 돌아봤을 때 당신을 숨겨
줄 사람이 많다면 아주 성공적인 인생을 살았다고 할 수 있다."

"칭찬은 이름별로, 비판은 영역별로." 앞장에 언급했듯이 버
핏은 공개적으로 누군가에 대해 부정적인 말은 하지 않지만, 개
인에 대한 공개적인 칭찬은 아끼지 않았다.

버핏은 작가로서도 나에게 지대한 영향을 미쳤다. 물론 투자자
로서는 나뿐만 아니라 수백만 사람들에게 어마어마한 영향을 끼
쳤다. 세네카는 존경하는 사람의 자질을 내면화해야 한다고 굳게
믿는 사람이었다. "말과 삶의 방식, 그리고 숨은 인격을 반영하는
얼굴까지 인정할 만한 사람을 선택하라. 항상 그 사람을 멘토와
본보기로 삼고 떠올려라. 우리의 인격을 가늠할 기준이 될 사람
이 필요하다. 기준이 없다면 구부러진 것을 바로잡을 수가 없다."

소피스트들의
말 잔치

고대 그리스와 로마에서는 부모가 자녀를 소피스트라고 불리는 스승에게 데려가 웅변술을 배우게 했다.[*] 소피스트들은 감정과 이성을 모두 활용한 설득의 기술에 몰두했고 아이들에게 두 편으로 나눠 논쟁하는 법을 가르쳤다. 반대로 스토아 철학자들은 의사소통에서 주로 이성을 강조했다.

소피스트의 웅변술은 마치 창과 같아서 선하게도 악하게도 쓸 수 있는 강력한 무기였다. 그래서 학생들은 이 무기를 쓰는 방법을 이해하기 위해 철학에서 도덕성을 배워야 했다.

스토아주의자는 소피스트에 대해 극도로 조심스러운 태도를

◆ 세련된, 교양 있는 sophisticated의 어원이 소피스트이다.

취했다. 상대방을 설득하다 보면 자기 생각에도 영향을 미칠 수 있기 때문에 설득에 사용하는 단어가 매우 중요하다고 생각했다. 상대방의 감정에 호소하여 설득할 때 우리는 화려한 은유를 사용하고 우리가 사용하는 단어도 극적으로 부풀린다. 만약 우리에게 뇌가 2개 있어서 하나는 다른 사람에게, 다른 하나는 우리 자신에게 말할 수 있다면 괜찮을 것이다. 그러나 뇌는 하나뿐이어서 우리가 사용하는 언어가 우리 자신의 감정도 자극해서 감정 상태에 영향을 미칠 수 있다.

스토아주의자는 무지개에 있는 여러 가지 색을 쓰지 않고 흑백에만 의존해 자신의 의견을 표현하려는 것처럼 보인다. 하지만 나는 그들의 생각에 담긴 가치가 보인다. 자기 자신과 대화할 때 사용하는 언어를 살펴보아야 한다. 어떤 일이 내면에서 부정적인 감정을 불러일으킬 때, 스스로 그 문제를 어떻게 표현하는지 주의를 기울일 필요가 있다. 우리는 자기 자신과 논쟁하는 소피스트가 되어서는 안 된다.

가장 좋은 방법은 글을 쓰는 것이다. 종이에 한 단어 한 단어를 쓰면서 자세히 보자. "남편 때문에 미치겠어"라고 쓰는 대신에 "남편이 한 말에 화가 났다"라고 쓸 수 있다. "주식 시장이 붕괴했다"라고 쓰는 대신 "주식 시장이 OO% 하락했다"라고 쓰자.

에픽테토스도 같은 맥락의 말을 했다. "우리 배가 바다에서 표류하고 있다. 우리는 집에 돌아갈 수 없을 거다"라고 말하는 대신에 "우리는 지금 바다에 있는데 여기가 어디인지 모른다"

라고 쓰자고 제안했다.

우리는 화려한 단어들을 골라서 조합한 다음 극적 효과와 불필요한 색을 덧입힌다. 요리 이름도 마르쿠스라면 "바질 허니 소스를 얹은 자연산 알래스카 연어"라고 붙이지 않고 "허브와 꿀을 곁들인 죽은 생선"으로 하라고 제안할 것 같다. 마르쿠스는 "가장 가치 있다고 인정할 만한 것을 만나면 무가치한 포장을 벗긴 본모습을 살펴보고, 칭송하는 모든 말을 걷어내야 한다"라고 말했다.

문제를 다룰 때도 화려한 겉옷을 벗겨내고 뼈대만 발라내야 한다. "내 인생은 끔찍해"라고 말하기보다는 내 인생을 괴롭히는 것들의 목록을 최대한 평범한 말로 써보자. 거창하고 화려한 단어는 소피스트에게 맡기자.

목록을 다음과 같이 세분화해 볼 수 있다. 나는 대학교 2학년이었다. 대여섯 과목을 수강하면서 풀타임으로 일을 하고 있었고 만나는 여자 친구도 있었다. 기말고사를 앞두고 과제도 많고 시험공부도 해야 했지만, 마지막 순간까지 미루기를 하면서 문제를 악화시키고 있었다. 나는 완전히 스트레스에 지쳐 마비된 기분이었다.

아버지에게 내가 겪고 있는 곤란한 상황에 대해 넋두리했다. 아버지의 대답은 단순했다. 큰 문제를 작은 단위로 쪼개라. 목록을 만들고 항목별로 하나씩 해결 방법을 찾아라. 아버지의 말은 효과가 있었다.

나는 모든 과제와 시험을 나열하고 마감일과 중요도에 따라 우선순위를 정했다. 한데 뭉쳐있을 때는 도저히 넘지 못할 산처럼 보이던 문제들이 갑자기 하나씩 정복할 수 있을 것처럼 보이기 시작했다. 아버지가 굳이 평범한 영어를 사용하라고 조언할 필요도 없었다. 내가 가지고 있던 학업 문제들은 화려한 언어도 필요 없는, 모두 마감일만 정하면 되는 단순한 일이었기 때문이다.

스토아 철학자들이 분석을 통해 문제를 줄이라고 한 조언의 핵심은 우리의 잠재의식이 풍자나 유머를 감지하거나 이해하지 못한다는 것이다. 자기 자신에게 너는 실패자이며 절대 성공할 수 없다고 계속 말한다면 조만간 그렇게 될 것이다.

이 사실이 매우 중요하며 시사하는 바가 크기 때문에, 다른 비유를 들어 설명해 본다. 의식적인 생각이 배의 선장이고 잠재의식이 배의 기관실이라고 생각해 보자. 기관실에서는 선장이 보는 것을 보지 못한다. 그래서 선장이 전진, 후진, 좌현, 우현을 명령하면 의문을 제기하지 않고 명령을 그대로 수행한다. 이 명령이 배에 유용할까? 기관실은 알지 못하고 신경도 쓰지 않는다. 우리의 잠재의식은 판단을 내리지 않는다. 그러므로 우리가 스스로를 향해 사용하는 언어가 중요하며 세심하게 주의를 기울여 써야 한다.

내가 좋아하는 책에 등장하는 이야기로 다음 요점을 설명하고 싶다. 나심 니콜라스 탈레브가 쓴 『행운에 속지 마라』의 한 대목이다.

기원전 155년경 아테네는 철학자 카르네아데스를 로마로 파견해 원로원에 호의를 요청했다. 아테네는 로마가 부과한 벌금을 면제받길 간절히 바랐다. 로마에서 카르네아데스는 뛰어난 연설을 펼쳤다. 청중은 열정적인 연설에 크게 감동했다. 그러나 연설이 카르네아데스가 전하려는 메시지는 아니었다. 카르데아네스는 청중의 마음이 움직인 이유가 훌륭한 논리가 아니라 전달 방식 때문이라고 여겼다.

그래서 다음 날 카르네아데스는 같은 장소에서 정반대의 주장으로 다시 한번 열정적인 연설을 펼쳤다. 카르네아데스는 이번에도 청중을 모두 설득할 수 있었다! 아테네에게는 불행한 일이었지만 그날 청중에는 카토 원로가 있었다. 카르네아데스의 장난 같은 웅변술에 분노한 카토는 원로원을 설득해 대사를 내쫓았다.

책에서 탈레브가 말하려는 요점과는 다르지만 내가 얻은 교훈은 이렇다. 소피스트를 조심하라. 훌륭한 연설가는 감정으로 논리를 왜곡할 수 있고 의사 결정에 부당한 영향력을 행사할 수 있다.

투자 업무를 하면서 우리 회사가 분석하는 기업 경영진들과 대화를 나눌 때가 많다. 매달 수십 건씩 화상회의도 한다. 상장 기업의 고위 임원은 뛰어난 커뮤니케이션 능력을 갖추고 있다. 화상회의나 경영진과의 대화를 마치고 나면 주택담보 대출을 받거나 아내의 차를 저당잡히거나 내 돈을 다 맡기고 깊은 마음이 자주 든다.

분명히 하고 싶은 것은 웅변술이 뛰어난 임원이라고 해서 모두 사기꾼이라는 의미는 아니다. 전혀 그렇지 않다. 소피스트를 가려내는 필터가 필요하다는 뜻이다. 메시지에서 감정적인 부분을 줄이고 핵심을 파악해야 한다. 감정적인 내용을 제거한 후 CEO가 말한 요점을 파악해서 본질만 추려내라. 말을 잘하는 사람을 만날수록 더 예리한 소피스트 필터가 필요하다.

냉소주의자를 상대할 때도 소피스트 필터를 사용해야 한다. 고대 그리스 견유학파Cynics가 아니라 평범한 냉소주의자cynics들, 즉 세상을 부정적인 색으로 칠하는 사람들을 말한다. 냉소주의자의 말은 언제나 낙관주의자보다 똑똑한 것처럼 들리지만 항상 옳은 것은 아니다.

또한 당신의 입장을 깎아내리는 농담을 사용해 주장을 펼치는 사람을 주의해야 한다. 청중을 웃게 만들어서 자신의 편으로 끌어들일 수는 있지만 그렇다고 해서 그 주장이 반드시 더 타당하다는 뜻은 아니다.

끝으로, "나는 정직하다" "나는 절대 훔치지 않는다"와 같이 말하면서 자신의 미덕을 자청해서 광고하는 사람들을 조심하라. 미덕을 광고함으로써 성품의 결함을 메꾸려는 가능성이 크다. 내가 아는 친구 하나는 자기 말이 믿을 만하고 성품이 훌륭하다고 큰소리치며 떠벌리곤 했다. 그는 또 다른 내 친구에게 거액의 돈을 빌리고는 잠적해 돈을 갚지 않았다.

이 이야기를 세네카의 말로 마무리하고 싶다. "칼은 사람을 죽이지 않는다. 살인자의 손에 쥐어진 도구일 뿐이다."

잠재의식에
스토아적 루틴 세우기

4년 전 조나가 운전을 시작했을 때 나는 이미 이 책을 쓰고 있었다.

조나 얘기로 돌아가서, 초보 운전 시절 조나의 모든 운전 동작은 전적으로 의식적인 행동이었다. 운전대에 손을 어떻게 얹어야 할지, 가속 페달과 브레이크 페달을 얼마나 세게 밟을지 모두 의식적으로 생각해야 했다. 앞차와의 거리도 주의를 기울여 살펴야 했고 교통 표지판도 부지런히 확인해야 했다.

처음에 조나의 의식은 새로운 운전 작업 하나하나가 전부 버거워서 추가적인 행동을 할 수 없을 정도였다. 운전하면서 라디오 음량 낮추기 따위의 사소한 일에도 의식에 과부하가 걸려서 차가 옆 차선으로 미끄러지기 시작했다.

하지만 한두 달 지나자 전부 의식적 영역에서 처리되던 작업이 차츰 잠재의식으로 이동했다. 조나는 더 이상 가속 페달과 브레이크 페달을 어떻게 밟을지, 어떤 미러를 확인할지, 운전대에 손을 어디에 둘지 생각하지 않는다. 이제 전능하신 잠재의식이 놀랍도록 쉽게 작업을 수행하는 덕분에 의식의 영역에서 운전하면서 오디오의 음량을 조절하거나 선곡에 대해 나와 언쟁할 여유가 생겼다.

어떤 일을 어느 정도 오래 하면 루틴으로 자리 잡는다. 우리 인간의 운영 시스템은 잠재의식의 뛰어난 수행 능력을 잘 알고 있어서 의식의 영역에서 루틴이 된 일은 잠재의식으로 이동한다.

내가 통제 이분법, EJR, 리프레이밍, 부정적 시각화를 오랫동안 충분히 훈련한다면 어느 시점에는 내 잠재의식이 스스로 작동하여 더 이상 이러한 스토아 기법을 의식적으로 생각할 필요가 없어질 것이다.

잠재의식을 바꾸려면 시간이 꽤 걸릴 수 있다는 사실을 미리 경고하고 싶다. 스토아적 삶을 설계하려면 우리가 평생 쌓아 온 습관이나 행동을 바꾸어야 한다. 습관을 버리고 새롭게 바꾸는 데는 오랜 연습이 필요할 수 있다.

찬물 샤워

나는 찬물로 샤워한다. 내가 러시아 태생이기 때문만은 아니다. 물론 어느 정도는 그렇지만. 아버지와 어머니는 40대 나이에도 바깥 기온이 영하 30도인 무르만스크의 얼음 호수에서 수영했다. 아버지는 러시아의 한겨울에 모스크바강에서 수영하던 할아버지를 따라 그렇게 한 것이다. 나는 할아버지가 70대 후반에 할아버지의 수영복을 숨겼다는 이유로 할머니에게 이혼하자고 협박했다는 이야기를 들은 기억이 있다. 할머니는 할아버지가 영하의 날씨에 수영하지 못하게 하려고 할아버지를 "늙은 바보"라고 불렀지만, 별 소용이 없었다.

찬물 샤워가 어느 정도는 집안 내력이 틀림없으며 나도 앞 세대 "바보"의 발자취를 따를 운명을 타고났다고 생각한다. 내가 찬물 샤워를 시작한 이유는 샤워한 후에 온몸이 상쾌하고 다시 태어난 느낌이 좋기 때문이다. 하지만 스토아 철학을 공부하기 시작하면서 찬물 샤워도 스토아적 훈련의 일부가 될 수 있다는 것을 알게 되었다.

나의 찬물 샤워를 설명하면 3단계 과정으로 나눠볼 수 있다.

1단계, 샤워를 시작하기 전에 찬물을 응시한다. 2단계, 처음 1분 동안은 떨어지는 찬물 밑에서 두근거리는 심장에 맞춰 호흡을 가쁘게 한다. 3단계, 호흡이 정상으로 돌아오면 찬물 밑에 얼마나 오래 서 있을지 결정한다. 세 번째 단계는 지금 다룰 내용은 아니지만, 찬물 샤워가 건강에 좋다는 연구 결과들이 있다.

처음 1단계와 2단계에 집중해 보자. 찬물을 튼다. 두려움과 망설임에 휩싸인다. 무엇이 두려울까? 찬물에 몇 분 노출된다고 건강에 문제가 생길 리 없다. 확률은 낮아도 어느 정도 죽음의 공포가 존재하는 스카이다이빙도 아니다. 찬물로 샤워했다고 저체온증에 걸린 사람도 없다.

실제로 내가 두려워하는 것은 찬물 샤워로 인한 일시적인 불편함이다. 사실은 본능적으로 일시적인 불편함을 시각화하게 된다. 스토아주의 수련자는 이 순간을 시각화 연습 기회로 삼는다. 샤워를 마치면 얼마나 기분이 좋을지 그려본다. 이런 연습을 통해 하나의 시각화를 다른 시각화로 바꾸는 훈련을 할 수 있다.

찬물은 외부 스트레스 요인이다. 샤워를 시작하면 처음 1분은 거의 아드레날린 주사를 맞은 것과 같다. 심장이 요동치고, 근육이 수축하고 숨이 가빠진다. 이때가 스스로 긴장을 푸는 훈련을 할 순간이다. 나는 통제 이분법을 연습한다. 내 짐을 분실한 항공사, 예약을 망친 렌터카 회사, 불편함을 유발하는 차가운 물은 모두 외부적 요소다. 어떻게 반응할지는 전적으로 나에게 달려있으며 이것이 내부적 요소다.

반복되는 이야기인 줄 알지만 이 부분이 매우 중요하다. 사건, 판단, 반응 프레임워크로 생각할 수 있다. 사건, 차가운 물. 판단, 내가 해석하는 방식. 마르쿠스라면 형용사를 모두 지우고 "7도의 물줄기가 머리 위로 떨어지고 있다"라고 말했을 것이다. 반응, 긴장을 풀고 물소리로 주의를 돌리자. 천천히 호흡에 이 집중하자. 이 경험에서 즐거움을 찾는 데 초점을 맞추자.

매일 이렇게 설계하면 부정적 시각화, 마지막 순간 시각화, EJR 사고를 훈련하고 발전시킬 수 있다.

찬물 샤워를 마치면 보상으로 따뜻한 물로 한참 샤워한다. 이 15분이 매우 중요하다. 창조적인 생각이 가장 잘 떠오르는 순간이다. 물의 소리와 느낌은 내 뇌를 새롭고 유연하게 전환시켜 다른 방법으로는 할 수 없는 사고의 연결고리를 만들어 준다. 긴 샤워는 창조성에 놀라운 영향을 미친다.

만약 여전히 찬물 샤워가 망설여진다면 세네카의 말을 기억하길 바란다. "일이 어려워서 할 엄두를 못 내는 것이 아니라, 우리가 할 엄두를 내지 않기 때문에 일이 어려운 것이다."

되고 싶은가?
실천하라!

나는 스토아 철학자들에게 완전히 빠져있었다. 친구들과 아이들에게도 스토아 철학자 이야기를 하곤 했다. 하지만 막상 앉아서 그들에 관한 글을 쓰지는 못했다. 동기부여가 될 무언가를 기다리고 있었다. 그때 우연히 발견한 에픽테토스의 격언이 나에게 직접 하는 말처럼 들렸다. "작가가 되고 싶은가, 그렇다면 글을 쓰라."

인기 작가 마크 맨슨도 에픽테토스의 말을 인용했다. "행동은 동기부여의 결과일 뿐만 아니라 동기부여의 원인이기도 하다."

그때 나는 앉아서 지금 당신이 읽고 있는 글을 쓰기 시작했다. 쓰는 행위가 영감을 가져왔고, 동기부여로 이어졌다. 그러므로 순서를 바꿔 생각해야 한다. 동기부여가 행동을 불러오는 선동자가 아니라 행동이 영감을 불러오고 영감이 동기부여를 불러온다.

무언가를 시작하기 어려울 때는 MMU를 아주 작은 단위로 설정해 보자. 제임스 클리어도 『아주 작은 습관의 힘』에서 이 부분을 이야기했다. 운동을 시작하고 싶었던 클리어의 독자가 습관을 만들기 위해 말 그대로 매일 5분씩 체육관에서 몇 주 동안 운동했다. 그리고 점차 체육관에서 보내는 시간을 늘렸다.

MMU를 아주 작은 단위로 설정하면 관성을 극복하고 습관을 만드는 데 도움이 된다. 이 책을 쓰기 위한 나의 MMU는 그냥 앉아서 쓰는 것이었다. 과장이 아니다. 해가 뜨기 몇 시간 전에 일어나서 좌절감과 자기 의심을 극복하고 글쓰기의 흐름을 타기까지 4주가 걸렸다.

요다의 말처럼 "하느냐 마느냐의 문제다. 그저 한번 해 보기란 없다."

5장

스토아주의 2부

- 가치와 목표

가치는 우리 내면의 측정 시스템이다.
올바른 가치를 세우면 삶의 많은 문제가 저절로
해결되기도 한다. 이것이 행복에 이르는 길이다.

물질적 성공

가장 매혹적이면서도 나쁜 가치인
물질적 성공부터 시작하자.

돈이 다정함을 대신할 수는 없어.
그리고 권력도 다정함을 대신할 수 없지. 여기 이렇게 죽어가는 순간에도
나는 분명히 말할 수 있네. 돈과 권력은 아무리 많이 있어도 자네가 가장 필
요로 할 때 자네가 찾고 있는 그 느낌을 채워줄 수 없을 거야.
- 미치 앨봄, 『모리와 함께한 화요일』 중

  나는 가족과 포트 로더데일에서 휴가를 보내고 있었다. 첫째
와 둘째를 데리고 배를 타고 스노클링을 하러 갔다. 배가 연안
내수로를 통과해 지날 때 선장은 화려한 주택과 요트를 가리키
며 이건 얼마고 저건 어떤 유명인이 언제 샀고 등을 알려주었
다. 우리가 탄 배는 알 파치노가 영화 촬영 당시 살았던 집, 스티

븐 스필버그의 요트 등을 지나쳐 갔다. 특별히 건축적으로 감탄할 저택도 없었고, 달나라에 가봤다거나 암이 치유됐다는 집주인도 없었다.

선장은 가격표를 읊는 자신의 역할에 충실한 거였지만, 그 목소리에서 동경의 감정이 느껴졌다. 배 안에서 내 머릿속에는 눈과 귀를 활짝 열고 모든 것을 받아들이는 우리 아이들에게 잘못된 메시지가 전달되고 있다는 생각뿐이었다. 사우스 플로리다 보트 투어에서뿐 아니라 모든 TV 채널에서 접할 수 있는 전형적인 메시지였다. "돈과 물건이 곧 행복이다." 육지로 돌아와 아이들과 대화하며 내가 지금 하고 싶은 말을 아이들에게 했다.

스토아 철학자들은 돈을 외부적 장점으로 보았다. 그렇지만 목표는 가능한 많은 외부적 장점을 획득하는 것이 아니라 현명하게 사용하는 것이었다.

우리가 부유함이라는 단어를 생각할 때 여러 가지 의미가 함께 떠오른다. 스토아 철학자들은 전통적인 생각을 뒤집었다. 그들의 통찰에 따르면 부를 창출하는 가장 쉬운 방법은 덜 원하는 것이다.

에픽테토스는 말했다. "부유함은 소유물이 많은 데 있지 않고 욕구가 적은 데에 있다." "없는 것에 슬퍼하지 않고 있는 것에 기뻐하지 않는 사람이 지혜로운 사람이다." 기본적인 필요가 충족되면 돈이 더 많다고 해서 행복이 증가하는 것은 아니다. 세계 최대 헤지펀드를 운영하는 억만장자 레이 달리오는 『원칙』에서 이렇게 썼다.

좋은 침대, 좋은 인간관계, 좋은 음식과 같은
기본을 갖추는 것이 가장 중요하다.
이러한 기본은 돈이 많다고 더 좋아지거나
돈이 적다고 더 나빠지지 않는다.
또한 정상에 있는 사람들이 더 특별하리란 법도 없다.

투자 업계에서 일하면서 수억 또는 수십억 달러를 소유한 사람들을 만날 흥미로운 기회가 있었다. 그들이 더 멋지게 자신의 푸들을 관리해 주고, 더 고급스러운 차를 몰고, 더 호화로운 휴가를 보낼지 모르지만, 오직 돈만으로 이런 행복을 누리는 것은 아니었다.

사실 어떤 사람들에게는 돈이 축복이 아니라 저주가 되는 경우도 있다. 돈을 불리느라 끊임없는 불안에 시달리는 일이 많기 때문이다. 만약 돈이 목표라면 결코 충분하다고 느끼는 날이 없을 것이다. 수억 또는 수십억이 더 생길 때마다 현재 수준을 졸업하고 더 많은 돈을 가진 사람들이 사는 새로운 계층에 진입할 것이다.

맨땅에서 시작해 여러 회사를 설립하고 5억 달러의 자산을 모은 지인과 이야기를 나눈 적이 있다. 함께 점심을 먹으면서 그는 30년 만기 미국 국채 하나에 거액을 투자한 것 때문에 스트레스가 많고 잠도 제대로 못 잔다고 불평했다. 나는 그가 투자를 시간 때우기 용으로 생각하고 있는 건지, 아니면 억만장자 클럽에 들고 싶은 바람이 간절한 건지 판단이 서지 않았다. 조언을 요청받고 나는 밤잠을 설치지 않을 만큼으로 투자 규모를 줄이라고 제안했다.

세네카의 조언도 도움이 될 것 같다. "가난한 사람은 가진 것이 적은 사람이 아니라 더 많은 것을 갈망하는 사람이다."

투자 전문가가 이런 이야기를 하는 것이 아이러니하게 들리리라 생각한다. 하지만 조각가가 작품의 재료인 돌을 사랑할 필요가 없듯, 투자 전문가가 돈과 사랑에 빠질 이유는 없다.

돈이란 고객들이 꿈을 이루고, 은퇴를 준비하고, 자녀를 대학에 보낼 수 있도록 돕는 기본적인 재료일 뿐이다. 물론 어떤 사람은 사우스 플로리다의 연안 내수로에 저택을 사는 데 사용할수도 있다. 판단하려는 의도는 없다.

끝으로 세네카의 마지막 말을 인용하고 싶다. "당신이 가진 것이 부족해 보인다면 세상을 다 가진다 해도 여전히 비참할 것이다."

항상
―――
옳은 사람

나는 오랫동안 내가 항상 옳다는 병에 걸려있었다. 지금은 거의 완치되었지만 이 생각 때문에 친구와 여자 친구를 잃었다(사실 여자 친구와는 다른 이유로 관계가 나빠지고 있었다).

관계가 깨지기 일보 직전에 우리는 관세에 관한 논쟁을 하고 있었다. 비록 다른 대학이었지만 우리 둘 다 거시 경제학 수업을 듣고 있었는데, 나는 이유도 없이 그냥 넘어갈 수 없었다. 이 쓸데없는 논쟁이 어쩌다 시작되었는지는 기억나지 않지만, 나는 내 말이 맞다는 것을 여자 친구에게 증명하고 싶었다. 나는 자존심에 사로잡혀, 논쟁에서 이기려고 애쓰다 결국 관계를 잃고 말았다. 여기에 몇 가지 문제가 있다.

다시 에픽테토스의 통제 이분법을 생각해 볼 수 있다. 우리는 오직 우리의 관점만 통제할 수 있다. 타인의 관점은 외부적 요소다. 그래서 타인의 관점을 바꾸는 것을 목표로 정하면 실망과 부정적 감정의 바다에 뛰어드는 꼴이다.

논쟁에서 이긴다 해도 결과적으로는 패배한 것이다. 상대방에게 열등감을 심어주고 상대방의 자존심에 상처를 주게 된다. 그는 당신을 원망할 것이다. 우리는 다른 사람이 우리와 같은 관점으로 바라볼 필요가 없다는 사실을 인정해야 한다.

항상 옳다는 태도는 지속적인 배움과 성장을 방해한다. 항상 옳다는 것에 집중하면 고정된 사고방식을 갖게 된다. 에픽테토스가 말했듯이 "자기가 이미 알고 있다고 생각하는 것을 배우기는 불가능하다." 자아에게 지배당하지 않을 가장 좋은 방법은 자기 자신을 영원한 학생으로 보는 것이다. 그렇다. 인생 학교의 영원한 학생이다.

만약 당신이 뭐든 아는 척하는 사람이라면 아마 친구가 별로 없을 것이다. 자기가 모든 답을 알고 있다면서 절대로 생각을 바꾸지 않고 남에게 배우는 데 관심도 없는 머저리랑 누가 친구가 되고 싶겠는가?

마르쿠스가 지녔던 올바른 태도를 당신과 젊은 시절의 나에게 권하고 싶다. "누군가 내가 틀렸다는 것을 증명하고 내 생각과 행동에서 실수를 찾아낸다면 나는 기꺼이 바꿀 것이다. 나는 진리를 추구한다. 진리는 아무에게도 해를 입히지 않는다. 해로운 것은 자기기만과 무지를 고수하는 것이다."

만약

행복을 '만약'과 연결해서는 안 된다. 조너선 하이트는 『바른
행복』에서 '만약'이 행복으로 이어지지 않는 이유를 훌륭하게
설명했다. 첫째, 즐거움은 목표를 향해 가는 과정(때로는 고통)
에서 오며 실제로 목표를 성취하는 데서 오지 않는다. 목적지에
도착한 기쁨이 여행 과정에서 크고 작은 어려움을 극복하면서
얻는 기쁨보다 더 크지 않다.

두 번째 이유에 대해 하이트는 이렇게 말했다. "인간의 마음
은 조건의 변화에는 매우 민감하지만, 절대 기준에 대해서는 그
다지 민감하지 않다." 다른 말로 하면 우리는 적응하는 존재라
는 뜻이다. 우리는 좋은 일과 나쁜 일 모두에 적응한다. 만약 쾌
락이 우리의 핵심 가치라면 궁극적으로 우리는 불행에 다다를

것이다. 우리의 마음은 끊임없이 새로운 수준의 쾌락에 적응하기 때문이다. 그래서 행복을 유지하려면 쾌락의 수준을 지속적으로 높여야 하는데 쾌락이 증가할 때마다 오히려 행복감은 점점 줄어든다.

심리학자들이 '쾌락 적응'이라고 부르는 이 현상은 삶의 즐거움을 떨어뜨리는 힘이 있다.

'만약'으로 시작하는 사고는 인간의 기본값으로 설정되어 있다. 행복을 외부 요소와 연결하면 원하는 것을 얻었을 때 일시적인 행복감을 느끼지만, 곧 쾌락 적응의 지옥에 빠진 자신을 발견할 것이다. 로건 피어솔 스미스의 말을 빌리자면, "인생에는 2가지 목표가 있다. 첫 번째는 원하는 것을 얻는 것. 두 번째는 얻은 것을 누리는 것이다. 가장 현명한 사람만이 두 번째 목표를 성취한다."

부정적 시각화를 연습하면 쾌락에 적응하는 것을 막을 수 있다. 윌리엄 B. 어빈은 이렇게 썼다. "행복의 열쇠는 적응 과정을 사전에 방지하는 것이다. 어렵게 노력해서 얻은 것을 당연하게 여기지 않을 방법을 강구해야 한다."

쾌락 적응을 해결할 수 있는 가장 쉬운 방법은 쾌락 적응을 다룰 필요조차 없는 목표로 설정하는 것이다. 이것이 내가 IMA의 목표를 '얼마'의 운용 자산에 도달하는 것으로 정하지 않은 이유이다. 결국 미래는 어떻게 될지 정확히 알 수 없기 때문이다.

IMA의 목표도 가치에 일치하는 과정 중심에 있다. 우리는 투자 과정을 통제할 수 있다. 고객에게 우수한 서비스를 제공할 수 있으며 이것은 우리가 통제할 수 있다. 우리의 목표는 스위스 시계처럼 정확하고 원활하게 회사를 운영하는 것이다. 이것도 우리가 통제할 수 있다. 또한 회사의 문화와 직원을 대하는 태도도 우리가 통제할 수 있다. 우리의 최종 목표는 우리가 즐겁게 일하는 것이다.

투자에 집중해서 생각해 보자. 투자 역시 과정 중심의 일이다. 모든 주식 분석이 똑같을 수는 없지만, 주식마다 일관성 있게 체계적인 분석 방식을 적용할 수 있다. 잘 계획된 과정이 좋은 성과로 펼쳐지기까지는 몇 년씩 걸릴 수도 있어서 과정을 즐기지 않는다면 결국 불행한 삶을 살게 될 것이다.

동료 투자자들도 이 점에 대해서 동의할 것이다. 단지 부자가 되려는 목적만으로 투자하고 과정에서 발생하는 어려움과 기복을 즐기지 않으면 불행에 처하게 된다.

나는 매일 몇 시간씩 글을 쓴다. 글을 쓰고 나면 체육관에서 운동을 끝냈을 때와 비슷한 기분을 경험한다. 열심히 운동한 뒤 근육들의 미세한 파열을 느끼면 뿌듯하고 성장하는 기분이 든다. 고통과 어려움이 있지만 글쓰기도 비슷한 만족감을 가져다준다. 차이점은 팔과 복부 근육이 아니라 양쪽 귀 사이의 뇌에서 느낀다는 것뿐이다. 기사나 책을 완성했을 때만이 아니라 글을 쓰는 과정 자체에서 만족감을 얻을 수 있다.

아버지와 가장 친하고 오랜 친구인 알렉산더는 뛰어난 수학자이며 놀랄 만큼 재능있는 교사이고 만나는 모든 사람에게 사랑받는 사람이다. 알렉산더와 아버지는 모두 무르만스크 해양 사관학교에서 학생들을 가르쳤다. 알렉산더에게는 동생이 한 명 있었는데 세상을 떠나면서 여러 권의 책을 남겨 주었다. 그 중 하나가 솔제니친의 『수용소 군도』였는데, 1970년대 소련에 서는 금지 도서이기도 했다.

알렉산더의 집에 왔던 손님 한 명이 솔제니친의 책을 보고 당 국에 고발했다. 어느 날 KGB가 들이닥쳐 아파트를 수색하고 책 을 찾아냈다. 알렉산더의 명성이 워낙 높았기에 감옥행은 면했 지만, 무르만스크 해양사관학교에서 일자리를 잃었다.

학교 교수진은 알렉산더의 해임 여부를 투표에 붙였다. 거의 만장일치로 알렉산더는 해고되었는데, 자기 경력을 걸고 반대 표를 던진 사람은 아버지밖에 없었다.

15년 동안 알렉산더는 교수직을 되찾는 것을 목표로 삼고 그 목표에 인생을 집중했다. 1990년대 소련이 붕괴되자, 학교는 알 렉산더를 다시 환영했고 그는 복직했다. 그러나 그 이후에 일어 난 일이 모두를 충격에 빠트렸다. 알렉산더는 깊은 우울증에 빠 졌다. 목표에 너무 집착한 탓에, 목표를 달성하는 것이 삶의 의 미를 모두 빨아들였다. 목표가 사라지자 삶은 공허해졌다.

우울증은 1~2년간 지속되었지만 알렉산더는 책을 쓰고 고등 학교에서 아이들에게 수학을 가르치면서 새로운 기쁨을 찾게 되었고, 결국 이야기는 해피엔딩으로 끝난다. 다른 말로 하면 알렉산더는 인생의 가치를 바꾸었다.

CFA 시험 준비를 시작했을 때 나는 행복을 '만약'에 걸지 말

앉어야 했다. 1차 시험에 합격해도 아무것도 달라지지 않았다. '만약'을 통과했지만 아무것도 없었다. 정말 아무것도 없었다. 신경 쓰는 사람도 없었다. 연봉이 인상되었지만, 그것이 진정한 동기는 아니었다. 다행히 새로운 좋은 문제가 나타났다. 덴버 대학교에서 투자 강의를 맡아 새로운 도전 거리를 찾았고 글쓰기를 시작했다.

당신이 계속 '만약'에 지속적으로 빠진다면 현재를 간과하고 사는 셈이다. 당신도 알지 못하는 사이에 인생은 당신 옆으로 지나쳐 간다. 네브라스카의 스토아주의자가 했던 말을 빌리자면, '만약'에 빠져 끊임없이 미래를 생각하는 것은 노년을 위해 즐거움을 미뤄놓는 것과 같다.

우리는 세네카의 말에 귀를 기울일 필요가 있다. "진정한 행복은 미래에 대한 불안함 없이 현재를 누리는 것이다. 인류의 가장 큰 축복은 우리 안에 있고 우리 손이 닿는 곳에 있다. 현명한 사람은 없는 것을 바라지 않고 무엇이든 있는 것에 만족한다."

반전, '만약'으로
습관 세우기

　좋은 가치에 관해 살펴보기 전에 잠시 다른 이야기를 해 보고 싶다. 나는 '만약' 사고가 부정적 관점에서 긍정적 관점으로 바뀌는 흥미로운 반전을 발견했다.

　'만약'이라는 가정이 습관 형성과 행동 강화의 훌륭한 도구로도 활용될 수 있다는 점이다. 나는 이 방법으로 금연에 성공했고 대학 시절과 대학원 시절에 개근할 수 있었다. 나는 13살이라는 부끄러울 만큼 어린 나이에 담배를 피우기 시작했다. 아버지와 형들이 모두 흡연자였던 환경의 영향이 컸다. 또한 중독에 쉽게 빠지는 성향이라 눈앞에 사탕 한 봉지가 있으면 다 비워질 때까지 멈추지 않고 계속 먹을 수도 있었다.

　담배도 크게 다르지 않아서 하루에 2갑을 피울 정도로 중독

되어 있었다. 아버지는 훌륭한 아버지답게 내가 담배를 끊을 수 있도록 온갖 노력을 기울였다. 중독 증상을 가볍게라도 느껴 담배를 싫어하게 되길 바라며, 한꺼번에 한 갑을 다 피우게 시킨 적도 있었다. 또 나를 명상 수업에 데려가거나, 나쁜 습관을 고쳐주겠다고 확신에 차 있는 침술사에게도 맡겼다. 하지만 이 모든 노력은 아주 단순한 이유로 헛수고가 되고 말았다. 내가 끊을 생각이 없었기 때문이다.

그러다가 21살 때 한 여학생에게 반하게 되었는데, 그 여학생이 지나가면서 담배 피우는 남자가 싫다고 말하는 걸 듣고는, 나는 담배를 끊었다. 니코틴 껌이나 패치가 나오기 전이었으니 담배 끊기가 훨씬 어려웠던 시절이었다. 나는 스스로에게 말했다. 내가 담배 한 개비를 피우면 다시 담배를 피우기 시작할 테고, 그러면 그 여학생과 사귀지 못하게 될 것이라고. 그렇게 상상하니 어린 마음에 너무 끔찍한 일이었다. 담배 피우는 꿈을 꾸다가 한밤중에 식은땀을 흘리며 깨어나곤 했다. 간단한 '만약'이 내 인생을 바꿔주었다.

이 이야기의 아이러니는 2주 만에 내가 그 여학생에게 차였다는 것이다. 하지만 잠시 그 여학생에게 빠졌던 사건은 지금까지도 감사하게 생각한다. 게다가 보너스도 있었다. 위선자가 되고 싶지 않았던 아버지도 내가 담배를 끊은 지 일주일 만에 담배를 끊었다.

우리 두 사람 모두 그 이후로는 담배에 손도 대지 않았다.

나는 뛰어난 학생도 아니었고 사실 그냥 좋은 학생이라 할 정도도 아니었다(겸손이 아니다). 2년 동안 그저 그런 성적을 받으며 다니다가 대학교 2학년이 되어서야 성숙해지기 시작했다. 월마트에서 상자를 나르며 평생을 보낼 생각이 아니라면 공부와 좋은 성적이 매우 중요하다는 사실을 깨달았다. 생각해 보니 그때가 담배를 끊을 무렵이었다.

그렇다, 나는 늦게 피는 꽃이었다.

나는 성적이 좋지 않은 이유를 주의 깊게 살펴보기 시작했고, 2가지 문제를 발견했다. 첫째, 나는 혼자서는 공부를 잘하지 못했다. 이 문제에 대해서는 수업마다 학습 파트너를 찾아서 해결했다. 둘째, 결석이 너무 많았다. 나는 그때 일도 하고 있었는데 수업은 모두 이른 아침에 있었다. 나는 수업보다 잠을 선택하는 경우가 많았다.

수업을 한 번 빠지기 시작하면 결국 결석 횟수가 크게 불어나게 될 터라 그렇게 둘 수 없다고 스스로 다짐했다. 다짐은 효과가 있었다. 학부 마지막 2년과 대학원 내내 나는 개근 기록을 세웠다. 성적도 눈에 띄게 향상했다. 이 일도 '만약' 사고가 효과를 거둔 사례다.

나는 이를 반쪽 선택지 행동이라고 부르는데 이는 '나는 디저트를 먹지 않는다'에서 더 자세히 다뤘다. 스토아 철학자들도 나를 자랑스러워했을 것 같다. 나는 성적을 완전히 통제할 수 없지만 공부 방법과 수업 출석 여부는 통제할 수 있었다.

좋은 가치는
좋은 문제에서 출발한다

고통을 줄곧 회피하며 살아간다면 공허하고 무의미한 삶을 살게 될 것이다. 앞서 여러 차례 스토아 철학의 도움으로 부정적 감정의 고통을 피할 수 있다고 말한 것과는 모순처럼 들릴 수 있다. 하지만 이 문장에서 중요한 단어가 빠졌는데, 바로 '불필요한'이다.

스토아 철학의 목표는 불필요한 부정적 감정을 없애서 불필요한 괴로움과 고통에서 벗어나도록 돕는 것이다. 괴로움과 분투에는 차이점이 있다. 둘 사이의 차이를 명확히 몰라서 두 단어를 혼용할 수 있지만, 의미가 좀 다르다는 것은 직관적으로 알 것이다. 사전적 의미로 분투는 '어려움이나 반대에 직면하여 강력한 불굴의 노력을 발휘하는 것'이다. 사전은 괴로움과 고통을 동일하게 불쾌한 경험으로 분류한다. 나는 분투는 목적이 있는 괴로움이라고 생각한다. 목적은 '왜'라는 이유를 부여해 준다. '왜'는 고통을 극복할 원동력이 된다.

가치 있는 일, '왜'라는 이유가 있는 일은 주로 엄청난 고통을 수반한다. 글쓰기, 육아, 마라톤, 데이트, 투자가 그렇다. 고통을 경험하지 않고서는 제대로 운동할 수 없다. 어떤 일을 하는 이유와 그 이유가 당신에게 의미 있다는 것을 이해하면 괴로움은 분투로 변하고 더 잘 견뎌낼 힘이 생긴다.

또는, 아들 조나가 제일 좋아하는 아티스트인 제이 콜J Cole의 말처럼, "분투 속에는 아름다움이 있고, 성공 속에는 추함이 있다." 우리가 가장 좋아하는 황제 마르쿠스도 제이 콜의 말에 동의하고 한 걸음 더 나아간다. "행동을 막는 걸림돌이 행동을 진전시킨다. 길에 놓인 장애물이 길을 만든다."

장애물을 극복하는 것은 마크 맨슨의 말처럼 우리 삶에 "의미와 중요성"을 부여하고 보너스로 행복도 가져다준다. 장기적으로 볼 때 우리가 고군분투하는 일들은 삶에서 가장 의미 있는 것들이다.

문제를 피해 다닌다면 당신은 공허하고 슬픈 존재로서 살아갈 수밖에 없다. 인생의 행복은 좋은 문제를 만나 그것을 해결하는 과정에서 얻는다! 빅터 프랭클은 한 차원 높게 말했다. "행복은 추구할 대상이 아니라 따라오는 결과다. 사람은 행복할 이유를 가지고 있어야 한다." 그러므로 우리는 좋은 문제를 적극적으로 찾아야만 한다. 역설적이게도 이런 태도를 삶의 운영 시스템에 깊이 심고 좋은 문제를 해결하는 데서 행복을 찾으면, 인생의 수많은 장애물이 문제가 아니라 행복의 원천으로 보일 것이다.

세네카는 "노동이 신체를 단련하듯 어려움은 정신을 단련한다"라고 말했다. 내 친한 친구 중에 40대 초반의 독신으로 똑똑하고 다정하며 한 마디로 훌륭한 사람이 있다. 그 친구는 10년 전 서부로 이사했기 때문에 우리는 1년에 한 번 12월에 덴버에서 만난다. 친구는 몇 년 동안 체중 문제로 힘겨워했다.

작년에는 인생 최악의 몸무게 163kg을 찍었다. 저녁을 먹으러 갔을 때 나는 친구에게 언제 다시 데이트를 시작할 생각이냐고 물었다. 그는 살을 빼면 시작하겠다고 했다.

1년이 흐른 뒤 만난 친구는 작년의 모습에서 반쪽이 되어 있었다. 친구는 체중의 반을 줄여서 현재 80kg이 되었다. 나는 친구에게 같은 질문을 던졌다. "데이트는 언제 시작할 생각이야?" 나는 친구가 이미 모든 데이팅 웹사이트에 등록했기를 속으로 은근히 바랐다. 놀랍게도 친구는 데이트하러 나가고, 데이트 전후로 문자를 보내고, 거절당하고, 집을 항상 깨끗이 유지해야하는 등 데이트에 따르는 온갖 불편함과 괴로움을 나열하기 시작했다.

나는 프로이트의 말을 인용해서 대답했다. "어느 날, 돌이켜볼 때 고난의 시간이 가장 아름답게 기억될 것이다."

에픽테토스의 말로 마무리하려 한다. "모든 사람이 행복한 삶을 추구하지만, 많은 사람이 부와 지위 따위의 수단을 행복한 삶으로 착각한다. 좋은 삶을 위한 수단에 엉뚱하게 초점 맞추면 사람은 행복한 삶에서 더욱 멀어진다. 진정 가치 있는 것은 행복한 삶을 구성하는 덕행이지 행복을 가져다줄 것처럼 보이는 외형적 수단이 아니다."

고통을 감내할
의향이 있는가?

    '만약'의 방식으로 '회사 자산 1,000억 달러(약 130조 원) 돌파'라는 물질적인 목표를 세웠다고 가정해 보자. 이쯤 되면 당신도 이 목표에서 눈에 띄는 문제를 알아볼 수 있으리라. 하지만 내가 스스로의 조언도 무시하고 이런 목표를 선택했다고 생각해 보자.

    그렇다면 나는 이렇게 자문해야 한다. "목표에 도달하기까지 어떤 고통을 치를 생각인가?" 모든 종류의 눈에 보이는 성공은 고통 없이 얻을 수 없다. 처음에는 잘 보이지 않는 수많은 고통이 찾아올 것이다.

    1,000억 달러를 관리하려면 직원도 수천 명 관리해야 할 것이다. 마케팅 부서는 물론 온갖 종류의 부서를 두어야 하고 부

서 간 회의와 번거로운 절차들도 만들어야 한다. 세계 곳곳에 있는 지사를 방문하고 원래 여행을 좋아하니까 처음에는 괜찮겠지만, 결국 얼마 지나지 않아 여행의 즐거움은 사라지고 지겨운 일로 변할 것이다. 회사 운영 업무에 더 많은 시간을 쓰게 될 테고 내가 가장 좋아하는 업무인 주식 분석을 할 시간은 줄어들 것이다.

무엇보다도 고객들과 지금 같은 관계를 누리지 못할 것이다. 그 정도 규모의 회사에서는 불가능한 일이기 때문에 고객은 하나의 숫자로 인식될 것이다. 마지막으로 가족과 보내는 시간이 줄어들 것이다. 이 모든 것은 내게 전혀 감내할 생각이 없는 고통이다. 결국 이러한 고통은 나의 행복을 깨뜨릴 것이며 아무리 운용 자산 1,000억 달러가 숫자로 성취 가능한 목표라 할지라도 나는 그것을 성취하는 데 필요한 고통을 견딜 의향이 없다.

내가 IMA를 콜로라도주 자산 규모 상위 20대 투자회사로 만들어서 〈덴버 비즈니스 저널〉의 지면을 장식하겠다는 것을 목표로 삼지 않겠다고 결정했을 때 내 마음에 이런 생각이 떠올랐다.

콜로라도에서 상위 20대 회사는 내 성에 차지 않는다. 나는 세계 1위가 되고 싶다. IMA의 운용 자산 규모나 기타 외부 기준과는 무관한, 다음 장에서 살펴볼 내부적 가치와 목표에 근거해서 말이다. 그렇다면 좋은 가치란 무엇인지 살펴보기로 하자.

좋은 가치

좋은 가치와 목표는 내부 요소에 속한다. 완전한 통제는 아니더라도 우리가 상당 부분 통제할 수 있다. 좋은 가치와 목표는 과정 중심이며, 즉각적인 피드백이 이뤄지게 한다. 많은 경우 가치는 목표와 일치하며 가치와 목표를 구분할 수 없는 경우도 종종 있다. IMA의 장기 목표와 가치도 하나로 일치한다.

앞서 설명했듯이 IMA의 내부적 목표는 다음과 같이 매우 단순하다. 탁월하고 체계적인 투자 리서치 프로세스를 지킨다. 고객에게 완벽하고 훌륭한 서비스를 제공한다. 스위스 시계처럼 효율적으로 회사를 운영한다. 세상을 지금보다 더 나은 곳으로 만들자는 우리의 가치에 맞는 메시지를 전달한다. 우리는 모든 일에서 소울 인 더 게임을 실천한다. 그리고 재미있게 일한다.

다시 에픽테토스의 통제 이분법 사고로 돌아가 보자. 우리의 가치관이 우리가 통제할 수 없는 외부 지표와 연결되어 있다면 경로나 목적지를 통제할 수 없는 상태로 인생이라는 버스에 매달려 달리는 꼴이 된다. 우리는 다른 사람의 성공과 실패 따위의 외부 요소가 우리의 행복을 결정하도록 허용하게 되는 것이다.

우리의 가치가 내부적 요소와 과정에 초점을 맞출 때 우리는 버스의 운전석에 앉게 된다. 길은 험하고 실망도 많이 겪을 것이다. 그것이 인생이긴 하지만 우리의 운명을 훨씬 더 통제할 수 있다. 역설적인 사실은 과정에서 겪는 고통이 우리에게 기쁨을 가져다줄 수 있다는 것이다.

이미 언급했듯이 내 삶의 궁극적인 가치이며 항상 자문하는 말은 이것이다. "나는 세상을 처음보다 더 나은 곳으로 만들었는가?"

이것이 나의 이상이다. 열심히 노력하지만, 늘 성공하는 것은 아니다. 가치는 나의 내면에 있다. 나의 통제 안에 있다. 피드백의 주기도 짧다. 나는 하루 종일, 그리고 잠들기 전에 생각한다. 거기에는 분노가 차지할 공간이 없다. 다정함을 위한 공간이 많다. 마르쿠스는 말했다. "좋은 사람이 무엇인지 논쟁하느라 시간을 허비하지 말라. 좋은 사람이 되라."

움직임 속의
고요함

에픽테토스는 말했다. "자기 자신의 주인으로 살지 않는 사람은 자유인이 아니다." 나의 목표는 나 자신의 주인으로 사는 것이며, 움직임 속의 고요함을 통해 그 목표를 이루고 싶다.

고요함이란 스토아 철학자들이 평정심이라 부르는 평온한 내면의 상태, 즉 필요한 부정적 감정의 진폭과 빈도를 통제할 수 있는 상태를 의미한다. 나는 침착하고 냉정한 편이다. 긍정적 감정의 크기와 빈도가 부정적 감정을 넘어선다.

지금까지 우리가 살펴본 프레임워크(통제의 이분법/삼분법, EJR, 리프레이밍, 부정적 시각화)는 모두 우리를 고요함과 평정심으로 인도한다. 고요함은 스토아 철학의 운영 시스템을 연습하면서 얻을 수 있다.

움직임이란 내가 추구하는 가치에 따라 사는 것을 뜻한다. 나는 내게 흥미롭고 좋은 문제를 해결하며 산다. 내가 사랑하고 존경하는 사람들과 의미 있고 만족스러운 관계를 누리고 있다. 제논은 이렇게 말했다. "행복은 삶의 좋은 흐름이다." 나에게는 제논이 말하는 흐름이 바로 움직임이다.

세네카는 움직임 속의 평온함에 관해 이렇게 썼다. "우리를 방해하거나 두렵게 하는 모든 것을 몰아내면 깨뜨릴 수 없는 고요함과 끝없는 자유, 흔들리지도 변하지도 않는 기쁨이 찾아온다. 이어서 영혼의 평안과 조화, 그리고 온화함을 담은 진정한 위대함이 뒤따른다. 사나움은 언제나 나약함에서 비롯되기에."

네 권의 책

내가 책을 쓰는 일은, 내적 목표와 외적 목표의 차이를 보여주는 좋은 예가 된다. 첫 번째 책 『적극적 가치투자』는 전통적인 출판 과정을 거쳐서 출간되었다. 내가 가지고 있던 아이디어를 출판사 와일리에서 마음에 들어했다. 18개월의 원고 작업을 마치고 나는 와일리의 편집자인 파멜라 반 가이슨에게 초고를 보냈다. 한 달 후 파멜라로부터 "비탈리씨, 이 책은 출판할 수 없어요!"라는 이메일을 받았다. 18개월 동안 9만 단어를 쓴 다음에 "이 책은 출판할 수 없어요!"라는 말을 듣다니! 금세기 첫 10년 중에서 가장 우울한 날이었다.

사정은 이렇다. 나는 6만 단어를 써야 한다는 압박감을 느끼면서 마음에 떠오르는 대로 모든 투자 관련 생각을 글로 옮겼다. 파멜라의 충고는 간단했다. 다시 새로 시작해서 개요를 작성하고 이전 책에서 새 책으로 복사하기와 붙여넣기를 하라는 것이다. 그리고 가차 없이 자르라고 했다. 며칠 후 나는 파멜라의 조언에 따라 작업을 시작했다.

두 번째 책인 『횡보장에 관한 작은 책』은 첫 번째 책과 다른 독자층을 위해 다시 쓴 책이었다. 와일리 출판사의 '작은 책Little Book' 시리즈였기 때문에 분량을 3분의 1로 줄였다. 이 책은 2달 만에 완성했다.

여기서 흥미로운 부수 효과가 일어났는데, 첫 번째 책과 두 번째 책의 내용이 같고 똑같은 연구를 기반으로 썼지만, 두 번째 책이 읽기에 더 수월한 것 같다. 3분의 1을 덜어내고 나니 책 내용이 더 또렷하고 군더더기가 없이 이해하기 쉬웠다. 하지만 첫 번째 책이 없었다면 두 번째 책을 쓸 수 없었을 것이다.

그리고 세 번째 책인 『지적 투자자』가 있다. 이 책은 혼자 힘으로 쓰고 싶었다. 출판사를 구하지 않겠다고 결정했다. 마감 기한을 정하거나 선수금을 받고 싶지 않았다. 이 책은 내 연구였고 내 아이디어의 프로젝트였다. 2년에 걸쳐 책을 쓰다가 6개월 동안 쉬었고, 그 사이 여러 개의 글쓰기 작업이 끼어들었다. 6개월 후에 다시 책을 쓰기 시작할 때 거의 완성된 원고라고 생각했던 6만 5,000단어를 다시 읽고는 출판할 수 없는 책이라는 것을 깨달았다. 마음에 든 부분도 많았지만, 전체적으로 내가 세상에 내놓고 싶은 책은 아니었다.

정말 놀라운 것은 나 자신의 반응이었다. 혈압도 기분도 전혀 흔들리지 않았다. 조금도! 나는 스스로에게 "좋아, 계속 써야겠어"라고 말했다. 그게 다였다. 노트북을 닫고 아무 일 없다는 듯이 사무실로 향했다. 마치 그 원고를 쓰느라 인생의 2년을 보낸 적이 없었던 것처럼.

이때가 스토아 철학의 힘을 실감한 순간이었다. 첫 번째 책을 쓸 때는 선수금을 받고 마감 기한이 정해져 있었다. 내가 완전히 통제할 수 없는 외부 요소에서 비롯한 목표였기 때문에 나자신보다 글쓰기의 신이 운전석에 앉아있었다.

세 번째 책을 쓰면서 나의 유일한 목표는 쓰고 배우는 것이었다. 그리고 나는 목표를 충실히 이행했다. 나는 읽고, 쓰고, 배웠다. 과정 중심적이고, 내면적인 목표였다. 나는 책을 완성하는 데 실패하지 않았다. 완성이 목표가 아니었기 때문이다. 2년을 허비한 것도 아니다. 많은 것을 배우고 과정을 즐겼기 때문이다.

지금쯤 당신도 여기서 통제 이분법을 발견했을 것이다. 생각해 보자. 하나의 결과에서 고요함과 우울함이라는 완전히 다른 마음의 상태가 나올 수 있다. 목표를 다르게 설정했기 때문에 나는 고요한 상태에 있을 수 있었다. 더군다나 에픽테토스의 '에' 자도 알기 전부터 이렇게 의식적인 연습을 한 것이다.

여기에 흥미로운 교훈을 하나 더 얻을 수 있다. 모든 창조적인 노력에는 만지작거리기와 집중하기라는 2가지 모드가 있다. 만지작거리기 모드에서는 외부 세계의 유입을 허용한다. 열린 마음으로 외부를 의식하고 새로운 아이디어를 받아 자유롭게 생각하면서 서로 다른 정신 모델을 결합하고 연결해 본다. 책 읽기, 팟캐스트 듣기, 친구와 대화하기, 공원 산책하기, 그리고 오래 샤워하기 등 다양한 곳에서 새로운 영감을 얻을 수 있다.

그리고 글쓰기도 포함된다. 여기서는 이야기가 어디로 흘러갈지 모를 열린 결말 글쓰기를 말한다. 흔히 글쓰기나 다른 창조적인 활동을 떠올리면 집중력을 생각하게 된다. 하지만 만지작거리기 단계에서는 집중력이 창조성을 방해한다. 집중하면 터널시야가 생겨 앞만 보느라 터널 벽 너머에 있는 아이디어를 알아채기 어려워진다. 지금 하고 있는 일을 끝내는 것이 유일한 목표가 된다.

내가 이 책을 쓰기 시작했을 때 해리먼 하우스 출판사의 편집자인 크레이그 피어스와 마감 기한을 정했다. 하지만 마감일을 정한 것은 내 생각이었다. 나는 책을 출간할 생각으로 매우 기뻤다. 지금까지 썼던 글을 정리하고 약간의 수정 작업을 하면 된다고 생각했다. 집중 모드와 터널 시야여도 괜찮았다.

하지만 편집 과정이 거의 끝날 무렵, 글 하나를 수정하다가 정말 스토아 철학에 관해 쓰고 싶어졌고 스토아 철학을 공부하고 싶은 열망이 있다는 것을 깨달았다. 나는 크레이그에게 스토아 철학 장을 책에 넣고 싶고 필요한 만큼 시간을 들여 연구를 계속하고 싶다고 말했다. 크레이그도 동의했다.

나는 집중하기 모드에서 만지작거리기 모드로 전환했다. 크레이그와 나는 마감 기한을 연기하기로 합의했다. 나는 계속 읽고 생각하고 써야 했다. 내가 쓴 글이 마음에 들지 않으면 출판하지 않겠지만, 그렇다 해도 배우는 것이 목표였으므로 실패가 될 수 없었다. 당신이 이 글을 읽고 있다면 만지작거림이 열매를 맺었다는 의미일 것이다. 나는 집중 모드로 전환했고 만지작거린 자료들은 책으로 만들어졌다.

마르쿠스는 이렇게 말했다. "인기를 갈망하는 사람의 행복은 타인에게 달려있으며, 쾌락을 추구하는 사람의 행복은 자신이 통제할 수 없는 기분에 좌우된다. 하지만 현명한 사람의 행복은 자신의 자유로운 행동에서 비롯된다."

한 가지 더

스토아 철학은 학문적인 활동이 아니라 실천적인 삶이다. 스토아 철학자였던 세네카나 마르쿠스도 학자가 아니었다. 마르쿠스는 로마 제국을 통치했고 세네카는 진정한 르네상스형 인간으로 바쁘게 살았다. 앞서 언급했듯이 스토아 철학은 실제 삶을 위한 운영 시스템이며 실천이 요구되는 생활 방식이다.

나는 여기서 스토아주의에 대한 완전한 개요를 쓰는 것은 아니다. 스토아주의가 가르치는 내용의 표면만 살짝 건드렸을 뿐이다. 그럼에도 이 글이 당신의 흥미를 불러일으켰다면 서투른 내 글에서 멈추지 않길 바란다. 스토아 철학에 대한 입문서로 유용한 책들을 소개하고 싶다.

윌리엄 B. 어빈의 『좋은 삶을 위한 안내서』는 제목에서 알 수 있듯이 스토아 철학을 이해하고 실천하는 데 매우 유용하고 실용적인 안내서이다. 만약 고대 철학 역사에 관심이 없다면 처음 세 장은 건너뛰는 것이 좋다.

심리학자 출신인 도널드 로버트슨은 『로마 황제처럼 생각하는 법』을 통해 스토아 철학의 실천에서 심리학적 요소를 발굴하여 독창적인 통찰력을 제시한다.

라이언 홀리데이의 『스틸니스』와 『돌파력』은 놀라운 이야기로 스토아 철학의 핵심 개념을 전달한다.

마시모 피글리우치는 전직 진화생물학자답게 『그리고 나는 스토아주의자가 되었다』에서 스토아주의를 현대적 관점으로 해석하기 위해 노력하고 있다.

한 가지 아이디어를 나누자면, 어떤 주제에 빠져 깊이 연구할 때는 책 읽기와 더불어 유튜브에서 강의를 시청하거나 팟캐스트를 듣는 데 시간을 할애한다. 팟캐스트는 내가 매일 공원을 산책하면서 공부하는 훌륭한 도구다. 저자들이 질문에 대답하거나 책에서 미처 다루지 못한 새로운 주제를 제시할 때 참신한 통찰을 얻는 경우가 많다.

물론 에픽테토스나 세네카, 그리고 마르쿠스 아우렐리우스가 쓴 원작들도 있다. 하지만 이 책들로 시작하지 말고 위에서 소개한 필수적인 기본 개념을 설명해 주는 책들을 먼저 읽거나 병행해서 읽기를 추천한다.

6장

창조성에
관하여

환경에
휘둘리지 말라

전문 자산 관리자에게 가장 큰 위험 요소 중 하나는 특정한 방식에 따라서 행동해야 한다는 점이다. 매일 사무실에 출근하고, 장시간 일하고, 수없이 쏟아지는 이메일과 씨름하고, 포트폴리오를 완전히 파악하고 있어야 한다. 즉, 증권의 성과를 분 단위로 확인해야 한다는 뜻이다. 뇌에 혈액을 공급하는 유일한 신체 부위를 끈(넥타이)으로 묶는 채 비즈니스 TV를 시청하고, 끊임없이 뉴스를 확인하고, 단정하고, 보수적인 태도를 유지해야 한다.

동료들은 우리가 얼마나 일찍 출근하고 늦게 퇴근하는지에 따라 우리를 평가한다. 우리가 이렇게 하는 이유는 사회의 기대에 부응하기 위해서이지 더 나은 투자자가 되거나 고객에게 혜택을 주기 위해서가 아니다.

어떻게 보면 오전 8시부터 오후 5시까지 포드 자동차 조립 라인에서 시간당 생산량을 채우는 방식으로 우리의 비즈니스적 사고를 지배하게 만드는 셈이다. 자동차 생산에는 엄격한 규칙, 유니폼, 자동화, 정해진 근무시간이 효율성과 직결되지만, 비즈니스적 사고를 해야 하는 투자 분야에서 조립 라인 문화는 비생산적이다. 오히려 최상의 업무 성과를 낼 수 있도록 근무시간을 설계한다면 고객과 고용주 모두 더 많은 혜택을 누릴 수 있는 것이다.

시간당 생산량이 중요한 산업화 시대 직종에서는 하루 생산량은 시간당 생산량과, 총 근무시간과 함수 관계를 이룬다. 생산량을 늘리고 시간당 더 많은 부품을 생산하고 싶다면 일하는 시간을 늘리면 된다. 근무시간과 생산량은 직접적인 선형 관계를 이룬다.

투자는 매우 비선형적 업무이며 시간당 아이디어를 생산하는 직업이 아니다. 오히려 연간 몇 개의 아이디어가 나오는 식이다. 전통적이고 정형화된 업무 환경은 결과물인 아이디어, 심지어 강요된 아이디어를 생산해야 한다는 압박감을 조성한다.

워런 버핏은 버크셔 해서웨이 연례 회의에서 이렇게 말했다. "우리는 활동에 대한 보수를 받는 것이 아니라 옳은 일에 대한 보수를 받는다. 얼마나 오래 기다릴지에 대해서라면 우리는 무한정 기다릴 것이다."

저명한 행동 경제학자인 댄 애리얼리가 블룸버그 텔레비전

인터뷰에서 "살을 빼려면 어떻게 해야 합니까?"라는 질문을 받았다. 애리얼리는 이렇게 답했다. "주변 환경부터 바꾸세요. 출근했을 때 책상 위에 도넛 한 상자가 있다면 살을 빼기 어려울 것입니다. 그리고 냉장고를 열어 보면, 다이어트에 좋지 않은 음식들이 코앞에 놓여 있고, 반대로 건강한 식습관에 필수적인 과일과 채소는 손이 닿지 않는 맨 아래 칸 서랍에 파묻혀 있죠."

매일 우리가 쓸 창조적 에너지의 샘은 유한하다. 주변 환경이 우리의 샘에 에너지를 더하거나 뺄 수도 있고 아무 영향을 미치지 않을 수도 있다. 댄 애리얼리의 도넛 비유를 좀 더 깊이 생각해 보자. 책상에 앉아 도넛의 유혹을 뿌리치려면 의지력이 소모되기 때문에 단순히 도넛을 책상에 두는 것만으로도 에너지의 샘이 고갈된다. 반대로 도넛 대신 과일과 채소 바구니를 놓아두면, 먹는 데는 의지력을 소모할 필요가 없고 비타민과 에너지가 더해진다.

마지막으로 책상 위에 도넛도, 과일이나 채소도 없다면 에너지의 샘에는 아무 변화가 일어나지 않는다. 사소하지만 의식적인 행동으로 주변 환경을 조정하는 것이 창조적 결과물과 올바른 의사 결정에 큰 영향을 미친다. 우리는 올바른 환경을 선택하는 데 각별히 주의를 기울여야 한다. 함께 일하는 사람은 물론, 평소에 어울리는 사람들도 올바른 사람으로 선택해야 한다.

많은 연구 결과에서 인간이 멀티태스킹에 취약하다고 밝혀졌다. 우리는 불필요한 정보를 잘 거르지 못하고 새로운 정보에 너무 민감하게 반응한다. 집중은 멀티태스킹의 정반대 개념이다. 나는 비행기에서 가장 생산성이 높다는 사실을 알게 되었다. 비행기에서 헤드폰을 쓰고 독서나 글쓰기에 집중한다. 이메일이나 SNS, 메신저, 전화 등으로 방해받는 일도 전혀 없다. 사무실에서 이틀 동안 하는 일보다 비행기에서 4시간 동안 더 많은 일을 한다. 그렇다고 해서 집중하자고 일부러 마일리지를 쌓을 필요는 없다. 하루에 몇 시간 정도만 '오프 모드off mode'로 전환하면 된다. 인터넷을 끄고, 휴대전화를 끄고, 해야 할 일을 한다.

나는 우리가 제대로 집중한다면 주 5일 근무를 주 2일로 줄일 수 있다고 장담한다. 업무 성과도 올라가고 개인적인 삶도 좋아지며 궁극적으로는 심장마비도 10년이나 20년 늦춰질 것이다. 예를 들어 당신이 가장 창조적으로 일할 수 있는 환경이 사무실이 아니라면 명함에 적힌 주소라는 이유만으로 사무실에 갇혀서 창조성을 발휘할 시간의 대부분을 보낼 필요가 없다.

환경에 대해 명확히 인식하고 창조의 샘에서 에너지를 극대화하려면 매일 또는 매주 가장 주된 활동을 파악한 다음 거기에 맞는 효율적인 환경을 조성할 수 있다. 예를 들어 주중에 나는 리서치를 하고 재무 모델 구축과 수정, 회사 관리, 고객 상담, 독서와 글쓰기를 주로 한다.

나는 사무실이 리서치 자료나 책을 읽기에 최적의 장소는 아니라고 생각한다. 집중해야 하는데 너무 쉽게 산만해진다. 그래서 노트북과 책을 들고 공원이나 스타벅스로 나간다. 집에서는 침실에 둔 독서와 글쓰기 전용 의자를 애용한다.

재무 모델을 만들려면 컴퓨터 모니터가 여러 대 있는 회사 사무실이나 집 사무실에 있어야 한다. 동료들과 대화해야 할 때는 회사 사무실에 있는 편이 좋다. 대면이나 전화로 고객과 상담할 때는 아주 시끄럽지 않은 한 환경은 크게 문제가 되지 않는다. 회사 운영에 관련된 업무는 고도로 집중해야 하는 일과 일상적인 일로 나누어서 세분화할 수 있다. 고도로 집중해야 하는 일은 스타벅스나 공원에서 한다. 일상적인 일은 어디서든 할 수 있다.

끝으로 글쓰기가 있다. 글쓰기는 어마어마한 양의 에너지가 소모되고 각별한 집중력이 필요하기 때문에 환경이 매우 중요하다. 투자 업계의 업무 환경은 주식 시장과 경제 뉴스로 인해 점점 악화되고 있다. 선정성이 적은 진지한 뉴스는 시청률이 낮아서 비즈니스 예능라는 새로운 장르로 대체되고 있다. 이러한 예능 프로그램들은 설명이 필요 없는 무작위 사안까지 다루며 모든 것의 설명을 듣고 싶어 하는 시청자의 욕구를 만족시켜 준다. 그러나 많은 관리자가 업무 중에 비즈니스 TV를 시청하고 있다.

아마 당신이 소음을 걸러낼 능력이 있다고 생각할지도 모른다. 하지만 불가능하다. 소음이 당신을 압도한다. 그러므로 소음과 싸우려 하지 말고 차단하라. 장이 열린 시간에는 TV를 꺼라. 하루가 끝날 때, 비즈니스 채널 사이트에서 볼 가치가 있는 인터뷰나 뉴스가 있는지 확인하라. 주식 시세를 계속 확인하지 말라. 그렇게 하면 투자 기간이 짧아진다.

장기 투자자는 기업을 분석하고 향후 10년의 사업 가치를 평가해야 하는데, 모든 장기 분석을 부정하는 일일 주가 변동성에 집중하면 단타 매매자가 되고 만다. 매매 자체에는 문제가 없지만 가치투자자가 좋은 단타 매매자가 되는 일은 거의 없다.

나는 끊임없이 주가를 들여다보면 기분도 수시로 변하고 정보가 거의 없는 데이터를 해석하려니 뇌세포가 낭비된다는 사실을 발견했다. 그 이후로 점차 나아지고 있다. 이제 하루에 한 번, 혹은 두 번 정도만 주가를 확인한다. 내 목표는 며칠에 한 번씩만 확인하는 것이다.

목에서 줄을 풀고 편안한 차림으로 출근하라. 잠시 멈춰 자신에게 질문하라. 조립 라인 제조 시스템이라는 공룡 시대의 낡은 루틴에 얽매이지 않고 최고의 투자자가 되려면 어떻게 업무 체계를 구성할 수 있을까? 아이디어는 전적으로 당신에게 달려있다. 나는 전문 작가는 아니지만 전문 자산 관리자로서 글쓰기를 통해 가장 많이 배우고 생각한다. 나는 헤드폰을 쓰고 음악을 들으며 몇 시간 동안 컴퓨터 화면을 응시하고 자판을 두드린다. 이것이 내가 가장 생각을 잘하는 방법이다. 당신은 공원을 산책하거나 책상에 다리를 올리고 앉아서 천장을 바라보는 방법을 더 좋아할 수도 있다. 나는 아침에 생각이 가장 잘 된다. 오후 3시가 되면 뇌 활동이 멈춘다. 이때 이메일을 읽는다. 우리는 모두 다르다.

이 글의 대부분은 코로나 팬데믹이 시작되기 전에 썼는데, 팬데믹이 외부 환경과의 마찰을 훨씬 줄여주었고, 포드 자동차식

'시간당 생산량' 업무 환경에서 벗어날 수 있는 일생일대의 흥미로운 기회를 만들어 주었는지도 모른다.

팬데믹으로 인해 전통적인 사무실과 재택근무의 경계가 모호해졌다. 화상 회의를 하는 동안에 뒷마당에서 개가 짖고 아이들이 방으로 불쑥 들어오는 일이 오늘날 우리의 업무 환경에서 새로운 금요일 풍경이다. 언젠가 다시 과거의 노멀로 돌아갈 수도 있지만 지금 주어진 독특한 기회를 활용해서 우리에게 가장 생산적인 최선의 노멀을 만들 수 있다. 그리고 가장 좋은 점은 바로 새로운 노멀이 꼭 기존의 노멀과 같을 필요는 없다는 것이다!

제1원칙 사고법으로 접근해 보자. 당신 앞에 백지상태의 하루가 펼쳐져 있다. 하루를 어떻게 만들겠는가? 아무런 제약이 없다고 가정해 보자. 상상이 좀 편해졌다면 이제 다른 도시로 옮겨 새로운 일을 시작하고 일정을 온전히 통제할 수 있다고 생각해 보라. 오늘도 어제와 똑같은 루틴을 따라야 한다고 가정하지 말라.

당신이 이 글을 읽을 때쯤이면 내 일상을 여러 번 수정했을 수도 있다. 그리고 앞으로도 계속 다듬어 나갈 것이다. 중요한 것은 우리가 최고의 자신이 될 수 있도록 하루를 설계할 수 있는 기회가 우리 손에 주어졌다는 것이다. 그 기회를 낭비하지 말라.

시간 불변의 법칙

내가 많이 받는 질문 중에는 "어떻게 일하시나요?" "글 쓸 시간을 어떻게 확보하세요?" 같이 시간 관리에 대한 질문이 많다. 사람들은 내가 리서치를 할 시간이 있는지, 리서치는 내가 직접 다 하는지 아니면 다른 사람이 대신 하는지를 궁금하게 생각한다. 여기에 대해서 몇 가지 생각을 나누려 한다. 다른 투자 전문가뿐 아니라 다른 직종의 전문가에게도 도움이 되길 바란다.

질문에 대한 답은 다양한 방식으로 할 수 있다. 우선 매일 2시간 정도 글을 쓴다는 것부터 말하고 싶다. 1년에 500~700시간 또는 1년에 4만에서 6만 단어를 쓰며 대략 작은 책 1권 분량으로 환산할 수 있다. 글은 많이 쓸수록 특히 매일 쓴다면 더 잘 쓸 수 있게 된다. 나는 2004년부터 글을 써왔다. 그래서 전문 작가만큼은 아니지만 일반인보다는 많은 단어를 써낼 수 있다. 양이 곧 질을 의미하지는 않지만 별로 뛰어나지 않은 조셉 스탈린의 말을 빌려 "양은 그 자체로 질이다"라고 설명할 수 있다.

나는 보통 매우 이른 시간에 일어나서 커피를 만들고 헤드폰을 쓰고 글을 쓰기 시작한다.

아내와 아이들은 잠들어 있고 밖은 아직 어둡고 나는 나만의 세계로 들어간다. 아무런 방해 없이 2시간을 집중해서 생각한다. 생각에 집중하는 것, 그것이 글쓰기이다. 이렇게 나는 내 잠재의식의 깊고 어두운 곳까지 내려간다. 글쓰기는 내가 생각을 하나로 연결할 수 있는 유일한 방법이기에 꼭 필요한 작업이다. 글쓰기는 가만히 앉아 있지 못하는 내게 과분한 보상이 된다.

리서치도 내게 중요한 영감이다! 내가 보유하거나 분석한 주식에 관해 글을 쓸 수 있는 유일한 이유는 해당 기업의 연례 보고서를 읽고, 실적 발표를 듣고, 재무 모델을 구축하고, 다른 사람들과 토론하기 때문이다. 기초 리서치 과정을 거쳐 해당 기업을 잘 이해했기에 주식에 관한 글을 쉽게 쓸 수 있다.

IMA에서 리서치를 담당하는 사람은 나 외에도 사내 및 사외에 리서치팀이 있다. 나에게는 리서치를 공유하고 분석 중인 주식에 대해 토론하고 아이디어를 나누는 글로벌 네트워크 투자자 친구들(몇 년 전에 이미 업무적·개인적 경계가 사라져서)이 있다. 덕분에 IMA에 뮤추얼 펀드 회사를 담당하는 대규모 리서치 부서가 없어도 업무적 제약이 전혀 없다.

나는 배우고 창조하고 발견하는 일에 열중한다. 모임에서 만난 사람들이 직업을 물으면 주식 시장에 대해 말하고 싶지 않을 때 나는 작가라고 말한다. 하지만 진짜로 나 자신을 작가라고 생각하지는 않는다. 나는 단지 글쓰기를 통해 생각하는 사람이다.

유대인 랍비 노아 와인버그의 명언에서 빌려 온 별명으로 나는 스스로를 인생 학교의 학생이라고 생각한다. 우리는 직업 그 이상의 존재다. 우리는 누군가의 부모이자 배우자이며, 자녀, 그리고 친구이다. 우리에게는 취미와 관심사도 있다. 나는 투자를 좋아한다. 만약 가족이 내게 자신들의 존재를 상기시켜 주지 않으면 일주일에 80시간씩 투자 업무를 할 수도 있다. 하지만 나는 그 이상이 되고 싶다. 인생 학교의 학생은 단지 별명이 아니라 나의 사고방식이며 좀 더 열린 마음으로 삶에 조금은 다르게 접근하는 태도다. 이것이 내가 투자 이외의 주제에 관해 글을 쓰는 이유다.

클래식 음악을 탐구하는 것도 또 하나의 예로 들 수 있다. 나는 다룰 줄 아는 악기는 없지만 클래식 음악을 들을 때 정말 큰 기쁨을 느낀다. 음악이 없다면 내 삶은 매우 공허했을 것이다. 그래서 클래식 음악에 관해 글을 쓰기 시작했고 덕분에 더 많이 배울 수 있게 되었다.

그리고 나는 IMA라는, 많은 직원과 고객을 보유한 투자회사의 CEO이기도 하다. 내 업무 가운데 가장 우선순위에 있는 중요한 책임은 리서치다. 고객들은 IMA에 와서 순자산의 대부분을 넘기며 기본적으로 이렇게 말한다. "비탈리, 제발 말아먹지 마세요."

IMA의 CEO를 맡고 있으면서 리서치에도 충실하려면 어떻게 해야 할까? 지금의 자리에 오기까지 수많은 시행착오를 거듭한 결과, 주식 투자 분석과 관리 업무에 집중하기 위해 몇 가지 방법을 찾았다.

나는 아웃소싱을 활용하고 업무를 위임한다. 비서를 고용했다. 그리고 내가 해야 할 모든 일을 검토해 보았다. 내게 덜 중요하거나 내가 좋아하지 않는 일은 나의 훌륭한 비서인 바바라에게 맡겼다. 누군가 나와 통화 일정을 잡으려면 바바라와 얘기해야 한다. 내가 너무 중요한 사람이라서가 아니라 통화 일정 관리에도 시간이 꽤 걸린다. 이메일 3통에 5분이 걸리니 일주일에 4번이면 20분이 소요된다. 내가 중요도를 크게 부여하지 않는 일이다. 이런 일들이 많이 쌓였다.

그래서 내린 결론은 내 약점을 고용하기로 한 것이다. 사실 나에게는 매우 쉬운 일이다. 약점이 너무 많기 때문이다.

나는 이메일 관리를 정말 못 한다. 잊어버리고 답장을 쓰지 않거나 몇 주 지나 뒤늦게 보내곤 한다. 바바라의 받은 편지함에는 한 통의 이메일도 남아있지 않다. 내 편지함의 이메일 수는 민망할 정도다.

우리가 애널리스트를 채용할 때 나는 우리와 가치투자에 대한 열정과 가치관이 같고 나의 약점을 상쇄해 줄 강점을 지닌 상호보완적인 사람을 찾았다.

포천 500대 기업을 운영하는 사람과 점심을 먹으며 사람을 채용하면서 어떤 점을 중요하게 보느냐고 물었다. "2가지 C를 봐요. 역량Competency과 성품Character입니다. 업무를 주도적으로 해내는 사람을 채용하세요." 내가 찾는 자질도 똑같다. 그리고 어떤 이에게 듣고 마음에 새긴 조언이 또 있다. "채용은 천천히, 해고는 신속하게."

나는 내 시간을 보호한다. IMA 웹사이트를 통해 나와 연락하려고 시도하면 자동응답기에서 당신은 잠재적 고객이며 연락하고 싶다면 브로셔를 먼저 읽어야 한다는 메시지를 들을 것이다. 나는 브로셔를 읽지 않은 잠재 고객과는 통화하지 않는다. 잠재 고객이 전화로 묻는 질문은 대부분 브로셔에 이해하기 쉽게 답이 적혀 있다.

IMA는 전통적인 방식의 마케팅과 영업을 하지 않는다. 우리 고객들은 친구의 추천이나 내가 쓴 글이나 책을 읽고 연락해 온다. 그러면 서로 잘 맞는지 파악한다. 그게 다. IMA는 전통적인 투자회사들과 다르게 운영된다. 세미나를 열지 않고, 전화 영업이나 골프 모임 영업을 하지 않는다.

그래서 직접적인 영업에는 시간을 쓰지 않는다. 전혀! 덕분에 시간을 많이 벌 수 있다.

나는 "아니오"라고 말한다. 아주 많이. 컨퍼런스도 대부분 발표자로서가 아니라 배우는 사람으로서 참석한다. 컨퍼런스에 발표자로 요청받으면 아내와 함께 여행하는 것과 같은 숨은 동기가 있지 않은 한 대부분 거절한다. 1년에 한두 번 승낙할 때도 전통적인 일인극 방식의 프레젠테이션은 사양하고 Q&A만 한다. 프레젠테이션은 많은 준비가 필요해서 컨퍼런스 몇 주 전부터 머릿속을 점령한다. 그리고 솔직히 말하자면 별로 재미가 없어서 그만두었다.

나는 "커피 한잔합시다"라는 말을 하지 않는다. 전에는 내 시간을 아끼면 이기적으로 느껴져 마음이 불편할 때도 있었지만, 나의 가장 중요한 우선순위는 가족과 가까운 친구들이라는 사실을 깨달았다. 내가 '커피 한잔하는' 회의에 쓰는 시간이 아이들과 체스를 두거나 친구와 공원을 산책하는 시간을 앗아간다. 이런 관점에서 삶을 바라보기 시작하자 "아니오"라고 말할 때 느끼던 죄책감이 사라졌다.

또한 시간을 잡아먹는 회사 내부 프로젝트에 대해서도 "아니오"라고 말한다. 회사 마케팅 디렉터가 나에게 팟캐스트를 해보자고 제안했다. 나는 다른 사람의 팟캐스트에 가끔 게스트로 출연하는 일은 시간도 별로 걸리지 않고 재미있어서 좋아한다. 하지만 매주 팟캐스트를 하려면 시간을 투자하고 좋아하지 않는 일도 해야 한다. 그래서 아주 멋진 해결책을 찾았다. 전문 내레이터가 출연해서 내가 쓴 기사를 읽어주는 것이다. 짜잔! 팟캐스트가 탄생했다. 내가 쓰는 시간은 전혀 없다. IMA 팀이 제작하는 팟캐스트다.

시간 관리의 패턴이 보이리라 생각한다. 나의 행복 공식은 이렇다. 내가 즐겁게 하고 창조적인 만족감을 얻는 일들을 내가 좋아하지 않는 일(대부분 창조적인 특성이 거의 없는 아주 세부적이고 지루한 일)로 나눗셈하는 것이다. 목표는 분자를 최대화하고 분모를 최소화하는 것이다. 좋아하는 일에 집중한 덕분에 나는 더 집중을 높이고 더 많은 에너지를 발휘할 수 있다.

나는 시간 소모적인 취미를 피한다. 나는 골프를 치거나 스포츠 경기를 찾아다니지 않는다. 골프나 스포츠 자체는 아무 문제가 없지만, 그저 내 취향은 아니다. 1년에 2번 정도 풋볼 경기를 보는 것 같다. 다른 사람을 위한 조언이라기보다는 내가 리서치하고 글을 쓰고 책을 읽고 가족과 시간을 보낼 수 있는 시간을 확보해 주는 방법이다.

나는 타임 블록을 활용한다. 나는 아침형 인간이다. 하루의 전반부에 좀 더 생산적이고 창의적이다. 내게 가장 중요한 일은 리서치이다. 리서치는 많은 에너지와 창의성이 필요한 일이어서 꼭 아침 시간을 확보해서 한다. 오전 8시에서 오후 2시까지는 리서치에 집중하고 리서치와 관련 없는 전화는 받지 않는다.

고객이나 잠재 고객과 대화하는 데는 큰 에너지가 들지 않기 때문에 그 이후에 한다.

나는 수요일에는 약속이나 통화 일정을 잡지 않는다. 수요일은 비워둔 날로 어떤 의무를 정해놓지 않는다. 생산적인 일이든 비생산적인 일이든 그날의 기분에 따라 할 수 있다. 공원에 가거나 스키를 타거나 영화를 보거나 스타벅스에서 책을 읽을 수도 있다. 내 개인 시간이다.

나는 글쓰기를 통해 내 시간을 확보한다.

나는 존경하는 기업 스타벅스를 IMA의 본보기로 삼는다. 스타벅스는 일관된 최고의 제품과 훌륭한 고객 서비스를 제공한다. 이것이 바로 IMA의 북극성이 가진 특징이다. IMA는 투자 회사이면서 서비스 회사이기도 하다. 여기에 흥미로운 역설이 존재하는데 고객 서비스는 시간에 좌우되며 그 시간은 곧 나의 시간을 의미한다. 대부분의 회사 운영 업무는 유능한 담당 부서들에서 훌륭하게 처리할 수 있다. 하지만 IMA가 지속적으로 성장하면서 고객이 증가하고, 고객들은 당연히 재정이나 포트폴리오 등 여러 고민을 내가 해결하길 기대할 것이다. 회사의 웹사이트와 브로셔에는 포트폴리오 담당 관리자와 언제든 통화할 수 있다고 명시되어 있다. 우리는 고객의 문의에 대해 영업일 기준 1일 안에 답변하기로 약속하고 있다.

빈말이 아니다. 약속은 항상 지킨다.

포트폴리오 문의에 대해 마침내 해결책을 찾았다. 분기마다 고객의 포트폴리오에 대한 심도 있는 소식지를 작성한다. 이 소식지는 20쪽에 달한다. 고객별로 포트폴리오가 다르지만, 기술의 도움으로 각 고객에게 맞춤형 소식지를 작성할 수 있다.

소식지에는 고객이 문의한 내용에 대해 나의 답변이 담긴 Q&A 섹션이 있다. 소식지를 작성하는 목적은 고객이 자신의 포트폴리오와 세계 주변 경제 상황에 관해 문의한 가능한 모든 질문에 대해 이해하기 쉽게 정직하고 명확한 답변을 제공하기 위해서이다. 그 결과 작년에는 고객과 전화 통화하는 데 많아야 30시간 정도 쓴 것 같다. 고객은 언제든지 나에게 전화할 수 있지만 꼭 통화가 필요하지 않은 경우도 많기에 소식지를 통해 질문에 대한 답을 얻을 수 있다. 글은 많이 널리 읽힐 수 있지만, 전화 통화는 시간적 제약이 있다.

프레디 머큐리의 말처럼, 시간은 아무도 기다려주지 않는다. 나는 좀 시간에 집착하는 경향이 있다. 그래서 나에게 가장 중요한 일에만 시간을 쓰려고 노력한다. 좋아하는 일은 더 많이 하고 싫어하는 일은 덜 하도록 삶을 조정해 왔다. 내 장점도 파악했다. 바로 글쓰기를 통한 사고와 집중적인 리서치다. 시간은 늘릴 수 없지만, 글은 확장할 수 있다. 나는 위임과 아웃소싱을 통해 내가 좋아하는 사람들과 함께 일한다. 그게 답이다!

말하는 대로

"아브라카다브라." 다음에 무언가 말을 할 때 이 문구에 대해 생각해 보자. 이 말은 히브리어로 "나는 내가 말하는 대로 창조할 것이다"라는 뜻이다. 우리는 말을 하면서 생각을 창조한다. 우리 입에서 소리가 나가면 우리의 뇌에 글이 새겨진다. 게다가 우리가 다른 사람과 대화하는 방식에 따라 우리가 하는 생각의 양과 생각의 내용이 좌우된다.

천천히 설명하자면, 우선 의사소통 방식에는 4가지 모드가 있다. 설교자, 검사, 정치인, 과학자이다.

먼저 3가지 모드에 관해 살펴보도록 하자. 과학자 모드는 마지막에 논의하겠다.

설교자 모드의 소통방식은 자신의 신념을 확신하며 다른 사람들이 복음을 받아들이도록 설득하는 것이다. 정치인은 자기가 믿든 믿지 않든 자신이 전달하는 메시지에 대해 다른 사람의 지지를 얻으려 노력한다. 검사는 상대방의 생각을 바꾸도록 논거를 구축하려고 노력한다.

우리는 모두 상황에 따라 모드를 바꿔가며 소통한다. CEO로서 직원들에게 IMA의 가치를 전달할 때 나는 설교자 모드로 많은 시간을 보낸다. 숙제와 청소의 미덕에 대한 아이들의 생각을 바꾸려 할 때는 검사 모드로 전환한다.

대체로 나는 정치인을 좋아하지 않기 때문에 손쉬운 방식으로 정치인을 비하하는 글을 쓸까도 생각했었다. 얼마나 거짓말을 일삼고 지능적으로 부정직하게 행동하며 여론의 변화에 편승해서 입장을 바꾸는지에 대해서 말이다. 그렇지만 우리가 정치인 모드로 소통하기 위해 꼭 정치인이 될 필요는 없다고 생각했다. 우리는 모두 정치인 모드가 될 때가 있다. 오래전 취업 면접에서 나도 정치인 모드가 되어 잠재적 고용주들이 듣고 싶어하는 답변을 했다. 우리 대부분은 첫 데이트에서 정치인처럼 행동한다. 데이트 상대가 우리를 좋아하도록 만들어서 다음 데이트 약속을 받아내려 한다. 내가 아내와 첫 데이트에서 정치인 모드를 작동하지 않았더라면 나는 아직도 부모님과 살고 있을 것이다.

각각의 모드는 인류라는 종으로서 우리가 생존하는 데 매우 중요하며 개인적 일상생활에서도 중요하다. 스티브 잡스는 선구안을 지닌 사람인 동시에 불가능해 보이는 일을 해내도록 다른 사람을 설득하는 능력이 탁월했다. 이를 애플의 직원들은 '스티브의 현실왜곡장'이라고 불렀다. 잡스는 설교자 모드에 있었다. 우리의 재판 시스템은 판사와 배심원의 마음을 움직이는 변호사의 능력에 좌우된다. 일상적인 사회적 상호작용과 인간관계에서도 마찬가지다.

앞서 언급한 모드들을 무시하려는 것은 아니지만 이 3가지 모드에서는 배우는 것이 별로 없다. 지금까지 논의한 세 가지 모드를 곰곰이 생각해 보면 모두 외부에 초점을 맞추고 있다는 것을 발견하게 된다. 자기 자신의 생각이 명확하다고 확신하며 다른 사람이 그 생각을 받아들이게 만드는 것을 목표로 삼고 있다.

사실 내가 이 프레임워크를 배우기 전에는 과학자 모드를 다른 이름으로 불렀다. 인생 학교의 영원한 학생 모드. 하지만 과학자 모드라는 이름도 매력이 있다. 과학자는 어떤 생각이든 검증이 필요한 가설로 대한다. 생각은 더 많은 조사를 위한 가변적인 시작점일 뿐이다.

앞서 설명한 3가지 모드와 과학자 모드 사이를 가로막는 것은 우리의 자아(에고)다. 에픽테토스의 말이 계속 떠오른다. "자신이 이미 알고 있다고 생각하는 것을 배우기란 불가능하다." 우리의 자아는 우리가 실제 아는 것보다 더 많이 알고 있다는 착각을 심어준다. 새로운 지식과 새로운 사고방식으로 발전할 수 있는 새로운 정보는 자아의 단단한 장벽에 부딪혀서 튕겨 나간다.

『싱크 어게인』의 저자 애덤 그랜트의 말을 인용하면 자아를 내려놓기 위해서 신념보다는 호기심을, 교만보다는 겸손을 우위에 두어야 한다. 우리 안에 들어오는 생각을 모두 믿을(옹호할) 필요는 없다. 다만 생각과 아이디어가 무의식적으로 우리의 정체성이 되지 않길 바란다.

정체성은 바꾸기 어려운 편인데 이 점이 정체성의 특징이자 오류이기도 하다. 이 특징을 잘 활용하면 우리의 가치와 긍정적인 자질을 정체성으로 확립하는 데 도움이 된다. 자기가 정체성이라고 여기는 것이 시간이 지나면서 실제 정체성으로 형성될(굳어질) 수 있다. 스스로에게 자신이 어떤 사람인지 말할 수 있다. 예를 들어 나는 남에게 친절한 사람이다, 정직한 사람이다, 사회에 선한 영향을 미치는 사람이다, 건강한 사람이다 등으로 정체성을 부여할 수 있다. 자신의 정체성이 세운 가치대로 생각하고 행동하는 사람은 결국 정체성과 일치하는 사람이 된다.

신중하게 형성한 가치만이 정체성의 일부로 자리 잡을 수 있다. 일단 어떤 생각이 내재화되면 그 생각을 바꾸기는 쉽지 않다. 그렇게 되면 아주 괴로울 수도 있다. 만약 우리의 정체성이 "나는 지구가 평평하다고 믿는다"라는 사람이면 반대 증거를 발견해도 생각을 바꾸기 어려울 것이다. 아이디어는 가설 단계로 오랫동안 유지되어야 한다.

『싱크 어게인』에서 애덤 그랜트는 노벨 경제학상 수상자이자 행동경제학의 공동 아버지인 대니얼 카너먼을 처음 만났던 이야기를 소개했다. 그랜트는 어느 날 연설을 하다가 맨 앞줄에 앉은 카너먼을 발견하고 충격과 감동을 받았다. 연설이 끝난 뒤 카너먼이 다가와 웃으며 말했다. "정말 멋진 발표였어요. 제가 틀렸네요." 뜻밖의 반응이었다. 당황한 그랜트는 이와 비슷하게 질문했다. "틀렸는데도 어떻게 기분이 좋을 수 있죠?" 카너먼이 설명했다. "틀리는데 좋아할 사람은 없어요. 하지만 저는 틀리기를 즐깁니다. 이 말은 이제 전보다 덜 틀린다는 의미죠. 내가 무언가를 배웠다는 의미이기도 합니다."

틀렸을 때 기쁨을 발견하는 것이 우리 모두가 길러야 할 기술이다.

지적으로 정직한 토론

친구들과 이스라엘에 갔을 때의 일이다. 한 친구가 자신이 공부했던 예루살렘 중심부에 있는 가장 큰 예시바◆를 보여주겠다고 했다. 미르 예시바라는 학교였다. 우리는 목요일 밤 10시경에 방문했다. 친구는 우리를 '도서관'으로 안내했다. 미국 대학의 도서관에 가면 어디든 2가지 특징을 발견할 수 있는데 바로 많은 책과 깊은 고요함이다.

이 도서관에는 책이 가득 차 있었고, 커다란 방에 수백 명의 학생들이 두세 사람씩 나뉘어 조그만 나무 테이블 주위에 앉아 있었다. 논쟁을 통해 배우는 전통 깊은 수업이 진행되는 시간이

◆   Yeshiba, 정통 유대인 대학.

었다. 학생들은 토라●에서 한 문장이나 한 구절을 골라 몇 시간씩 그 의미에 대해 논쟁을 펼쳤다.

나는 눈 앞에 펼쳐진 광경에 완전히 매료되었다. 배움에 대한 열정이 정말 놀라웠다. 목요일 저녁 늦은 시간이었는데도 말이다. 이보다 더 좋은 두뇌 체조는 생각해 낼 수 없을 것 같다. 토라든 투자든 물리학이든 어떤 과목이든 상관없다. 이렇게 역동적이고 도전적인 과정을 거쳐 진리에 도달하면 어떤 과목에서든 자신의 부족한 지식과 다듬어지지 않는 관점을 발견할 수 있을 것이다. 토라를 배우는 학생들은 과학과는 동떨어진 내용을 토론했지만, 많은 시간을 과학자 모드로 지냈다.

나는 오랫동안 전 세계 70억 명에 이르는 인구에서 1,500만 명도 안 되는 유대인이(전 세계 인구의 0.2%에 불과하다) 노벨상 수상자의 22%(경제학상 40%, 물리학상 26%, 의학상 28%)를 차지한 이유가 궁금했다. 미르 예시바에서 본 광경도 그 이유 중 하나가 될 것 같다. 종교가 문화를 형성하는지 문화가 종교를 형성하는지까지는 잘 모르겠지만, 논쟁은 유대인의 종교와 문화에 핵심으로 내재되어 있으며 유대인은 과학자 모드로 많은 시간을 보낸다는 것은 확실하다.

이 학생들은 단순한 토론이 아니라 지적으로 정직한 토론을 펼쳤는데 여기에 대해서는 다음 장에서 다루도록 하겠다. 그보다 앞서 미르 예시바에서 배운 흥미로운 사실 하나를 말하

● 구약성경의 모세오경.

고 싶다. 예시바에 입학한 학생들은 졸업일이 정해져 있지 않다('2025학년도 졸업'과 같은 것이 없다). 학생들은 학업을 다 마치면 졸업하고 졸업한 뒤에도 하루에 몇 시간씩 토라 공부를 이어간다. 이 점이 일반적이고 실용적인 서구의 전통 즉, 대학에 입학해서 공부하고, 시험을 통과하고, 졸업하고, 취직하는 방식과 매우 다르다. 우리는 졸업과 취업 사이 어느 시점에 공부에서 벗어났다고 느끼기 때문에 배움을 멈춘다. 나는 배움에는 졸업이 없다는 미르 예시바의 정신이 매우 마음에 든다. 살아가는 동안 끊임없이 배우는 인생 학교 학생의 궁극적인 모습이다.

토론 이야기로 돌아가 보자. 토론할 때 우리는 과학자 모드 또는 검사 모드가 될 수 있다. 검사는 피고가 유죄라고 배심원을 설득하기 위해 진실을 찾아야 하지만 변호사는 이러한 부담이 없고 의뢰인이 무죄라고 주장하기만 하면 된다. 우리의 목표가 논리적으로 정교한 주장을 펼쳐서 렌터카 회사 직원에게 무료 업그레이드를 받아내려는 것이라면 우리는 검사 모드에 있다. 우리의 목표가 상대의 생각을 바꾸려는 것이 아니라 배우는 것이라면 우리는 과학자 모드에 있다. 하지만 여기서도 우리의 자아가 주도권을 잡으면 토론은 진리를 추구하지 않고 자신의 신념을 굳힐 뿐이다.

당신이 진리를 찾고자 한다면 검사 모드의 토론은 실제로 위험할 수 있다. 충분히 검토할 기회를 갖지 않고 논쟁으로 기존 생각만 굳힌 채 결론을 내릴 수 있기 때문이다. 다른 말로 설명하면, 결국 믿게 되는 것은 다음과 같은 과정을 거쳐 확고해진다. 마음속에 어떤 생각이 떠오른다. 떠오른 생각을 다양한 관점에서 검토해 보지 않고 검사 모드로 논쟁하면 생각이 신념으로 굳어진다. 만약 처음 생각과 정반대의 생각이 더 먼저 떠올랐다면 반대 생각이 신념으로 굳어졌을 수 있다는 사실을 깨닫기 전까지 얼마나 두려운 일인지 알지 못한다.

우리가 과학자 모드로 토론한다면 확고한 생각이 있어도 열린 태도를 유지하게 된다. 과학자에게 진실이란 자신이 믿든 믿지 않든 존재한다. 중력처럼 진실은 우리가 믿는 바와 관계없이 존재한다. 중력을 믿지 않고 마음대로 나무에 올라가 보라. 팔다리가 몇 번 부러지고 나서야 중력의 존재를 깨닫는다. 세네카는 이렇게 말했다. "시간이 진실을 밝힐 것이다." 중력은 아이작 뉴턴이 발견하기 훨씬 전부터 존재했다. 과학자들은 어떤 면에서는 진실을 발견하는 고고학자라고 할 수 있다.

지적으로 정직한 토론과 대화를 하려면 기꺼이 배우려는 자세를 갖추어야 한다. 지적으로 정직한 토론에 필요한 규칙은 다음과 같다.

자기 자신에게 정직하라. 자신이 과학자라는 사실을 기억하고 검사 모드가 되지 말라. 도스토옙스키는 『카라마조프가의 형제들』에서 이렇게 말했다. "무엇보다 자신에게 거짓말하지 말라. 스스로에게 하는 거짓말을 듣고 있으면 자신 안에서나 주위에서나 진실을 구별할 수 없게 되고 자신과 타인의 존경을 모두 잃게 된다. 존경이 사라지면 사랑도 멈춘다."

다른 관점을 인정하라. 찰리 멍거는 여기에 대해 매우 잘 요약했다. "반대 입장에 있는 사람보다 더 나은 논거를 제시할 수 없다면 나는 의견을 말할 자격이 없다. 그 단계에 도달했을 때만 내가 말할 자격이 있다고 생각한다."

자신의 가설을 인정하라. 가설이라는 것이 명확해지면 각 가설을 개별적으로 검토할 수 있으므로 지적으로 정직한 토론을 하기가 훨씬 쉬워진다.

자신의 편견을 인정하라. 자신의 편견을 드러내면 토론 상대방도 당신의 의견에 적절한 무게를 부여할 수 있을 것이다.

자기 주장의 약점을 인정하라. 이것이 지적 정직함의 핵심이며 진실을 훨씬 효율적으로 찾아갈 수 있다.

주장을 펼치되 상대방을 공격하지 말라. 우리의 논쟁 상대는 사람이 아니라 의견이다. 정치인의 수준으로 내려가지 말라.

과학자다운 사고와 토론의 훌륭한 예는 당연히 1922년 노벨 물리학상을 수상한 두 거장, 알버트 아인슈타인과 닐스 보어가 보여주었다. 두 사람은 거의 30년 동안 지속된 과학계의 가장 오래된 논쟁 중 하나에 대해 토론했다. 이 논쟁은 1927년 브뤼셀에서 열린 제5차 솔베이 전지 및 광자에 관한 컨퍼런스에서 시작되었으며 총 17명의 노벨상 수상자가 이 논쟁에 참여했다.

덴마크 출신 과학자 닐스 보어는 양자 물리학의 공동 창시자였다. 아인슈타인도 양자 물리학의 창시에 공헌했지만, 오랫동안 양자 물리학의 확률적 특성을 받아들이지 못했다.

양자 물리학(양자 역학 또는 양자 이론으로 알려졌다)은 원자와 아원자 입자의 움직임을 연구하는 학문이다. 양자 물리학에 대한 아인슈타인의 문제를 이해하려면 20세기 초 아인슈타인이 뛰어넘기 시작했던 고전 과학이 얼마나 단순하고 아름다운 걸 작이었는지 알아야 한다. 무엇보다도 고전 과학은 결정론적 과학에 이어서 수학을 활용해서 물체 B가 힘을 가했을 때 물체 A에 어떤 변화가 일어나는지 놀랍도록 정확하게 예측할 수 있었다.

양자 물리학으로 들어가 보자. 이 새로운 과학은 고전 과학이 가지고 있던 확실성, 단순함, 아름다움이 없었다. 고전 물리학에서 사건은 견고하고 연속적이지만 양자 물리학에서는 모호하고 불연속적이며 불확실하다. 아인슈타인의 이론도 원자와 아원자 입자의 움직임을 설명하지 못했다. 하지만 양자 물리학은 해냈다.

양자 물리학은 고전 물리학이라는 아름다운 구조에서는 벗어났다. 그러나(여기서 '그러나'가 매우 중요하다) 양자 물리학은 많은 업적을 달성했다. 마이크로프로세서도 양자 물리학의 산물이고, 그 덕분에 나도 이 책을 쓰고 있다.

아인슈타인과 보어의 논쟁은 사적인 토론이 아니었다. 그렇다. 논문을 발표하고 강연도 열리는 매우 공적인 담론이었다. 보어와 아인슈타인은 치열하게 진실을 탐구했다. 두 사람의 의견 차이는 모두 생각에 관한 것이었고 실험과 공식, 모델을 제시하며 각각 주장을 펼쳤다.

아인슈타인은 보어의 아이디어에 전적으로 동의하지는 않았지만 여러 번 자신의 생각을 바꾸며 많은 부분에서 보어의 주장에 동의했다. 하지만 결론적으로 양자 물리학의 확률적 특성과 무질서를 받아들일 수 없었다. 아인슈타인은 인생의 마지막까지 미완성 통일장 이론을 통해 양자 물리학의 대안을 모색했다.

이 토론을 통해 보어도 역시 몇 가지 문제를 재고하게 되었다. 이 위대한 논쟁이 진행되는 동안 그리고 끝날 때에도 아인슈타인과 보어는 변함없이 친구였고 서로를 향한 존경심도 그대로였다.

진실을 밝히는 한 가지 목적에 충실했던 이 정직한 지적 토론 덕분에 과학과 사회 전반에 걸쳐 많은 혜택을 받았다. 아인슈타인과 보어의 토론은 지적 정직성과 정직한 토론의 최고 기준이 되어 마땅하다.

또 다른 예가 있다. 지적 토론은 유대인 법률 체계에 뿌리 깊게 박혀 있다. 유대인 법에 따르면 법원에서는 사형을 결정하는 23명의 판사가 만장일치로 내린 사형 평결은 받아들이지 않는다. 맞다. 평결이 인정되려면 적어도 반대 의견이 한 명은 있어야 한다. 법원은 재판 과정에서 판사들에게 반대 의견을 접하게 할 목소리가 한 명이라도 있었는지 확인한다. 다시 말해서 법원은 판결이 집단적 신념이 아니라 논쟁을 통해 결정되도록 한다.

나는 대화가 논쟁으로 흐를 때 스스로에게 묻는다. "나는 어떤 모드에 있어야 하고 실제로 어떤 모드에 있나? 나와 논쟁하는 상대는 어떤 모드에 있나?" 또한 나는 정치나 종교에 대해서는 논쟁은 물론 일반적인 토론도 그만두었다. 사람들은 대부분 정치나 종교적 견해가 자신의 정체성에 확고하게 박혀 있다.

과학자 모드에서 검사 모드의 사람과 논쟁하기보다 더 괴로운 것은 정치인 모드의 사람과 논쟁하는 것이다. 적어도 검사 모드에 있는 사람과 대화할 때는 무언가 배울 수 있다. 정치인 모드에 있는 사람은 당신의 환심을 사려는 목적으로 당신에게 동의한다. 잠시 자존심은 세울 수 있겠지만 진실에 가까이 갈 수는 없을 것이다.

각 모드마다 알맞은 때와 장소가 있지만 과학자 모드일 때만 진정으로 배울 수 있다는 것을 기억해야 한다. 과학자 모드는 대체로 가장 유지하기 어렵다. 언제나 내가 옳다고 증명하고 싶은 우리의 자아는 끊임없이 우리를 과학자 모드에서 다른 모드로 전환시킨다. 인생 학교의 학생으로서 배움을 지속하려면 삶의 많은 시간을 과학자 모드로 보내도록 자신을 설계해야 한다.

내가 아이들하고 있을 때 생각보다 검사 모드로 보내는 시간이 많다는 것을 발견했다. 덴버에서 시카고로 가는 비행기 안에서 이 장의 대부분을 썼다. 조나와 나는 여름 캠프를 마친 해나를 데리러 가는 길이었다. 비행기에서 조나에게 이 장의 내용을 나누었다.

시카고에서 우리 셋은 매그니피센트 마일을 산책했고 관광도 하고 이야기를 나누며 몇 시간을 보냈다. 대화는 몇 번 논쟁으로 변하기도 했다. 조나는 "아빠, 지금 과학자 모드이신가요?"라고 나를 상기시키곤 했다. 그 순간 나의 첫 반응은 "그럼!"이라고 대답하는 것이었다. 하지만 잠시 멈춰 생각해 보니 대화하다가 어느 순간 내 자아가 올라와 주도권을 잡고 과학자 모드로 해야 할 대화를 검사 모드로 바꿔 놓았다는 것을 알게 되었다. 과학자 모드에서 내 목표는 자기 증명이 아니라 자기 향상이라는 지속적으로 기억해야 한다.

시카고에서 있었던 이 일 덕분에 내가 과학자 모드를 유지할 수 있는 훈련 방법을 하나 배우게 되었다. 이 장의 내용을 가족, 친구들, 그리고 IMA의 동료들과 공유한 다음 내가 검사 모드로 변할 때마다 말해달라고 부탁했다. 친애하는 독자 여러분, 여러분께도 이 방법이 도움이 되길 바란다.

오페라, 고통,
그리고 투자

이 글에는 비교적 투자 이야기가 많이 등장한다. 투자에 관심이 없는 독자는 그냥 넘기고 싶을 수도 있다. 하지만 투자로 인한 고통을 겪으며 내가 배우게 된 통찰을 나누는 일종의 고통에 관한 에세이로 읽어주길 간곡히 부탁하고 싶다. 고통이 투자 세계에만 국한된 문제는 아니라고 들었기에 만일 당신이 하는 일에도 고통이 문을 두드리고 있다면 도움이 될 내용이 있을 것이다.

투자 업계에서 거의 논의되지 않는 주제, 바로 고통에 관해 얘기해 보자.

그렇다. 고통. 고통은 매우 개인적이며 말 그대로 고통스러운 주제다. 그래서 고통이라는 주제는 자산 관리자들이 정신과 의

사 앞에서만 편하게 꺼낼 수 있으며 절대 공개적으로는 말하지 않는 이야기다. 결국 우리 같은 금융계 종사자들은 논리와 이성으로 매끄럽게 코팅된 이미지를 보여야 하고, 기분이나 감정, 특히 고통에 반응하는 모습은 비전문가 투자자 '무리'인 민간인들의 몫이어야 한다.

그렇다. 내가 속한 업계에서 겸손은 그다지 높이 평가받는 덕목이 아니다. 그래서 고통과 투자를 나란히 한 문장에 넣어 말하는 것을 보기 힘들었을 것이다. 지금까지는.

오페라

고통에 대해 생각하고 글을 쓰게 된 계기가 적어도 처음에는 고통 때문이 아니었다. 바로 오페라라는 예상치 못한 곳에서 시작되었다. 나는 클래식 음악을 좋아하고 클래식 음악에 대한 열정을 세상과 나누는 데서 큰 기쁨을 느낀다. 나는 투자에 관해 글을 써서 게시한 후 이메일로 발송한다. 하지만 투자만 생각하고 글을 쓰기에 인생은 너무 짧아서 투자 이메일에 클래식 음악과 인생에 대한 짧은 이야기를 함께 담는다.

나의 음악 이야기는 보통 "오늘 여러분과 나누고 싶은 음악"으로 시작해서 클래식 작품 하나에 대한 나의 생각을 쓰고 유튜브 연주 영상 링크 몇 개를 덧붙인다.

내가 가장 좋아하는 오페라 중 이탈리아 작곡가 루제로 레온카발로의 〈팔리아치Pagliacci〉를 소개할 때는 이렇게 썼다.

일반적으로 <팔리아치>는 배신에 관한 오페라로서 불행한 아내(네다)가 순회 코미디 극단의 주인이자 의로운 질투심이 넘치는 남편(카니오)을 속이고 바람을 피우는 내용으로 알려져 있다. 남편은 아내가 부정을 저지른 사실을 알게 된다. 수치심과 질투심에 사로잡혀 아내와 아내의 연인을 살해한다. 오페라는 "피니타 라 코미디아(Finita la commedia, 코미디는 끝났다)"라는 말로 끝을 맺는다.

이야기의 결말은 내게 큰 감동을 주지 못했다. 하지만 카니오가 아내의 불륜에 대해 품고 있던 오랜 의심이 진실이었다는 것을 알게 되는 장면에서 나는 큰 감동을 받았다. 극 중에서 네다가 바람난 아내 역할로, 카니오는 모든 사람의 조롱을 받는 남편 역할로 코미디극을 무대에 올리려는 순간 카니오는 진실을 알게 된다. 카니오는 분장을 하면서 아리아 <의상을 입어라>를 부른다. 그 순간 카니오가 느꼈을 감정을 상상하며 아리아의 가사를 보자.

연기하라! 얼이 빠져서 무슨 말을 하는지, 무엇을 해야 할지 모르겠구나! 하지만 해야 한다. 노력해라! 이런! 너는 남자가 아니더냐? 너는 팔리아치! 의상을 입고, 분장을 해라. 사람들이 돈을 내고 와서 기다리고 있다. 네가 웃음을 주길 기대하고 있다.

<팔리아치>에 관해 글을 쓰려고 앉았을 때 내가 왜 이 오페라를 좋아하는지 잘 알 수 없었다. 팔리아치를 배경음악으로 삼아 빈 화면을 바라보고 있으면 마치 심리 치료사를 만나는 기분이 든다. 나는 대학 시절에 이 오페라의 매력에 푹 빠졌다. 하지만

그날, 글을 쓰려고 앉았던 날 이 곡에서 새로운 의미를 발견했다. 아주 새롭고 다른 차원으로 오페라와 공감할 수 있다는 사실을 깨달았다. 바로 고통이었다. 나는 카니오의 고통을 이해할 수 있었다.

확실히 해 둘 것은 절대 내 아내가 서커스 단원과 바람이 났다는 의미가 아니다. 나는 투자로 겪은 고통을 말하는 것이다.

고통, 그리고 투자

투자는 기복이 심한 비선형적인 일이다. 모든 투자자는 자신의 전략이 시장 상황과 완전히 어긋나는 시기를 경험하게 된다. 시장은 급등하는데 자신의 포트폴리오가 급락하면 고통은 추악한 얼굴을 선명하게 드러낸다.

가치투자는 정반대 방식의 역 투자라고 정의할 수 있다. 성장주 투자자는 사랑, 화합, 평화, 합의의 열차를 타고 미스터 마켓®이 열광하는 회사를 매수하고 사랑에 대한 대가를 지불한다. 하지만 알다시피 사랑은 값비싸고 적어도 성장주에 있어서는 영원하지도 않다.

반면 가치투자자는 증오의 영역에 살고 있으며 다른 사람들이 원하지 않는 주식을 매수한다. 아이러니하게도 결국에 성장

● 벤저민 그레이엄이 『현명한 투자자』에서 소개한 개념. 주식 시장을 이해하고 대응하는 방법을 설명하기 위해 비유적으로 사용한 감정적인 비합리적인 캐릭터.

주 투자자가 보유하고 있던 회사를 가치투자자들이 소유하게 될 수도 있다. 사랑이 식으면 증오가 난무하는데, 아무도 증오에 대해 웃돈을 내는 사람은 없다. 따라서 매우 저렴하다.

투자 스타일은 순환 주기를 거친다. 당신이 투자한 주식에 대한 선호도가 완전히 없어질 때가 있다. 당신의 모든 노력이 허사가 된다. 당신은 스스로 계속 되뇐다. 단기적으로는 어떤 결정과 그 결과 사이에 연관성이 적거나 전혀 없다고. 이것이 투자의 기본 진리다. 머리로는 그렇게 믿지만 매일 출근하면 시장이 반복해서 말한다. 당신이 틀렸다. 당신이 틀렸다. 당신이 틀렸다.

이러한 부정적 확언은 마치 중국식 물고문®처럼 하루하루 자신감을 약화시켜서 마침내 자기 의심으로 가득 차게 만든다.

당신은 속으로 피를 흘리고 있지만 주변 세상은 알지 못한다. 당신은 여전히 '의상을 입고' 일터로 나가서 고객을 만나고 주식을 분석해야 한다. 당신 내면의 고통은 침묵을 지켜야 한다.

이런 일은 내 인생에서도 여러 번 일어났다. 2012년에는 이런 시간을 일 년 넘게 보냈다. 내가 매수한 주식이 전부 하락했다. 내가 사려고 생각해 놓은 주식도 전혀 오르지 않았다(다른 주식들은 2배씩 올랐다). 그 당시 신입 인턴을 교육하면서 거의 자동 조종 장치처럼 회사의 투자 과정을 설명하던 일이 모두 기억난다. 얼굴에는 용감한 표정을 짓고 있었지만, 마음속에서 타들

● 전신을 결박하고 이마에 한 방울씩 물을 떨어뜨리는 고문.

어 가는 고통은 못 본 체했다. 그 해는 그렇게 지나갔다. 다음 해에는 상황이 매우 좋아졌다. 나를 고통스럽게 했던 주식은 스타 종목이 되었다. 그러나 그 당시 실제 나의 내면과 다른 사람 앞에서 가장해야 했던 얼굴 사이의 괴리감을 지금도 기억하고 있다.

하지만 2012년의 고통은 2015년에 겪은 것에 비하면 아무것도 아니었다. 그해 출발은 괜찮았다. 하지만 마치 시계태엽처럼 매달 내 포트폴리오의 주식이 반토막씩 떨어졌다. 달이 바뀔 때마다 한 종목씩 죽었다. 일시적인 펀더멘탈 약세라고 생각했던 주식이 불과 며칠 만에 폭락하면서 11월에 대망의 피날레를 장식했다.

오랫동안 투자 일을 하면서 내 포트폴리오가 하락한 일이 처음은 아니었다. 2015년에는 신규 고객을 많이 확보했다. 오랜 시간 거래하면서 우리가 하락세를 극복하고 수익을 내는 것을 경험했던 기존 고객과 달리, 새로운 고객들에게는 포트폴리오 가치 하락만 보일 뿐이었다. 게다가 2015년은 일 년 내내 시장이 소폭 상승하거나 소폭 하락하는 전체적으로 양호한 해였다.

나는 장기적으로는 우리 포트폴리오가 좋아질 것을 알았지만 '장기'는 언제나 '단기'보다 훨씬 더 먼 미래의 일이다. 신규 고객들이 혼란에 빠져 주식을 매각하고 손실을 굳힐까 염려가 되었다.

나는 친구들과 한 해 전부터 일정을 잡아 둔 이스라엘 여행을 하고 있었다. 우리는 유대교 신비주의의 발상지이며 이스라엘에서 가장 오래되고 중요한 도시 중 한 곳인 제파트를 가이드와 돌아보고 있었다. 내 역사의 뿌리인 모국을 처음 방문한 것이어서 일생일대의 경험이기도 했다.

친구들은 우리를 둘러싸고 있던 모든 것에 매료되었다. 유대인의 유산을 열정적으로 만끽하고 있었다. 반면에 나는 극심한 고통에 시달리고 있었다. 내가 한 번도 겪어보지 못했고, 앞으로도 다시는 겪고 싶지 않은 고통이었다. 그때까지는 감정적 고통이 신체적 고통으로 이어질 수 있다고 생각해 본 적이 없었다. 몸 안의 근육 하나하나가 엄청난 무게에 눌려 으스러지는 것 같았다. 극심한 고통이 온몸을 찌르고 있었다. 친구들이 함께 있었지만 나는 완전히 혼자 있는 것 같았다.

나는 살면서 한 번도, 그리고 그 순간에도 자살을 생각해 보지 않았지만, 그때의 경험으로 자살하는 사람들의 고통을 이해할 수 있게 되었다. 그만큼 큰 고통이었다. 제발 고통이 멈추기를 나는 간절히 바랐다. 지나고 보니 내 문제는 많은 사람들이 겪는 고통에 비해 지극히 작은 일 같아서 이 글을 쓰기가 조금 민망하다.

호텔에 도착한 후 나는 자리에 앉아 고객들에게 편지를 썼다. 원래대로라면 분기 중반에는 하지 않는 일이었지만 고객들이 걱정하고 있다는 것을 알았기 때문에 누구나 자신의 자산 관리자에게 기대하는 일을 실행했다. 나는 진실을 알렸다. 주식 폭락이 발생한 과정을 설명했다. 해당 회사가 우리도 알지 못하는 미지의 상황에 놓여 있다는 사실을 설명했다. 이런 상황들이 발생할 수 있기 때문에 우리가 단일 종목에 의존하지 않고 다양한 포트폴리오를 보유하는 것이라고 말했다. 편지를 쓰면서 고통이 완전히 사라지지는 않아도 서서히 가라앉기 시작했다. 글쓰기에는 놀라운 치료 효과가 있다.

이렇게 쓴 편지를 고객에게 보내기가 정말 쉽지 않았다. 하지만 놀랍게도 반응은 긍정적이었다. 어떤 고객들은 나를 위로하고 격려를 보내기도 했다.

사실 여기에 2가지 문제가 있다. 첫째는 고통, 둘째는 우리의 내면과 공적인 얼굴 사이의 이중성이다.

고통의 문제부터 시작해 보자. 이중성의 문제는 마지막에 다루겠다. 일단 고통을 덜어내면, 합리적으로 행동하는 데 집중하고 고통에서 얻은 의미를 간직하여 고통이 헛되이 버려지지 않도록 해야 한다. 4장의 도입부를 먼저 읽은 후 이 글을 읽기 권한다.

고통 줄이기

스토아 철학자들은 고통에 대해 많은 지혜를 알려준다. 결국 스토아 철학은 창시자 제논이 배가 난파되어 모든 재산을 잃은 후 탄생했다.

내가 언급한 스토아 철학자들은 모두 수많은 고통을 감내했다. 마르쿠스의 자녀 13명 가운데 8명은 태어나자마자 또는 유아기에 죽었다. 30년 동안 함께 살았던 아내는 사고로 세상을 떠났다. 그리고 재위 기간 내내 안토니누스 역병(15년의 팬데믹), 수많은 전쟁, 반란과 배신을 겪었다. 세네카는 외아들을 잃었다. 또한 사형선고를 받고 마지막 순간에 8년 유배형으로 감형되기도 했다. 에픽테토스에 대해서는 많은 것을 알지 못하지만, 거의 20년의 세월을 노예로 살았으며 주인이 고의적으로 다리를 부러뜨렸다는 이야기는 잘 알려져 있다.

그렇다. 스토아 철학자들은 고통을 잘 알고 있다.

2015년의 어려운 상황에 대해서 에픽테토스라면 통제의 이분법을 시작하라고 제안했을 것 같다. 투자에 통제 이분법을 적용한다면, 우리가 통제할 수 있는 것들은 리서치, 투자 프로세스, 고객과의 의사소통뿐이라는 것을 알 수 있다. 나를 포함해 어떤 자산 관리자도 주식 시장에서 자신이 투자한 회사의 주가가 어떻게 책정될지, 언제 주가가 오르고 내릴지 전혀 통제할 수 없다. 믿거나 말거나 이런 점이 바로 주식 시장의 특징이지만 오류라고 볼 수는 없다.

그렇다. '언제'는 내 통제 밖에 있는 외부적 요소이므로 2015년에 거기에 집중하지 말았어야 했다. 이때 외부적 요소와 내부적 요소를 분리하는 것이 가장 중요하다. 주식 분석, 포트폴리오 구축, 체계적인 투자 프로세스 설계와 준수와 같은 내부적 요소에 집중하고 기회주의적 관점(시장의 비합리성으로 인해 유리하게 더 많은 주식을 팔고 살 기회가 생기는 것을 말하며 실제로 나도 그렇게 했다)에서 주식 가격에 주목했어야 했다.

글 쓰는 투자자라는 점이 2015년에는 다소 불리하게 작용했다. 머릿속으로 온갖 화려한 단어들을 사용해 상황을 부풀리면서 일을 악화시켰고 고통만 크게 가중시켰다. 여기에 대해 마르쿠스라면 내게 이렇게 말해주었을 것이다.

"소피스트가 되지 말게. 자기 자신에게 사용하는 단어를 주의 깊게 선택하게." 또한 "핵심적인 요소만 남기고 80%를 제거하게. 이 하락세가 영구적일 수도 있고(영구적이었다), 포트폴리오에 미치는 영향은 이 정도이네. 다른 몇 가지 주식은 30%에서 50% 정도 하락했고 그 하락세는 일시적인 현상이야(이는 당시 주식 시장에서 발표한 가격보다 훨씬 높은 수치였다). 그런 다음 오늘 시장에서의 주가가 아니라 자네가 생각하는 회사의 가치에 따라서 포트폴리오를 평가하게"라고 덧붙였을 것이다.

2015년에 이런 연습 과정을 거쳤다면 고통이 훨씬 줄었을 것이다. 한 종목이 80% 하락했어도 우리 포트폴리오의 공정 가치는 당시 시장 가격보다 상당히 높았기 때문이다.

만약 세네카가 2015년으로 시간 여행을 했다면 로마 제국이 무너지고 시저의 궁전이 라스베이거스의 명소가 되었다는 충격을 극복하는 데 시간이 좀 걸리겠지만 이런 일들은 모두 외부적 요소로 분류했을 것이다. 그리고 차분히 나를 앉혀놓고 이렇게 말했을 것이다. "자네 정말 자네 포트폴리오의 주식이 절대 하락하지 않을 거라고 기대했나? 정말 10년에 한두 번쯤 밟을 수 있는 주식 지뢰를 자네는 피할 수 있을 거로 생각했나? 자네는 인간일세. 자네도 무언가 놓칠 수 있고 주식이 반토막 이상 하락할 수 있고 그 하락도 영구적일 수 있어. 자네도 불행을 겪을 수 있다고. 정말로 이런 일이 절대로 일어나지 않으리라 생각했나? 만약 그랬다면 주식에 투자하지 말았어야지."

그리고 무심코 자신의 말을 인용했을 것이다. "우리는 실제 일어난 일보다 우리의 생각으로 더 많은 고통을 느낀다네." 세네카의 말이 맞았다. 그 당시 나의 모든 고통은 내 풍부한 상상력에서 나왔다. 사실 2014년과 2015년 수익을 합산한 흐름에서 문제를 제대로 파악했다면 포트폴리오가 계속 상승세에 있었다는 사실에 주목했을 것이다.

물론 나는 그 당시에는 알지 못했다. 만약 2015년 초에 겨울잠에 들어가서 2017년 깨어난다면 수익의 기쁨만 누리고 고통은 전혀 몰랐을 것이다. 이런 이유로 세네카는 계속해서 자신의 말을 인용할 것이다. "고통이 필요한 순간이 시작되기 전부터 미리 고통받는 사람은 필요 이상으로 고통을 겪는다네." 어떤 회사에 대한 시장 가격은 단지 의견일 뿐 최종 판단이 아니며 외부적 요소(생각하느라 시간 쓰지 말아야 할)라는 사실을 스스로 계속 상기했어야 했다. 내 고통은 불필요한 것이었다.

에픽테토스는 이렇게 깨우쳐주었을 것이다. "우리를 고통스럽게 하는 것은 사건이 아니라 사건에 대한 우리의 판단일세." 2015년을 좀 더 넓은 관점에서 리프레이밍해 보면 고통은 훨씬 줄어들 수 있다.

스토아 도구 상자에서 부정적 시각화를 꺼내 쓸 수도 있다. 사전 부검 기법부터 살펴보자. 내 포트폴리오가 20~40% 하락한다고 시각화하는 것이다. 미래에 일어날 일에 대해 미리 시각화하면 실제로 일이 발생했을 때 타격이 덜 할 것이다(2015년 이전에 했었어야 할 일을 하지 않아서 지금 해야 한다).

우리는 실제 부정적 결과보다 부정적 결과에 대한 불확실성을 더 두려워할 때가 많다. 만약 2015년에 손실을 시각화하고 기정사실로 받아들였다면 어마어마한 양의 스트레스를 해소할 수 있었을 것이다. 그리고 손실이 복구될 수 있다는 사실도 깨달았을 것이다.

스토아 철학자들은 내게 마르쿠스의 조언대로 문제들을 가능한 한 있는 그대로 나열하고 마치 다른 친구에게 일어난 사건처럼 편지를 써서 조언해 보라고 했을 것이다. 이러한 제 3자 관점은 현재의 내가 2015년의 나에게 말하는 방식으로서, 나를 집어삼키고 고통을 불러일으키는 감정에서 스스로를 분리해서 마치 타인에게 조언하듯 말하기 때문에 치유 효과가 뛰어나다.

앞서 언급했듯이 포트폴리오 가치가 하락한 일은 처음도 아니었고 마지막도 아니었다. 일기를 쓰는 것도 여러 가지 이유에서 도움이 되었을 것이다. 아주 단순하고 명확한 언어를 유지했다면 고통을 줄이는 데에 도움이 되었을 것이다. 또한 향후 포트폴리오가 하락세를 타는 동안에도(피할 수 없는 일이다) 그 일기를 꺼내 읽어보면서 발생 당시에는 불쾌한 일이지만 사실 당연하고 평범한 일이라는 것을 상기할 수 있을 것이다. '낚시fishing'를 '잡기catching'라고 부르지 않는 데는 이유가 있다. 배에 앉아서 며칠이나 몇 주씩 아무것도 얻지 못하고 좌절만 맛볼 때가 있기 때문이다.

그때 명상을 더 많이 했더라면 고통을 줄일 수 있었을 것이다. 글쓰기는 나만의 명상 방법이다. 명상에 대한 비유를 하나 소개하고 싶다. 당신의 뇌가 이성적 생각과 감정적 생각이라는 두 종류의 생각이 담긴 병이라고 상상해 보자. 이성적 생각은 맑은 물이고 비이성적인 생각은 먼지다. 평온하고 고통이 없을 때는 병이 흔들리지 않기 때문에 감정이 병 바닥에 가라앉아 있어서 물도 거의 맑다. 하지만 고통이 병을 휘저으면 뿌연 물만 보이고 투명함은 사라진다. 명상(내 경우 글쓰기)은 병의 흔들림을 서서히 멈춰준다. 먼지가 가라앉고 물이 맑아지면서 고통도 진정된다.

2015년에 믿음직한 모임을 만든 것이 큰 도움이 되었다. 투자를 직업으로 삼았다면, 당신의 어려움을 진정으로 이해하고 믿을 만한 다른 투자자들과 믿음직한 모임을 형성하는 것이 매우 중요하다. 신뢰 그룹은 당신이 감정을 억누르지 않고 털어놓을 수 있는 중요한 돌파구 역할을 해준다. 부담을 덜어내면 고통의 강도와 시간도 줄어든다.

소설을 읽는 것도 도움이 되는데 고통스러운 나의 세계에서 잠시 고통 없는 세계로 데려다주기 때문이다(고통은 등장하겠지만 나의 고통은 아니니까).

공원을 산책하거나 운동하는 것도 효과가 있다. 나는 산과 나무가 우리에게 얼마나 유익한지 수많은 라틴어 전문용어를 써서 설명하는 과학적 연구 결과가 분명히 있다고 확신한다. 그리고 그 연구 결과가 맞다고 확신한다. 개인적으로 나에게는 공원

산책이 스트레스 해소에 도움이 된다. 체육관에서 운동하면 일시적으로 정신적 고통이(포트폴리오의 붕괴) 신체적 고통(근육세포의 붕괴)으로 전환되기 때문에 도움이 된다. 그리고 운동을 한 후에는 근육이 커지는 멋진 기분이 든다. 인크레더블 헐크가 된 느낌이 들면 우울해지긴 어렵다.

아주 성공적이고 존경받는 가치투자자로서 수십억 달러를 관리하던 지인이 장기간 수익률 부진을 겪으며 회사와 뮤추얼 펀드를 닫았다. 그는 며칠 후 어느 화창한 월요일에 맨해튼에 있는 사무실로 가서 엘리베이터를 타고 10층으로 올라간 후 추락해서 생을 마감했다. 은행에 수억 달러가 남아있었고, 여생에 살아갈 돈에 대해 걱정할 필요도 없었다. 아내와 아이들도 있었다. 그는 자신의 가치를 포트폴리오 성과와 연결 짓는 실수를 저질렀고 포트폴리오가 그의 유일한 정체성이 되었다. 하지만 실적이 저조한(그 시점에) 투자자 말고도 그에게는 더 많은 역할이 있었다. 아버지, 남편, 아들, 멘토, 친구, 독서가 등 더 많은 정체성이 있었다. 우리는 이 점을 끊임없이 스스로 상기해야 한다.

자신이 좋아하는 일을 하고 있다면(예를 들어, 미친 듯이 좋아하지 않는다면 투자를 해서는 안 된다), 다가오는 고통을 줄이고 관리하기 위해 많은 방법을 쓸 수 있지만 모두 좋은 문제를 풀어가는 여정에 필요한 부분이라는 것을 기억해야 한다. 고통이 아무리 크다 해도 모두 일시적이다. 다 지나갈 것이다.

마르쿠스 아우렐리우스에게 마무리를 맡기고 싶다. "고통을 겪을 때마다, 고통은 수치스러운 일이 아니며, 고통이 당신의 지성을 깎아내리거나 합리적인 행동과 선행을 막을 수 없다는 사실을 명심하라. 그리고 견딜 수 없거나 끝나지 않는 고통은 없다는 에픽테토스의 말을 기억하고 고통의 한계를 염두에 두면 상상 속에서 확대하는 것을 피할 수 있다."

합리적으로 행동하기

만약 투자가 정확한 과학처럼 가설을 끊임없이 검증하고 결과를 반복하는 정형화된 과정이라면 고통은 필요하지 않을 수도 있다. 하지만 손익 계산서, 대차대조표, 재무 비율에 대한 정확한 후향적 보고서로 무장한다고 해도, 투자자가 완전하고 정확한 정보를 다 가지고 있지 않기 때문에, 미래에 무엇이 기다리고 있을지 우리는 알 수 없다. 투자의 역설은 완벽한 분석이 나쁜 결과(불운이라고 부르자)로 이어지고 결함이 있는 분석이 좋은 결과(행운이라고 부르자)로 이어진다는 것이다. 그러므로 무작위성에 감사할 수도 있다. 장기적으로는 행운과 불운이 서로 상쇄되지만, 단기적으로는 불운으로 속이 뒤틀리는 고통을 겪을 수 있다.

가장 먼저 할 일은 당신이 불운의 희생자인지 아니면 분석에 결함이 있었는지를 판단하는 것이다. 2015년에는 6개 종목이 내 고통의 진원지였다. 가능한 천천히, 그리고 합리적으로 포트폴리오를 다시 분석했다. 한 종목에서 분석 오류를 찾아냈다.

불운이 아니었다. 내 분석이 틀린 것이었다. 하지만 다른 종목들은 시장의 일시적 하락세 때문이었다. 단기적으로는 약세를 보였지만 가치는 크게 변하지 않았다.

나는 몇 종목에 투자금을 추가하고 나머지는 그대로 두었다. 1~2년이 지났다. 분석을 잘못했던 주식은 회복되지 않았지만, 다른 종목은 모두 소폭의 또는 매우 큰 수익을 냈다. 다행히 하락한 동지들의 손실을 상쇄하고도 남을 만큼이었다.

여기에서 체계적이고 합리적인 프로세스가 가장 중요해진다. 리서치를 문서화하고 이성적으로 생각할 수 있을 때 판단한 결과를 기록하는 것이 중요하다.

수확의 고통

창의력과 상상력은 대학교 금융학과 교육 과정에서 큰 비중을 차지하지 않지만, 투자에서는 핵심 요소이다. 창의력과 상상력이 있어야 과거의 확실성을 바탕으로 미래의 모호함과 불확실성을 해결할 마인드셋을 만들 수 있다.

우리의 창의력과 상상력은 마치 악기와 같아서 조율이 필요하다. 때때로 고통이 주는 스트레스가 완벽한 조율기의 역할을 한다. 예를 하나 들어 보겠다. 세르게이 라흐마니노프는 20세기 가장 위대한 업적을 남긴 러시아 작곡가로 역사에 기록되어 있다. 하지만 우리가 사랑하고 소중히 여기는 작품이 세상에 나오기까지 라흐마니노프는 엄청난 실패와 고통을 통과해야 했다.

1898년 상트페테르부르크에서 열린 라흐마니노프의 첫 번째 교향곡 초연은 그야말로 재앙이었다. 얼마나 엉망이었을까? 한 음악 평론가는 그 곡을 고대 이집트에 있었던 10가지 재앙에 비유했다. 오케스트라의 리허설이 부족했고 지휘자가 술에 취했었다는 설도 있다. 라흐마니노프는 "대중이 교향곡에 친숙했다면 지휘자를 탓했겠지만, 작곡가가 생소하고 연주가 형편없었다면 대중은 작곡가를 탓하는 경향이 있다"라고 썼다. 이때의 실패가 24살 청년을 3년 동안 우울증에 빠뜨렸다. 라흐마니노프의 자신감이 바닥에 떨어졌고 그 시기에는 작곡도 거의 하지 않았다.

고통은 영혼 깊숙이 파고든다. 그리고 자신도 몰랐던 감정과 창조력을 끌어내는 놀라운 선동가 역할을 한다. 세르게이 라흐마니노프가 겪은 3년의 고통은 피아노 협주곡 2번과 3번으로 완성되었고 첫 번째 교향곡 이후 10년 만에 〈교향곡 2번〉을 작곡하게 이끌었다. 라흐마니노프가 3년의 우울증과 창조력을 기꺼이 맞바꾸었을지 나는 알 수 없다. 하지만 첫 번째 교향곡의 실패를 겪고 이어진 고통이 훗날 라흐마니노프의 걸작이 나올 수 있는 길을 닦았다는 것은 확실하다.

투자 분야에서는 고통이 투자 프로세스의 모든 측면을 재검토하고 미처 알지 못했던 결함을 발견하도록 도와준다. 또한 고통을 투자자의 삶에서 중요한 부분으로 받아들인다면 고통이 창조성에 다시 불을 붙여 더 나은 투자자로 이끌어 줄 수 있다. 무엇보다도 목적 없는 고통은 무의미한 괴로움일 뿐이다. 우리는 성공보다는 실패를 통해 더 많은 것을 배우는 것 같다.

투자의 고통이 우리 같은 평범한 투자자에게만 국한되지 않는다는 것을 알아야 한다. 우리가 숭배하는 투자의 아이콘들조차 고통의 세월을 보냈고 앞으로 더 많은 고통을 겪을 수도 있다. 그들이 대중 앞에서 평온한 가면을 쓰고 있기 때문에 우리가 알아채지 못할 뿐이다. 자신의 가치를 포트폴리오 성과에 묶어두지 않는 것이 중요하다. 그렇게 해야 우리가 통제할 수 없는 감정의 롤러코스터에 스스로를 매달지 않을 수 있다.

가치투자의 아버지인 벤저민 그레이엄은 대공황 시기에 파산했다. 그의 인생에서 매우 고통스러운 시기였을 것이 분명하지만, 결국 고통의 과정을 거쳐 『증권분석』을 집필했고 이 책이 훗날 가치투자의 바이블로 인정받는 『현명한 투자자』의 기초가 되었다.

나는 투자가 준 고통의 엄청난 수혜자이다. 횡보장 개념과 나의 첫 번째 책은 모두 2002년에 겪은 고통의 산물이며, 그 시기에 고품질(그러나 과대 평가된) 포트폴리오의 가치가 무너지는 과정을 관찰하면서 나중에 책에서 그 원인을 횡보장 주가수익비율 수축이라고 설명할 수 있었다.

나는 2012년에 고통을 허비했다고 인정할 수밖에 없다. 나중에 돌아보니 고통을 통해 교훈을 얻었다면 2015년에 겪은 고통이 훨씬 적었거나 아예 피할 수도 있었을 것이다.

2015년에 겪은 고통은 축복이 되어 미래에 찾아올 더 큰 고통에서 나를 구해 줄 것이라 기대한다. 2016년에는 2015년을 재검토하는 일에 전념했다. 2015년의 실수를 반복하지 않도록 투자 프로세스를 개선했다.

놀랍게도 2015년의 데자뷔에 대비해 투자 프로세스를 강화하는 작업을 하면서 고통의 기억을 하나하나 되짚어갈 때 나도 알지 못했던 숨은 창조력이 발휘되어 예상하지 못한 수준으로 투자 프로세스가 좋아졌다. 2015년의 고통이 없었다면 아마 불가능했을 일이다.

결론은 이렇다. 고통을 허비하지 말고 창조력을 발휘할 수 있는 기회로 삼아라. 마르쿠스 아우렐리우스는 이렇게 말했다. "행동을 가로막는 장애물이 행동을 발전시킨다. 장애물은 곧 길이 된다."

일 없는 오아시스

이제 내면의 감정과 공적 얼굴의 이중성에 대해 생각해 보도록 하자. 우리 문화는 실패를 잘 용납하지 않고 정중한 미소가 아닌 다른 감정을 드러내면 대체로 환영받지 못한다. 하지만 현실은 모든 투자자가 어떤 시점에서든 고통을 겪으며 실패감에 휩싸여 우울증으로 괴로워하기도 한다.

내가 고통의 시기에 처했을 때 낯선 사람들 앞에서는 내 감정을 그럭저럭 숨길 수 있었지만, 사랑하는 사람들을 대할 때는 고통의 영향을 받았다. 조급해지고 쉽게 짜증을 내서 가족들을 불편하게 만들었다. 투자의 고통과 가족에게 미치는 영향 사이의 연관성을 인식하기까지 시간이 좀 걸렸다.

2015년의 고통스러운 경험 이후, 나는 내 인생에서 허구의 오아시스를 하나 만들어야 한다는 사실을 깨달았다. 나는 친구나 가까운 관계에 있는 사람들은(예를 들어 회당에서 정기적으로 만나는 사람들) 고객으로 받지 않겠다고 의도적으로 결정했다. 이성적인 사고를 유지하려면 외부 세계와 분리된 오아시스를 만들 필요가 있었다. 나는 상당히 저평가된 우량 기업의 주식만 매수하는 엄격한 투자 프로세스를 지키지만, 단기적으로는 시장에서 형성되는 주가가 어떻게 될지 전혀 통제할 수 없다.

2015년에는 내가 자산 관리를 맡고 있는 친구들과 퇴근 후 맥주 한 잔을 마시러 나갈 때마다 피할 수 없는 죄책감(또는 적어도 불편함)이 술집까지 따라 들어오곤 했다. 합당한 감정은 아니었다. 결국 내 마음에 드는 저평가 회사의 오늘 주가가 어떻게 될지 결정할 수 있는 것은 내가 아니다. 현재의 주가는 회사의 가치에 대한 일시적인 의견일 뿐 최종 평가가 아니다.

수년 동안 나는 사람들이 지적으로나 이성적으로는 하방 변동성을 견딜 수 있지만 포트폴리오가 10% 또는 20% 하락하면 자기가 어떻게 반응할지 자기 자신도 알지 못한다는 것을 발견했다. 행동 금융학에서는 이를 '공감 격차'라고 부른다. 수탁자로서 고객의 감정과 돈 사이에 서 있는 것이 내 일이기도 하다.

나는 이런 접근 방식에 매우 유익한 면이 있다는 것을 발견했다. 친구들과의 관계에서 암묵적인 모호함이 사라졌고 내 편에서 무언가 숨기는 게 있다는 인상을 줄 일도 없다. 그래서 나는 모든 친구와 지인들에게 그들의 돈을 관리하지 않겠다고 말했다. 무료로는 조언할 수 있지만 직업적인 관계를 맺지는 않을 것이다. 이렇게 하면 자유로워진다.

글쓰기의 힘

　나는 내가 글을 쓰고 책을 출판하고, 더군다나 글쓰기에 관해 조언을 하리라고는 상상하지 못했다. 러시아에서는 문학 수업 시간에 항상 최악의 학생이었고 내가 쓴 러시아어 에세이는 C 학점 이상을 받은 적이 없었다. 나는 선생님들이 나의 끔찍한 글을 읽고 채점하다가 지쳐서 결국 그만두고 동정심에 합격점을 줬으리라는 가설을 세웠다. 솔직히 선생님들을 원망하지 않는다.

　미국에 와서도 대학 영어 수업 성적은 그다지 좋지 않았다. 사실 영어가 대학에서 유일하게 낙제한 과목이어서 4학년 때 재수강을 해야 했다. 그때 이후로 글쓰기가 조금 나아졌고 이제는 독자들이 나의 허접한 글을 심사하게 되었다. 하지만 글쓰기에 대해 조언할 자격의 조건이 빈 화면을 가득 채우고 흰 종이를 시커멓게 만들 단어의 양이라면 나는 충분히 자격이 있다. 내가 10년 이상 해온 일이다.

내 글쓰기 '경력'은 2004년 더스트리트닷컴에 작가로 취직하면서 시작되었다. 내 실력이 좋아서 채용된 것은 아니었다. 정말이다. 하지만 내가 투자에 대한 배경지식이 있었고 더스트리트닷컴은 아주 까다롭지는 않았다. 시장과 주식에 대해 논평할 수 있는 따뜻한 사람을 원했다. 더스트리트닷컴의 보수는 거의 없다시피 할 정도였지만, 내게는 그것도 과분했다.

나는 경력이 전혀 없었어도 야망은 있었다. 글쓰기를 매우 진지하게 생각해서 내 기사도 진지했다. 거창한 단어들이 가득했고 솔직히 말도 못할 만큼 지루했다. 게다가 문법에 대해서 자의식이 극도로 심했다. 문장 구조와 문장 부호 때문에 미칠 지경이었고 철자는 비슷한데 의미는 전혀 다른 단어를 혼동할까 봐 두려웠다.

글쓰기에 관해 내가 말하고 싶은 첫 번째 교훈은 영어 선생님을 기절하게 만들 수 있는 말이다. 문법은 걱정하지 말라.

문법 걱정을 멈추고 나니 내 어깨에서 거대한 짐이 덜어진 기분이 들었다. 나는 a와 an, the를 완전히 포기했다. 영문법의 놀라운 비밀을 샅샅이 알아내려는 노력을 멈췄다. 그리고 탁월하고 숙련된 교열 담당자들이 내 소소한 실수들을 모두 잡아내도록 맡겨 두었다.

글쓰기는 매우 창조적인 작업이며 무엇보다도 내가 좋아하는 일이다. 하지만 문법은 글쓰기에서 가장 창조성이 떨어지는 부분이다. 내가 문법을 고치느라 글쓰기 시간의 3분의 1을 쓴다는 것을 발견했다. 그리고 슬픈 사실은 아무리 최선을 다해 노력해도 여전히 사소한 부분까지 다 잡아내지 못한다는 것이다.

나는 글쓰기 과정을 두 부분으로 나누었다. 하나는 의식과 잠재의식에 있는 생각을 기사, 고객에게 보내는 편지, 책으로 만들어 내는 창조적인 부분과 다른 하나는 기술적이며 필수적 요소를 다루는 덜 창조적인 부분이다. 문법에 대한 걱정을 덜기 시작했고 재능있는 교열 담당자를 글쓰기 과정에 좀 더 일찍 참여시키기 시작했다. 덕분이 나는 글을 더 많이 쓸 수 있고, 겸손히 말해 글의 질도 전혀 떨어지지 않는다.

대신에 나는 스토리텔러가 되어 글을 흥미롭고 재미있게(적절할 경우) 만드는 데 에너지를 쏟는다. 앞서 말했듯이 글을 처음 쓰기 시작했을 때 내 글은 건조하고 지루했다. 그 시절 내 글을 읽은 독자들, 그리고 특히 읽어야 한다는 의무감을 느꼈던 친한 친구들에게 지금도 미안한 마음이 든다.

그러다가 티보* 사건이 있었다.

더스트리트닷컴에서 글을 쓴 지 6개월 무렵 디지털 비디오 레코더 회사에 관한 글을 쓰고 있었다. 그 기사를 쓰면서 과감하게 약간의 유머로 티보의 자동 응답기가 내 러시아 억양의 영어를 알아듣지 못해서 곤란했던 경험을 담았다. 그리고 당시

●   2000년대 등장한 디지털 비디오 리코더DVR의 선구자.

3살이었던 조나에게 대신 말해달라고 부탁했더니, 자동응답기는 당연히 아주 잘 알아들었다는 이야기도 덧붙였다.

기사의 내용이 뛰어난 건 아니었다. 이전에 썼던 기사만큼의 많은 혹은 적은 통찰을 담고 있었지만 '전형적'이지 않고 지루하지 않았다. 그런데 갑자기 독자들의 반응이 확 달라졌다. 수천 통의 이메일이 쏟아졌다. 유머의 힘을 실감한 순간이었다. 하지만 단순히 유머 때문만은 아니었다. 자칫 지루할 수 있는 내용을 흥미로운 방식으로 전달했기에 독자들이 공감할 수 있었던 것이다.

이 기사를 계기로 글쓰기 방식이 단숨에 바뀌었다. 무슨 말이 하고 싶은지를 아는 것만으로는 충분하지 않다. 어떻게 전달할지를 알아야 한다는 것을 깨달았다. 지금도 나는 컴퓨터 화면을 몇 시간씩 바라보며 이미 알고 있는 지식을 어떤 흥미로운 비유로 설명할지 또는 어떤 관점에서 설득력 있게 표현할지 연구한다. 특히 주제가 복잡할수록 비유를 써서 이야기를 전달한다. 비유는 단순한 예를 통해 복잡한 아이디어를 설명하는 데 도움이 된다.

예를 들어 보자. 내 친구 중에 아주 똑똑한 독일인 투자자가 있다. 독일인답게 모든 일을 아주 효율적으로 해내고, 훌륭한 투자 관련서도 썼다. 읽어보면 매우 많은 것을 배울 수 있다. 하지만 '읽어보면'이 엄청난 가정이다. 친구의 책은 우리가 알고 있는 잘 설계된 독일 자동차와 차의 사용 설명서처럼 효율적이고 구조적으로 잘 짜여 있다. 불필요한 단어나 중복되는 문장도 없다. 하지만 안타깝게도 효율성을 추구하는 과정에서 책이 거의 살균되었다. 너무 읽고 싶은 책이었지만 3장을 넘기기가 어려웠다. 절망적으로 지루해졌다. 게다가 내 직업이 투자자인데도 말이다.

우리의 뇌는 가장 효율적으로 요점을 전달할 방법, 즉 에너지를 가장 적게 소비하는 방법을 자연스럽게 찾는다. 은유를 포함한 이야기는 언제가 가장 효율적인 방법이라고 할 수는 없지만, 대체로 아주 색다른 그리고 개인적인 차원에서 독자와 공감을 나눌 수 있기 때문에 매우 효과적이다. 다른 말로 하면 당신이 쓴 글을 독자가 끝까지 읽을 수 있게 된다는 뜻이다.

작가가 이야기를 통해 소통할 때 의도하지 않았던 유익이 있다. 스토리텔링은 우리의 우뇌, 즉 창조적인 영역을 자극해서 정신 모델 구축을 활성화한다.

좋아하는 작가, 당신이 정말 공감할 수 있는 목소리를 지닌 작가를 정해서 그들에게서 배우라(훔쳐라). 오스틴 클레온Austin Kleon은 자신의 저서 『훔쳐라, 아티스트처럼』에서 이렇게 썼다. "스타일이나 목소리를 타고난 사람은 없다. 우리는 자기가 누구인지 알고 태어나지 않았다. 처음에 우리는 영웅들을 흉내 내며 배운다. 우리는 모방을 통해 배운다." 클레온은 폴 매카트니의 말을 인용했다. "나는 버디 홀리, 리틀 리처드, 제리 리 루이스, 엘비스를 모방했다. 우리는 모두 그렇게 했다." 복사해서 붙여넣기를 말하는 것이 아니라 다른 사람의 좋은 자질을 모방하는 노력을 말한다. 클레온은 덧붙였다. "스타일만 훔치지 말라. 스타일

뒤에 있는 생각을 훔쳐라. 영웅의 모습처럼 보이려는 것이 아니라 영웅의 눈으로 보아야 한다." 더 나은 사람을 모방하려는 노력은 대부분 실패한다. 하지만 자신의 자질을 활용하고 개선하면서 거두는 작은 성공을 통해 우리는 궁극적으로 어떠한 사람으로 진화한다.

영감을 받고 싶은 사람을 신중하게 선택하되 몇 명에만 안주하지 말라. 클레온은 이렇게 말했다. "한 사람에게만 영감을 받는다면, 모두 당신을 누군가의 아류라고 생각할 것이다. 하지만 100명에게 훔친다면 모두 당신이 독창적이라고 말할 것이다!"

쓰기 위해 읽어라. 아버지는 7살 때부터 줄곧 그림을 그렸다. 예술가라는 정체성이 아버지의 생각과 마음에 깊이 박혀 있다. 우리가 어디로 여행하든 아버지는 이젤을 가져가서 항상 그림을 그릴 장소를 찾는다. 휴가 가서 산책할 때도 아버지는 멈춰서서 한쪽 눈을 감고 다른 눈을 가늘게 뜬 채 얼굴 앞으로 팔을 뻗어 엄지와 검지로 사각형을 만들며 그림을 위한 구도를 잡았다. 아버지는 다음 그림을 위해 아름다운 풍경을 찾고 있었다. 나는 기사를 쓰기 시작하면서 글을 읽는 방식이 달라졌다는 것을 느꼈다. 문장 구조와 작가가 사용하는 화법과 문체를 자세히 들여다보기 시작했다. 독자로서뿐만 아니라 작가로서 글을 읽기 시작했다. 글쓰기 덕분에 주변의 삶을 바라보는 방식도 바뀌었다. 작은 일에 세심하게 주의를 기울이기 시작했고 그 일들을 종종 은유의 소재로 사용하기도 한다.

주변 환경을 중요하게 다루라. 생태학적 주장이 아니라 글을 쓰는 환경에 대한 말이다. 글을 충분히 오래 쓰다 보면 내적 외적 환경의 중요성을 인식하게 된다. 스티븐 킹은 『유혹하는 글쓰기』에서 글을 쓸 때 헤비메탈 밴드 AC/DC의 음악을 듣는다고 했다. 외부 세계를 차단하고 자신만의 세계를 구축하는 기분이 든다고 한다. 나는 클래식 음악을 듣는다. 글이 막혀 진짜 답답할 때는 오페라를 듣기 시작한다.

그리고 좀 이상할 수도 있지만, 나는 이탤릭체로만 글을 쓴다. 덕분에 글자들이 더 친근해 보인다. 만약 분홍색 글꼴이 마음에 든다면 그렇게 해 보라. 글 쓰는 우리 같은 사람들은 활용할 수 있는 모든 장치를 동원해야 하고, 작업이 끝나면 언제든지 사회에서 수용될 수 있는 색과 형식으로 돌아올 수 있다.

자신만의 특기를 만들어라. 스티브 잡스, 알버트 아인슈타인의 전기 등 내가 좋아하는 다수의 책을 쓴 작가인 월터 아이작슨은 밤에 글을 쓴다. 컴퓨터로 글을 쓴 다음 모두 인쇄해 놓는다. 다음날 인쇄된 글을 소리내어 읽는다. 그는 "이 방법이 읽기 쉽고 재미있습니다. 화면으로만 읽어서는 편집을 잘하기 어렵기 때문이지요"라고 설명했다. 어떤 방법이든 상관없다.

맞춤법 검사기를 끄고 일단 쓰고, 쓰고 또 써라. 나도 항상 이렇게 하지는 않지만, 글을 쓰다가 막혔을 때는 아주 효과적이라는 것을 알게 되었다. 멈추지 않고 써 본다. 철자가 틀리거나 빠진 단어가 있어도 고치지 않는다. 그냥 쓰기만 한다. 계속 앞으로 나가고 절대 되돌아가지 않는다. 단어들을 쏟아낸다. 아무것도 없으면 고칠 것도 없다. 무엇이든 쓴 것이 있어야 고칠 수 있다.

이 방법은 잠재의식에 있는 생각을 끌어내서 고칠 거리를 만들어 준다.

고통에 대비하라. 글쓰기는 매우 개인적인 작업이다. 우리 가운데 어떤 사람은 훌륭한 사상가여서 머릿속에 있는 복잡한 생각을 퍼즐처럼 맞추고 종이에 논리적으로 풀어낼 수 있다. 나는 그런 행운아들을 정말 존경한다. 그러나 우리 대부분에게 글쓰기는 몇 시간씩 빈 화면을 보다가 쓰고 고치기를 여러 번 반복해야 하는 고통스러운 노동이다.

사실 한 걸음 더 나아가 보자. 나는 글쓰기를 통해 생각한다. 조지 버나드쇼의 말이 떠오른다. "일 년에 두세 번 이상 생각하는 사람이 드물다. 나는 일주일에 한두 번 생각한 덕분에 국제적인 명성을 얻었다." 앞서 말했듯이 내가 생각해 보지 않은 것에 대해 질문을 받으면 잠시 생각할 시간을 얻더라도 내 대답은 대체로 엉망일 것이다. 그 주제에 관해 글을 써 보지 않으면 생각하는 과정을 거치지 않아서 논리적 연결고리가 형성되지 않을 가능성이 높다. 내 사고는 그렇게 작동한다.

솔직히 내 머릿속은 좀 부끄럽다. 세탁하지 않은 옷, 빈 피자 상자, 맥주병이 바닥에 널려있는 지저분한 노총각의 아파트 같다. 아이디어가 방을 나올 만큼 발전하려면 우선 방을 치우고 정리해서 물건들을 제자리에 놓아야 한다. 이것이 내가 글을 쓰는 이유다. 독자 여러분 미안합니다. 독자의 이야기가 아니라 또 내 얘기군요. 나, 나, 또 나예요. 이것이 제가 생각하는 방식입니다.

글을 쓰려고 앉았을 때 생각이 떠오를 준비가 되지 않을 수도 있다. 아직 끓는 점에 도달하지 않아도 괜찮다. 섣부르게 작가의 벽이라고 탓하지 말라. 작가 톰 클래시는 이렇게 말했다. "작가의 벽은 게으름을 말하는 공식적인 용어일 뿐이다. 이를 극복하는 방법은 글을 쓰는 것이다." 잠시 휴식을 취하고 재미있는 일을 한 다음, 다시 글쓰기에 돌입하라.

마지막으로 한 가지 더. 당신이 아주 잘 다듬어지고 완벽하게 시적인 문장으로 단어들이 매끄럽게 흐르는 이 책(또는 다른 책)을 읽고 있다면, 그건 아마 47번째 개정판일 가능성이 높다는 것을 알아야 한다. 글쓰기는 다시 쓰는 일이다. 다시 쓰고, 또 다시 쓰는 과정에는 많은 고통이 따른다.

AC/DC 효과

모차르트와 AC/DC가 뇌의 양쪽을 모두 활성화하는 데 도움이 된다는 사실을 알고 있는가?

조나는 2001년생이다. 부모들이 대부분 그렇듯 아내와 나도 아들이 이 세상에서 성공할 수 있도록 최대한 많은 혜택을 주고 싶었다. 과학학술지 네이처에서 클래식 음악을 듣고 자란 아이들의 성적이 향상했다는 '모차르트 효과'에 관한 연구 논문을 읽었다. 실제로 우리 부부는 한술 더 떠서 조나가 엄마 뱃속에 있을 때부터 모차르트를 들려줬다. CD 플레이어와 연결하는 특별한 스피커를 사서 아내는 하루에 몇 시간씩 허리에 벨트처럼 두르고 있었다.

조나가 태어난 후에도 우리는 어디서나 항상 클래식 음악을 들었기 때문에 조나 주위에는 늘 클래식 음악이 흐르고 있었다. 솔직히 말해서 '모차르트 효과'라는 이름 때문인지 라흐마니노 프 〈피아노 협주곡 2번〉보다 〈모차르트 피아노 협주곡 21번〉을 들려줄 때 아이 발달에 더 도움이 된다고 느꼈다.

그 당시에 인터넷은 적어도 사용자 입장에서 볼 때는 발달 초 기 단계였다. 그래서 모차르트 효과 연구 논문의 실제 원본은 읽지 못했고 연구에 관한 기사만 읽었다. 젊은 부모였던 우리는 무엇이든 아이에게 앞서가는 혜택을 주려고 열심히 노력했다. 우리가 공들였던 모차르트 효과로 조나가 커서 클래식 음악을 좋아하게 되었을 수 있지만 IQ를 높이는 데는 거의 도움이 되 지 않았던 거 같다.

나중에 알게 된 사실은 모차르트 효과라는 이름은 연구자들 이 모차르트의 〈두 대의 피아노를 위한 소나타 D 장조〉를 연구 에 사용했기 때문에 붙여진 것이라고 한다. 그러므로 곡 선택은 크게 중요하지 않다는 사실이 밝혀졌다. 그렇지만 나는 연구자 들의 음악적 취향에 대해서는 고맙게 생각한다. 연구용 곡으로 AC/DC를 사용할 수도 있었을 텐데, 그랬다면 불쌍한 우리 조 나는 엄마 뱃속에서 하드록을 들을 뻔했다.

어려서부터 클래식 음악을 듣는 것은 결코 아이를 괴롭히 는 최악의 학대가 아니다. 월스트리트 저널의 기사에서 하이디 미첼은 존스 홉킨스 음악 및 의학 센터의 신경학 조교수인 알 렉산더 판텔리어트 박사와 인터뷰를 했다. 판텔리어트 박사는 "모차르트 효과가 연구에 참여한 피험자가 작업을 수행한 지

10~15분 이후에는 뚜렷한 효과를 보이지 않았다"라고 했다. 어떤 장르의 음악을 듣느냐는 크게 중요하지 않다. "헤비메탈을 좋아한다면 헤비메탈을 들을 때 집중력이 높아질 수 있다."

그리고 다음과 같이 덧붙였다.

"음악에 가사를 더하면 언어를 처리하는 베르니케 영역과 측두엽의 다른 부분들이 활성화되어

주의력이 분산되거나 뇌의 집중력에 과부하가 걸릴 수 있다. 일하면서 동시에 2가 지 언어를 듣는다고 상상해 보라. 당연히 산만해진다."

"80% 정도의 사람들은 분석적인 작업 영역인 좌뇌에서 언어를 처리하는데 음악은 양쪽 뇌에서 모두 처리한다"라고 판텔리어트 박사는 설명한다. 또한 "음악은 다른 어떤 활동보다 더 뇌의 많은 영역을 동시에 활성화한다"라고 언급했다.

요약하자면, 생각하면서 음악을 들으면 음악이 뇌를 자극하지만 음악 듣기를 멈추면 효과는 사라진다. 그러나 더 중요한 점은 음악이 뇌의 양쪽을 모두 사용하기 때문에 좌뇌와 우뇌 사이에 연결 다리를 만들어 준다는 사실이다. 이렇게 해서 두뇌의 논리적 영역과 우뇌의 예술적 영역이 연결되어 창조적 사고를 촉진한다. 어떤 음악은 유익하고 어떤 음악은 산만할 수 있으니, 자신의 두뇌에 가장 적절한 재생목록을 선택하는 것은 지극히 개인적인 일이다.

신경 과학은 새로운 분야의 과학이다. 10년 또는 20년 후 이 모든 연구 결과가 단지 플라시보 효과, 즉 희망적 사고의 영향

일 뿐이라고 밝혀질 수도 있다.

나는 인생과 투자에서 하는 모든 일을 "틀렸을 때의 대가가 무엇인가?"라는 관점에서 바라본다. 음악이 경우 부정적 대가는 없다. 음악이 산만하게 느껴지면 집중해서 생각해야 할 때는 음악 듣기를 멈추면 된다. 논리적 영역과 예술적 영역을 통합하는 데 도움이 된다면 플라시보 효과라 한들 무슨 문제가 되겠는가?

여기서도 나는 단지 나의 좌뇌와 우뇌를 말할 수 있을 뿐이다. 하지만 앞서 말했듯이 글쓰기나 생각이 막힐 때마다 나는 클래식 음악을 들으면 도움이 된다. 사실 이 글을 쓰기 위해서도 교향곡 여러 곡, 오페라 2편, 피아노 협주곡 1곡을 들었다.

나는 모차르트 효과 연구 덕분에 아들이 태어나기 훨씬 전부터 클래식 음악을 접하게 해 준 것만으로도 매우 감사하다고 느낀다.

창조의
롤러코스터

부모님은 차이코프스키를 사랑했다. 러시아도 차이코프스키를 특별한 존재로 여겼다. 나에게 차이코프스키의 음악은 어머니의 모유와 함께 떠오르는 존재이다. 나는 차이코프스키가 작곡을 위해 얼마나 많은 두려움과 감정적 고통을 극복했어야 했는지 알게 되면서 그의 삶과 음악에 대해 더 깊이 이해하게 되었다.

나는 아름다운 음악을 작곡하지 못하지만, 글을 쓴다. 작곡과 글쓰기는 최종 결과물이 꽤 다르긴 해도 창조적 작업이라는 한 가지 공통점이 있다. 음표든 단어든 우리의 잠재의식 깊은 곳에서 떠오른 생각이 종이에 표현되는 일이다.

1886년, 차이코프스키는 〈플로렌스의 추억〉을 작곡하기 시작했다. 1890년 초연을 시작했고 1892년까지 수정을 거듭했다.

차이코프스키는 이 놀라운 곡을 만드는 동안 감정적 기복을 겪었다. 이를 통해 나는 최종 결과물의 아름다움과 창조 과정의 고통이라는 두 세계를 생각해 보게 되었다.

차이코프스키가 〈플로렌스의 추억〉을 작곡하면서 겪은 어려움을 알고 나서 나는 해방감을 느꼈다. 차이코프스키 같은 거장들도 감정의 소용돌이로 고통스러웠다면 우리 같은 평범한 사람들이 비슷한 경험을 감내하는 것은 당연하다고 느꼈다.

차이코프스키가 이 곡을 작곡하면서 겪었던 감정적 격동을 살펴보자.

의욕 부족

> 현악 6중주를 위한 초안을 빠르게 적어 놓았지만, 열정이 올라오지 않는다……. 도무지 일할 기분이 들지 않는다.
> - **차이코프스키의 일기, 1887년 6월 18일**

창조적 작업에 존재하는 역설은 부품 생산 조립 라인과는 다르게 컴퓨터 화면 앞에서 보내는 시간이 화면에 나타나는 단어의 양, 특히 질과 직접적인 상관관계가 없다는 것이다. 글쓰기는 예측할 수 없고 때로는 냉정한 뮤즈에 의존해야 하는 아주 섬세한 작업이다.

여기서 몇 가지 배운 점이 있다.

공간을 만들고 그 장소로 나가라. 뮤즈가 매시간 단어를 떠올려 주는 존재가 아니라 해도 뮤즈가 나타나기만을 하릴없이 기다릴 수는 없다. 조립 라인 노동자처럼 나는 매일 시간을 지켜 출근한다.

'출근'을 싫어하는 사람은 '매일 영감을 맞이할 공간 조성하기'를 하면 어떨까? 나는 글쓰기가 직업은 아니어서 매일 2시간 정도만 투자할 수 있다. 하지만 매일 나만의 글쓰기 의식을 치른다. 매일 아침 5시쯤 일찍 일어난다(감사하게도 나는 아침형 인간이다). 커피를 만든다. '글쓰기' 의자에 앉는다. 헤드폰을 쓰고 '글쓰기' 배경음악을 튼다. 바흐의 〈하프시코드를 위한 협주곡 1번 D단조〉이다.

글이 흘러나오면 글쓰기 신께 감사한다. 흘러나오지 않으면 빈 화면을 응시하며 아무렇게나 타자를 친다. 쓴 글이 마음에 들지 않으면 완전히 새로운 페이지를 만들고 다시 시작한다. 나는 영감이 올 때까지 기다리지 않는다. 대신에 영감이 올 수 있도록 공간과 시간을 만든다. 글이 떠오르면 그 순간을 최대한 짜내서 활용한다. 그리고 나면 필연적으로 삶이 끼어든다. 아이들이 일어나고 아침을 먹어야 하고, 아이들을 학교에 데려다줘야 한다. 뮤즈가 찾아오지 않는다면 2시간 동안 쓴다. 노트북을 닫고 다음 날 다시 시작한다.

규칙적으로 써라. 규칙적으로 글을 쓰지 않으면 흐름을 다시 시작하기가 어려워진다(불가능하진 않지만). 1월에 미네소타에 있다고 상상해 보라. 밖은 꽁꽁 얼어붙었다. 세인트 폴(미네소타의 주도) 한가운데 분수가 있다. 분수대는 얼음이 덮여 있지만,

물줄기는 흐르고 있다. 이 분수에는 비밀이 있다. 물이 계속 흐르는 한 날씨가 아무리 추워도 물줄기는 멈추지 않는다. 하지만 물이 20분 정도만 멈추어도 다시 흐르게 하려면 많은 노력이 필요하다. 글쓰기도 마찬가지다. 그래서 나는 매일 글을 쓴다.

자기비판을 자제하라. 컴퓨터 앞에서 두 시간을 보낸 결과가 완전히 헛소리일 수도 있다(자주 그렇다). 나는 스스로에게 잠재의식(뮤즈)이 오늘은 준비가 안 되었다고 말한다. 하지만 글쓰기는 계속 이어지는 과정이므로 내일은 좋은 결과가 나오도록 문을 열어둔다. 이 점이 부모의 모습과 비슷하다. 아이들이 성공하면 축하해 주고 아이들이 실패하면 항상 내일이 있다고 말해준다.

여기에 비밀이 있다. 컴퓨터 화면을 닫아도 글쓰기는 멈추지 않고 샤워를 하거나 공원을 걷고, 요리할 때도 잠재의식에서는 계속 생각이 진행된다는 것이다. 그러므로 다음 날 다시 그 자리에 돌아오는 것이 매우 중요하다.

자기 의심

> 작곡할 능력을 잃고 나 자신에게 분노할까 봐 두렵기 시작했다.
> **- 차이코프스키, 1887년 7월 2일, 친구에게 보낸 편지**

차이코프스키의 고통과 자기 의심이 놀라운 음악으로 탄생했다. 한 가지 생각이 계속 떠오른다. 어쩌면 (창조적) 고통은 성장에 꼭 필요한 부분이며, 우리가 안전지대를 벗어나고 있다는 지표일 수 있다는 것이다.

나는 글쓰기를 쉬면 매번 고통스러운 자기 의심의 감정을 느낀다. 자기 의심은 글쓰기 분수에 물이 얼어붙었을 때 치러야 할 대가이다.

그러나 매일 글을 써도 새로운 글을 쓰려고 자리에 앉으면 두려움과 염려가 스멀스멀 올라온다. 누군가는 글쓰기를 눈보라 치는 캄캄한 밤에 운전하는 것에 비유했다. 3미터 앞을 볼 수 없다. 즉 다음 문장 너머를 볼 수 없다.

이런 두려움을 나는 어떻게 극복할까? 호기심이다. 두려움에는 약간의 호기심이 따른다. 이 글을 읽는 독자들은 내가 앞으로 무슨 말을 할지 호기심이 생길 것이다. 나는 10년 반 넘게 글을 써왔고 오늘까지도 내 안에 두려움과 호기심이 있다. 호기심이 우위에 있는 한 나는 계속 글을 쓸 것이다.

역량 범위 확장

3일 전에 시작했지만, 여전히 쓰기 어렵다. 새로운 아이디어가 부족해서가 아니라 형식의 참신함이 부족해서이다. 독립적이면서도 하나로 어우러지는 여섯 개의 소리가 필요한 데 상상할 수 없을 만큼 어려운 일이다.
- 차이코프스키, 1890년 6월 27일 동생 모데스트에게 보낸 편지

차이코프스키의 〈플로렌스의 추억〉은 6개의 현악기를 위해 작곡된 6중주 곡이다. 이 곡의 경우 바이올린 2대, 비올라 2대, 첼로 2대로 구성되어 있다. 차이코프스키는 죄책감에 싸여 이 곡을 썼다. 상트페테르부르크 실내악 협회의 명예 회원으로 임명되어 감사의 뜻으로 실내악곡을 작곡하기로 약속했다. 다만, 차이코프스키는 과거에 6중주를 작곡한 경험이 없었다. 그에게는 새로운 영역이었다.

내가 정말 공감하는 부분이다. 익숙한 주제에 관해 글을 쓰고 친숙한 영역에 머무르는 것은 매우 쉬운 일이다. 하지만 진정한 성장은 자신의 역량 범위의 경계를 더 넓게 확장할 때 일어난다.

나는 투자자로서 주식과 경제 분야에 관해서 글쓰기를 시작했다. 그게 전부였다. 쉽지 않았지만, 내가 성인이 된 후 대부분의 시간을 보낸 익숙한 분야였다. 그 후에 가족과 여행 경험, 클래식 음악(악보도 못 읽는 사람에게 비약적인 도전이었다), 다이어트, 운동으로 글의 주제를 넓혀갔고 용기를 내서 창조성과 글쓰기에 대한 글을 썼다. 글쓰기의 새로운 영역을 넓힐 때마다 두려움이 함께 엄습했다. 두려움은 자신감을 떨어뜨리고 글쓰기를 훨씬 더 힘들게 만들었다.

그러나 새로운 영역에서 시간을 더 보낼수록 점차 그 분야에서도 자신감이 생겼다. 예상하지 못한 유익한 점도 발견했다. 글쓰기가 나를 변화시켰고 한 개인으로서 나를 새롭게 만들었다. 음악에 관해 글을 쓰기 시작하면서 음악에 대해 더 많이 읽고 배우게 되었다.

배움에 대한 갈증이 커졌고 더 많은 삶의 의미를 발견했다. 여기에 대해 부모님께 감사를 드리고 싶다. 하지만 부모님이 정성스럽게 심은 씨앗이 글쓰기를 통해 물을 공급받고 끊임없이 새로운 영역에 도전하면서 역량의 범위를 넓히지 않았다면 햇빛을 제대로 보지 못했을 것이다. 이 과정을 통해 나는 나 자신을 인생 학교의 영원한 학생이라고 생각하기 시작했다.

나 스스로를 칭찬하며 자랑스러워할 수도 있지만 그러지 않겠다. 다만 앞으로 새로운 영역에 도전할 때 두려움이 따라오더라도 두려움을 극복하는 것이 삶을 충만하게 해준다는 사실을 스스로 다짐할 것이다.

7장

인생을 음악처럼
연주하라

나는 왜
작곡가에 대해 쓰는가

아버지는 예술에 맥락이 필요하지 않다고 생각했다. 예술은 그 자체로서 존재한다고 믿었다. 우리는 그저 작품을 감상하고 제목을 읽을 뿐이다. 예술가가 무엇을 생각했는지, 어떤 의식 상태였는지는 상관없다. 예술은 스스로 말한다.

그림을 그리면서 무슨 생각을 했냐는 질문을 받으면 아버지는 종종 당황스러워한다. 아버지는 그저 그림을 그렸을 뿐이었다. 그림을 그릴 때 외부 세계는 사라지고 오직 아버지 자신과 붓만 존재하는 것이다. 그 순간 아버지는 그림 속으로 도피한다.

여기에는 실제로 2가지가 존재한다. 작품으로 메시지를 전달하려는 예술가의 의식적 노력과 작품에 스며든 예술가의 감정적 상태다.

아버지는 프로그램된 그림은 그리지 않는다. 숲을 그리든, 어항을 그리든, 해바라기 꽃다발을 그리든 자신이 인식한 아름다움을 캔버스에 담아내는 것 이외에 다른 메시지를 전달하려는 목적이 없다. 그렇다고 해서 아버지의 감정 상태가 잠재의식에 아무 영향을 미치지 않았다는 것은 아니다. 바로 이러한 잠재의식의 활동이 내가 작곡가에 관해 읽고 글을 쓸 때 이해하고자 노력하는 부분이다.

작곡가의 감정은 작품에 고스란히 스며들어 있다. 우울하고 고통스러운 마음으로 신나는 곡을 만들기는 어렵다. 행복한 마음으로 장송행진곡을 작곡하기도 어렵다. 예술 창작은 컴퓨터 코드를 작성하는 일과 다르다. "이렇게 하면 반드시 저런 결과가 나온다"라는 식의 고도의 논리적 작업이 아니다. 예측하기 어렵고 매우 감정적인 과정이다.

어쩌면 아버지는 그림을 그릴 때면 몇 시간이고 세상과 단절하고 자신의 감정도 제쳐둘 수 있을지도 모른다. 하지만 나는 예술가가 창작물에서 자신의 자아와 감정을 완전히 배제하기가 매우 어려울 거라고 주장하고 싶다. 개인적인 경험에 비추어보면 나는 글을 쓸 때 내 기분과 심지어 내가 듣고 있는 음악에도 상당한 영향을 받는다.

작곡가들의 삶을 알게 되면 그들의 작품을 더 잘 이해하게 된다. 더 깊이 공감할 수 있고 더 많은 의미를 발견할 수 있다. 또 곡을 만든 사람에 대해 알게 되면 음악을 들을 때 그 사람의 영혼을 엿볼 수 있다. 이것이 내가 작곡가에 관해 글을 쓰는 이유이다.

이어서 소개하는 음악가에 관한 짧은 에세이들을 읽으면서 작품에 대한 이해와 감동이 어떻게 달라지는지 느껴보길 권한다.

창조적인 천재들이 삶에서 겪은 투쟁과 승리를 보게 될 것이다. 천재들의 삶이 항상 화려한 명성으로 가득하지만은 않았다. 슈베르트는 극빈자로 삶을 마감했고, 죽고 나서야 명성을 얻었다. 모두 엄청난 고통과 자기 회의를 극복했고 때때로 그들의 업적은 더 뛰어난 동료의 성공에 가려지기도 했다. 음악가들의 삶은 내가 창조성이 고갈된 순간에도 일어나 창조적인 사람으로서 계속 전진할 수 있도록 영감을 불어넣어 준다.

감정의 대가,
차이코프스키

    나는 항상 차이코프스키 음악이 어려웠다. 아버지가 차이코프스키의 첫 번째 피아노 협주곡을 좋아한 덕분에 나도 수년 동안 수백 번 들었다. 게다가 러시아에서는 학교에서 강제로 차이코프스키 음악을 들어야 했다. 억지로 들을 때마다 자연스럽게 반감이 올라왔다. 러시아 문학에 대해서도 비슷한 감정이었다.

    차이코프스키 음악은 미국에서 과하게 인기를 얻었다. 〈호두까기 인형〉은 크리스마스 발레로 변해서 발레단 연간 총수입의 반 이상을 차지할 만큼 인기가 많다. 나폴레옹과의 전쟁에서 거둔 러시아의 승리를 기념하기 위해 작곡된 〈1812 서곡〉은 미국 독립을 기념하는 음악이 되었다. 〈백조의 호수〉가 아직은 완전히 미국화되지 않았지만 미국 추수감사절용 발레가 될 가능성이 높다. 다행히 나도 나이가 들면서 차이코프스키의 위대한 음악에 대해 어린 시절 가지고 있던 반감을 극복했다. 비록 시간이 걸리기는 했지만.

차이코프스키의 유서?

차이코프스키는 감정의 마스터다. 매우 예민하고 신경증적인 사람이었고 여러 가지 공포증을 가지고 있었다. 예를 들면 지휘할 때 머리가 떨어져 나갈 공포에 시달리기도 했다. 차이코프스키의 음악은 수많은 감정으로 가득하다. 자신의 감정이 고스란히 배어있는 감정의 고해성사와 같다.

차이코프스키가 53세로 죽은 이유에 대해 몇 가지 이론이 존재한다. 어릴 때 러시아에서 들은 이야기는 오염된 물을 마신 탓에 콜레라로 죽었다는 것이다. 하지만 그의 죽음에 대한 또 하나의 추론은 자살이다.

차이코프스키는 러시아의 국보이자 러시아의 위대함을 상징하는 인물이기에, 선전매체에서는 "물질만능주의 미국에는 독이 든 햄버거가 있지만, 우리에게는 예술이 있다"라고 외친다. 이런 이유로 선전매체는 영웅에 대해 잘 알려지지 않은 사실을 검열한다. 차이코프스키는 게이였다.

러시아의 동성애 혐오는 전 세계 대부분 지역과 마찬가지로 수 세기를 거슬러 간다. 차이코프스키가 살았던 19세기 후반에는 동성애 혐오가 만연했다. 그러므로 차이코프스키는 평생 자신의 성정체성을 숨겼다.

많은 사람이 콜레라 이야기는 은폐용이라고 생각한다. 차이코프스키와 스텐보크 투르모르 공작의 조카와의 불륜이 발각되었다. 공작은 황제에게 반박하는 편지를 보내려 했다. 차이코프스키에게는 불명예를 안겨줄 일이었다. 상트페테르부르크의 동창들로 구성된 '명예 법원'이 차이코프스키에게 음독을 명령했고, 차이코프스키는 독을 삼켰다. 전해지는 이야기는 이렇지만, 우리는 무엇이 진실인지 알지 못한다. 하지만 차이코프스키의 성 정체성이 그의 음악에 영향을 끼친 것은 분명하다.

차이코프스키의 〈교향곡 6번 파테티크Pathetique(비창)〉는 차이코프스키의 마지막 교향곡이다. 그는 1893년 사망하기 불과 9일 전에 이 곡의 초연을 지휘했다. 이 곡을 이해하기 위해서는 차이코프스키의 인생에서 암울했던 시기를 알아야 한다. 차이코프스키는 〈파테티크〉를 쓸 당시 우울에 빠졌고 작곡가로서 자신의 능력에 회의를 품고 있었다.

〈파테티크〉가 차이코프스키의 유서라는 주장도 있다. 역사가와 음악 비평가들은 이 부분에 대해 의견이 갈린다. 진실은 학자들도 모르고 우리도 아마 알 수 없을 것이다. 하지만 음악을 듣고 각자 판단해 볼 수 있도록 이 교향곡의 4악장을 확대해서 살펴보고 싶다.

3악장까지는 밝고 화려하다. 왈츠와 아름답고 여운이 남는 선율, 발레가 담겨있다. 일출, 광활한 러시아의 풍광, 트로이카, 눈부신 설원을 어렵지 않게 상상할 수 있다.

4악장은 전혀 다르다. 도움을 요청하는 절규(바이올린 연주)로 시작한다. 점점 우울하고 슬픈 감정이 배어 나온다. 차이코프스키는 앞 악장들의 선율을 훌륭하게 차용했지만, 이 선율은 깊은 슬픔으로 덧입혀져 있어 거의 알아차리기 어렵다. 자연스럽게 피날레에 도달하는 차이코프스키의 다른 작품들과는 달리 이 교향곡은 마치 죽음처럼 갑자기 '무無'로, 절대적 '무'로 음악이 사라진다.

두 번의 거절

차이코프스키의 〈피아노 협주곡 1번〉과 관련해서 중요한 교훈을 배울 수 있다. 당시에는 음악가가 자신이 원하는 유명한 연주자에게 곡을 헌정하고 연주를 청하는 일이 일반적이었다. 헌정은 작품이 빛을 볼 수 있게 해주는 동시에 작품성을 보증해주는 의미도 있었다.

차이코프스키는 자신의 첫 번째 피아노 협주곡을 니콜라이 루빈슈타인에게 헌정했다. 니콜라이 루빈슈타인은 당대 최고의 피아니스트로 인정받고 있었고 형인 안톤 루빈슈타인도 러시아 음악 문화에서 매우 중요한 인물이었다. 사실 안톤은 차이코프스키의 작곡 스승이었다.

차이코프스키는 기대에 부풀어 니콜라이 앞에서 협주곡을 연주했고 아무 말 없이 음악을 들은 니콜라이는 차이코프스키에게 자신의 의견을 말했다. 그 상황을 차이코프스키는 친구인

나데즈다 맥에게 이렇게 썼다.

> 내 협주곡은 쓸모없고 연주할 수 없는 곡으로 드러났다네.
> 악절들은 서로 어울리지도 세련되지도 않고, 너무 형편없어서
> 손을 볼 수 없을 지경이야. 곡 자체가 엉망이고 저속할 뿐만 아니라
> 다른 작곡가를 표절한 부분이 많아서 두세 페이지만 보존할 가치가 있고
> 나머지는 모두 버리거나 완전히 다시 써야 할 곡으로 판명되었지.

당신이 존경하고 우러러보는 사람, 엄청난 영향력을 지닌 누군가가 당신이 2년 동안 공들인 작품에 대해 "한심하다"라는 평가를 했다고 상상해 보라.

차이코프스키는 진심으로 상처받았지만, 음표 하나도 바꾸지 않겠다고 마음을 굳혔다. 유명한 독일 피아니스트이자 작곡가인 한스 폰 뷜로에게 연락해 협주곡을 헌정해도 될지 물었다. 당시 뷜로는 미국 연주 투어를 준비하고 있었다. 뷜로는 협주곡을 아주 좋아했다! 그렇게 해서 차이코프스키의 〈협주곡 1번〉은 1875년 보스턴에서 초연되었다. 큰 성공을 거두었다. 음악 비평가들은 작품에서 많은 결함을 지적했다. 기존의 틀에 맞지 않았기 때문이었다. 이 곡을 웅장하게 만들어 주는 도입부는 마치 전체 협주곡에 별도로 첨부한 독립된 곡처럼 느껴진다.

여기 반전이 있다. 보스턴 연주회가 끝나고 몇 달 뒤 이 작품은 상트페테르부르크와 모스크바에서 연이어 초연되었다. 니콜라이 루빈슈타인이 모스크바 초연을 지휘했다. 루빈슈타인은

피아노 독주를 여러 번 연주했고 차이코프스키에게 2번 협주곡의 초연도 요청했다. 만약 루빈슈타인이 세상을 떠나지 않았다면 차이코프스키도 동의했을 것이다.

차이코프스키의 〈바이올린 협주곡 D장조〉도 비슷한 운명을 겪었지만 한 사람이 아닌 두 사람에게 거절당했다는 차이가 있다. 이 작품에는 연주하기 어려운 부분이 많았다. 비평가들도 이 협주곡을 좋아하지 않았다. 어떤 비평가는 "너무 길고 허세가 많다"라고 평하면서 "바이올린을 연주하는 것이 아니라 시퍼렇게 멍이 들도록 두들겨 패는 것 같다"라고 했다. 그러나 차이코프스키의 피아노 협주곡처럼 바이올린 협주곡도 커다란 성공을 거두었고 지금은 가장 사랑받는 바이올린 협주곡 가운데 하나가 되었다.

타인의 그늘

베토벤의 그늘에 가린 프란츠 슈베르트

"건강은 회복될 기미가 보이지 않고 절망뿐인 상황이 나아지기는커녕 악화로 치닫는 한 사람을 생각해 보게. 찬란했던 희망이 사라지고 사랑과 우정도 그에게는 괴로움일 뿐이며 아름다움을 향한 열정도 사그라들었지. 이런 사람이야말로 진정 불행한 사람이 아니겠는가?"

그렇다. 그 사람을 생각해 보라. 프란츠 슈베르트가 바로 그 사람이며, 위의 문장은 슈베르트가 친구에게 쓴 편지의 일부이다. 슈베르트는 매우 짧은 인생을 살았다. 25세에 매독에 걸렸는데, 당시 매독은 위험하고 고통스러운 사형 선고나 마찬가지였다. 슈베르트는 32세라는 어린 나이에 세상을 떠났다.

앞날이 창창해야 할 25살 청년이 죽음을 마주하고 있다고 상상해 보라. 당연히 슈베르트는 매우 우울했다. 슈베르트의 음악에서 이 우울을 들을 수 있다. 우울함으로 가득하다. 슈베르트는 중독이 있었다. 그는 작곡에 중독되어 있었다. 작품활동을 했던 16년 동안 600개가 넘는 가곡, 9개의 교향곡, 22개의 피아노 소나타, 17개의 오페라, 그밖에 1,000곡이 넘는 피아노곡과 다른 여러 작품을 썼다. 다른 작곡가라면 평생을 다 써도 이루지 못할 업적이다.

> 나는 나만의 무언가를 만들 수 있기를 바랐다.
> 그러나 베토벤 이후에 누가 무엇을 할 수 있겠는가?
>
> **- 프란츠 슈베르트**

베토벤의 천재성과 명성은 슈베르트와 같은 동시대 작곡가는 물론 후대 작곡가들에게 매우 해로운 영향을 미쳤다. 빈에서 슈베르트는 루트비히 판 베토벤과 몇 블록 떨어진 곳에서 자랐고 베토벤이 세상을 떠난 지 1년도 되지 않아 사망했다. 베토벤과 슈베르트가 생전에 만났는지에 대해서는 여러 가지 설이 있다. 확실한 것은 슈베르트가 베토벤 음악의 열렬한 팬이었다는 사실이다. 슈베르트는 베토벤의 장례식에서 운구를 도왔고 베토벤 옆에 묻히게 해달라고 요청했다.

1800년대 초반 빈에서 작곡가로 살아가면서 몇 블록 떨어진 곳에 사는 사람이 작곡한 독창적인 〈7번 교향곡〉을 듣고 난 뒤에 자신만의 음악을 작곡하려고 노력하는 심정을 상상해 보라.

머릿속에 떠오르는 모든 악상은 빛을 잃고 자기가 종이에 쓴 모든 것이 왠지 하찮게 느껴질 것이다.

슈베르트는 역사상 가장 다작한 작곡가였고 마지막 숨을 거두기 전까지 곡을 썼으니 적어도 부분적으로는 베토벤의 그늘에 가린 삶의 어둠을 극복한 것처럼 보인다. 하지만 베토벤의 그늘에 가려 살던 슈베르트는 자신의 작품이 발표할 가치가 없다고 느꼈기 때문에 많은 곡들이 발표되지 못했다.

비통하게도 슈베르트는 평생 지독한 가난 속에서 살았고 죽은 후에야 명성을 얻었다. 200년이 지나 오늘날 자신의 이름이 베토벤과 나란히 언급된다는 사실을 알면 큰 충격을 받을 것이다. 또한 자신이 오늘날 가장 위대한 교향곡 작곡자로서 명성을 얻었다는 사실에도 깜짝 놀랄 것이다. 슈베르트는 자신의 교향곡을 발표하지 않은 탓에 연주되는 것을 한 번도 듣지 못했다.

슈베르트의 〈9번 교향곡〉은 로베르트 슈만에게 재발견되었다. 오늘날 로베르트 슈만은 위대한 작곡가로 알려져 있다. 또한 슈만은 당대에 매우 존경받고 인기 있는 음악 평론가이기도 했다.

슈베르트가 세상을 떠나고 10년 후인 1838년, 슈만은 슈베르트의 형의 집에 방문했고 미발표 교향곡 악보를 발견했다. 슈만은 교향곡의 탁월함에 감명받아 펠릭스 멘델스존을 찾아갔다. 오늘날 멘델스존은 위대한 작곡가로 유명하지만, 당시에는 유명한 지휘자이기도 했다. 멘델스존이 슈베르트 교향곡의 초연을 맡아 지휘했고 이 곡이 오늘날 우리가 알고 있는 〈9번 교향곡〉이다.

지금 우리는 슈베르트와 베토벤의 교향곡을 나란히 놓고 얘기한다. 감히 그 두 천재를 비교하지도 않는다. 서유럽 음악의 슈퍼스타, 두 사람 모두 전 세계 청중들에게 기쁨과 눈물의 감동을 불러일으킨다.

베토벤의 그늘에 가린 요하네스 브람스

베토벤의 그늘에 가린 삶을 이야기할 때 요하네스 브람스를 빼놓을 수 없다. 브람스는 베토벤이 사망하기 6년 전인 1833년 독일 함부르크에서 태어났다. 슈베르트와 달리 브람스가 직접적으로 베토벤의 그늘에 가려진 적은 없었다. 하지만 베토벤 음악의 위대함은 브람스가 40대가 될 때까지 괴롭혔다.

브람스는 아주 어릴 때부터 피아노에 재능이 뛰어난 음악 신동이었다. 10대 후반에 이미 피아노와 성악을 위한 실내악을 작곡하고 있었다. 1853년 20살 때 당시 클래식 음악계의 스타였던 로베르트와 클라라 슈만 부부를 만났다. 슈만 부부는 젊은 브람스에게 매료되었고 한껏 고양된 슈만은 당대 가장 유력한 음악 잡지에 브람스가 바로 차세대 베토벤이라고 선언하는 기사를 썼다.

음악 사학자 로버트 그린버그는 슈만이 선의로 쓴 글이 브람스에게 궁극의 '저주'가 되었고 말했다. 갑자기 브람스가 미래에 작곡할 교향곡에 다른 차원의 기준이 생긴 것이다. 브람스는

"우리 같은 사람이 그런 거인의 발자국에 쫓기는 기분이 어떤지 당신은 상상도 못할 거요"라고 외쳤다.

브람스가 첫 번째 교향곡을 완성하기까지 21년이 걸렸다. 브람스의 〈교향곡 1번〉은 1876년에 초연되었다. 큰 성공을 거두었고 평론가들도 일제히 브람스가 받을 수 있는 최고의 찬사를 보냈다. 평론가들은 "베토벤의 10번 교향곡"이라고 불렀다.

이 성공이 브람스의 창조성을 자유롭게 끌어냈고 이전까지 부족했던 자신감을 불어넣어 주었다. 브람스는 세 편 이상의 교향곡과 바이올린 협주곡, 피아노 협주곡을 포함해 매년 중요한 교향곡을 작곡했다.

베토벤의 그림자에 대해 주목할 점은 그 진정한 영향력이 알려지지 않았다는 것이다. 로베르트 슈만이 브람스를 제2의 베토벤으로 소개한 치명적인 기사를 쓰지 않았다면 브람스가 얼마나 더 훌륭한 교향곡을 작곡했을지 우리가 알 수 없듯이, 얼마나 많은 작곡가가 베토벤을 따라갈 수 없다고 느껴서 작곡을 그만두거나 작품을 발표하지 않았는지도 결코 알 수 없을 것이다.

타인의 위대함은 위협적일 수 있으며, 어떤 태도로 바라보느냐에 따라 자신의 창조성을 해칠 수 있다. 우리는 타인의 위대함을 좌절의 도구가 아니라 영감의 자원으로 사용해야 한다.

어떤 분야든 항상 우리보다 재능 넘치고 유명한 사람이 앞서 있기 마련이다. 그들의 그림자가 넓게 드리워있다. 그 그늘 아래로 들어가지 말라. 자신만의 그림자를 만들기 위해 노력하라.

프란츠 리스트가
일으킨 혁명

어린 시절의 가장 좋았던 기억은 햇살 좋은 일요일 오후 아버지와 함께 집으로 걸어가던 길이었다. 내가 9살쯤이었던 것 같다.

우리 집 아파트 건물 4층 창문에서 클래식 음악이 흘러나오고 있었다. 이웃집에서 음악을 크게 틀어놓고 듣고 있었다. 아버지는 감탄하며 말했다. "리스트를 듣고 있구나." 나는 그때 처음으로 프란츠 리스트를 알게 되었다.

아버지는 리스트Liszt 이름에 있는 'z'가 러시아어로 '나뭇잎'을 뜻하는 '리스트лист, list'와 철자가 다르다고 설명했다. 나는 음악은 기억나지 않지만, 아버지의 목소리에 이웃과 이웃의 음악 취향에 대한 존경심이 담겨있던 것은 기억난다. 어느 화창한 일요일 오후에 있었던 단 몇 분의 순간이 내 인생에 깊은 인상을 남겼다.

프란츠 리스트는 헝가리의 작곡가이자 피아니스트다. 먼저 피아노의 진화에 대해 언급하지 않고서는 리스트를 설명할 수 없을 것 같다. 오늘날 콘서트홀이나 가정에서 보는 피아노는 처음부터 지금과 같지는 않았다. 초창기 악기는 외형이 비슷하고 건반이 있었지만 내부 구조는 완전히 달랐다. 사실 하프시코드라고 불렸으며 건반이 달린 하프(현을 고정해 놓은 나무 프레임)를 생각하면 된다.

1700년경 하프시코드는 점진적으로 포르테피아노로 전환되기 시작했다. 이 '점진적인' 과정은 오랜 시간에 걸쳐 진행되었고 포르테피아노가 하프시코드를 완전히 대체하기까지 100년 동안은 2가지 악기가 공존했다. 포르테피아노는 하프시코드와 외형은 같았지만, 현을 뜯는 방식이 아닌 가죽으로 싼 작은 해머로 현을 쳐서 소리를 냈다. 현을 지탱하는 프레임은 그대로 나무를 사용했고 현은 낮은 장력으로 유지되었다. 이 악기는 모차르트와 젊은 베토벤이 사용했다.

포르테피아노의 소리는 오늘날 우리에게 익숙한 피아노 소리와 다르다. 더 가벼웠고, 악기에 '이중 이탈 장치'가 없어서 소리를 빠르게 반복할 수 없었다. 노래 대신 말을 하는 것 같았다. 음마다 각각 뚜렷하고 구별되는 소리가 나서 포르테피아노에서도 여전히 하프시코드의 음색을 느낄 수 있었다. 모차르트의 피아노 협주곡이나 소나타를 들어 보면 포르테피아노를 위해 작곡되었다는 것을 알 수 있다.

모차르트는 우리에게 익숙한 악기인 포르테피아노(간단히 피아노)가 막 등장하기 시작하던 때인 1791년에 사망했다. 1700년대 후반부터 1800년대 초반까지 피아노는 큰 변화를 겪었다. 이러한 악기의 변화가 당시 작곡되는 음악에 주요한 영향을 미쳤고 음악적 피드백 루프를 따라 작곡가 또한 악기에 영향을 주었다.

베토벤은 피아노 진화의 얼리어댑터이자 수혜자로서 악기 발전에 중요한 역할을 했다. 한때 베토벤은 피아노 현을 대부분 끊어뜨리기도 했다. 그래서 피아노가 너무 빨리 망가진다고 피아노 제조사에 불만을 토로하기도 했다.

포르테피아노와 피아노포르테(현대 피아노)의 가장 큰 차이점은 하프 현을 고정하는 프레임이 나무가 아닌 금속이라는 것이다. 장력이 낮았던 현은 장력을 높여 더 팽팽하게 당겼다. 음역대도 두 옥타브(흰색 건반 14개를 추가)가 늘어났다. 해머는 가죽 대신 단단하게 압축한 펠트 천으로 감쌌다. 이러한 변화를 통해 섬세했던 악기가 오케스트라와 정면으로 맞설 수 있는 놀랍도록 강력한 맹수로 변모한 동시에 선조들의 부드러움은 그대로 유지하고 있다.

피아노의 변천사는 프란츠 리스트로 이어진다. 리스트는 베토벤이 죽기 16년 전에 태어났다. 리스트는 피아노 신동이자 거장 피아니스트였다. 그 시대의 마이클 잭슨이라 할 만한 유럽 최초의 록스타이기도 했다.

운 좋게도 파리를 여행하던 리스트는 이중 이탈 장치를 발명해서 피아노의 한계를 현저히 줄여준 선구적인 피아노 제작자 에라르 피아노의 매장 바로 건너편 호텔에 머물렀다. 에라르는 최초로 피아노 아래에 페달을 장착한 제작자이기도 하다.

전해지는 말에 따르면 어린 프란츠가 에라르 매장을 둘러보다가 피아노 하나를 골라서 연주하기 시작했다. 에라르는 이 어린 소년의 천재성에 완전히 감탄했고 독특한 마케팅 가능성도 발견했다. 프란츠와 계약을 맺고 모든 공연에 피아노를 제공하기로 했다. 리스트는 3년 동안 투어를 다니며 하루에 여러 차례씩 공연했다. 작은 도시도 가리지 않고 연주하면서 열광적인 환호와 관심받기를 즐겼다. 하지만 갑작스러운 아버지의 죽음으로 투어는 중단되었다.

1832년, 리스트는 이탈리아의 거장 바이올리니스트 니콜로 파가니니의 공연에 참석했다. 바이올린은 이미 피아노보다 200년 전에 혁신적인 발전을 이루었기 때문에 그 당시에 매우 발달한 악기였다. 파가니니의 연주를 들은 리스트는 이렇게 말했다. "파가니니가 바이올린으로 이루어 낸 기교적 발전을 피아노에서도 해낼 수 있다면 얼마나 멋질까?" 리스트는 피아노계의 파가니니가 되기로 결심했다. 6년가량 공개 연주회 수를 줄이고 쉬지 않고 연습했다. 이는 말콤 글래드웰의 1만 시간의 법칙에 해당하기도 한다.

리스트는 독주회를 처음으로 고안했다. 리스트 이전에는 음악가의 독주 공연 사례가 없었다. 리스트는 무대에서 피아노의 방향을 바꿔 무대 가장자리와 평행하게 세로로 길게 배치하고 뚜껑은 관객을 향해 열어두었다.

아마추어 클래식 음악 애호가의 지극히 무지한 의견이지만, 나는 리스트가 훨씬 더 강력하게 진화한 악기의 가능성을 활짝 열어주었다고 생각한다. 이제 연주자의 기량 외에는 아무런 제약이 없는 새로운 악기에 맞는 음악을 직접 작곡하고 자신의 연주 기량을 크게 향상시켰다.

인텔이 기존 프로세서보다 100배 뛰어난 성능의 새로운 프로세서를 개발했고, 마이크로소프트가 그 프로세서의 잠재력을 최대한 발휘할 수 있는 운영 시스템을 개발했다고 상상해 보자. 새로운 시스템이 빛을 발하려면 새로운 프로그램이 필요하다. 구형 프로그램도 잘 작동하겠지만 새로운 기능을 보여주려면 새로운 앱이 장착되어야 한다.

리스트가 새로운 하드웨어를 만들지는 않았지만, 그의 기술이 많은 한계를 없애고 새로운 악기의 장점을 펼쳐주었다.

나는 리스트의 〈소나타 B단조〉가 새로운 소프트웨어라고 생각한다. 리스트는 피아노 독주가 마치 오케스트라의 연주처럼 들리도록 만들었는데 이전에는 이런 작품이 없었다고 생각한다. 클래식 음악에서 리스트의 활약은 놀랍고 헤아리기 어려울 만큼 크다. 리스트는 차이코프스키, 라흐마니노프, 그리그와 같은 음악가들에게 피아노가 무엇을 할 수 있는지 보여줬기 때문에 그가 만든 뛰어난 음악 이상으로 위대하다.

쇼팽의 양면성

프레데릭 쇼팽은 양면성을 가진 인물이다. 하지만 쇼팽을 이야기하기 전에 먼저 두 사람의 프란츠, 즉 프란츠 리스트와 프란츠 슈베르트의 이야기를 먼저 할 필요가 있다.

두 프란츠는 매우 대조적인 인물이다. 프란츠 슈베르트는 내성적이고 평범한 피아니스트였다. 슈베르트에게 피아노는 단지 자신의 음악을 전달하는 수단일 뿐 그 이상은 아니었다. 슈베르트의 〈환상곡 F단조〉가 좋은 예이다. 이 피아노 소나타는 네 손을 위한 소나타, 또는 '피아노 듀엣'으로 불린다. 내 생각이지만 리스트나 라흐마니노프가 이 소나타를 작곡했다면 두 손(또는 거장 피아니스트 한 명)을 위한 곡이 되었을 것이다. 이런 생각은 결코 슈베르트를 깎아내리려는 의도가 아니다. 오히려 그 반대이다. 작곡가들의 삶을 조금 알게 되면 그들의 음악을 더욱 이해하고 공감하는 데 도움이 된다고 생각한다.

프란츠 리스트는 정반대의 성향이었다. 유럽 전역을 순회하며 하루에도 여러 차례씩 공연했다. 여성들은 리스트에 열광했다. 리스트에게 피아노는 자신이 작곡한 음악만큼이나 중요한 악기였다.

이제 쇼팽의 이야기로 가보자. 슈베르트와 쇼팽의 인생에는 교차점이 없었다. 슈베르트는 쇼팽이 18살 때 세상을 떠났다. 쇼팽은 슈베르트가 이미 사망한 후에 빈에 왔다. 쇼팽은 스무 살에 폴란드를 떠나 파리에 정착했다. 마르고 병약해 보이는 남자였다. 수줍음이 많았고 공개 연주회를 평생 30번만 했을 정도였다(리스트는 한 달에 그보다 더 많이 공연했다). 쇼팽은 건강이 좋지 않아서 슈베르트와 마찬가지로 서른아홉 살에 세상을 떠났다. 슈베르트가 빈에서 베토벤의 그림자에 갇혀 살았다면 쇼팽은 리스트에게 완전히 매료된 도시인 파리에서 살았다.

쇼팽에게는 2가지 면이 있었던 것 같다. 하나는 슈베르트를 떠올리게 하는 면으로서 건강이 나빴고 우울했으며 감정적이고 슬픔이 가득한 음악을 작곡했다. 다시 말하지만. 이런 작곡가가 장송행진곡을 쓴다. 삶을 희망차게 바라보는 행복한 사람은 장송행진곡을 쓰지 않는다.

그러나 또 다른 쇼팽이 존재한다. 프란츠 리스트의 그림자에 가려진 사람, 리스트보다 고작 한 살 어렸던 사람, 리스트와 같은 도시에 살았고 같은 지역을 다녔던 사람. 그렇다. 피아노의 한계를 극복하기 위해 노력한 거장 쇼팽이 존재한다.

쇼팽의 〈에튀드〉를 들으면 쇼팽의 리스트적인 면을 발견할 수 있다. 〈에튀드〉는 연주자의 특정한 기교를 향상할 목적으로 작곡된 짧은 연습곡이다. 쇼팽 이전에 〈에튀드〉는 연주자를 위한 곡이었지 청중을 위한 곡이 아니었다. 쇼팽의 〈에튀드〉는 새롭게 진화한 피아노를 전례 없던 새로운 차원으로 끌어올렸기에 매우 리스트스러운 작품이다. 그리고 쇼팽의 〈녹턴〉을 들을 때 우리는 쇼팽의 슈베르트적인 면을 느낄 수 있다.

환상적인
〈환상교향곡〉

    루이 엑토르 베를리오즈는 음악 신동이 아니었다. 12살에 뒤늦게 음악을 접했는데, 그 나이에 모차르트는 벌써 첫 연주 투어를 마친 상태였다. 아버지의 반대로 베를리오즈는 피아노를 배우지 않았다. 부모는 아들이 의사가 되길 바라서 의학 공부를 위해 그를 파리로 보냈다. 23살에 부모의 반대를 무릅쓰고서 의학 공부를 포기하고 음악에만 집중했다.

    만약 베를리오즈가 사랑에 빠지지 않았다면 과연 음악적 모험에서 그만큼 큰 성공을 거둘 수 있었을지는 말하기 어렵다. 27살 때 베를리오즈는 〈햄릿〉 공연을 보러 갔다. 그리고 그곳에서 아일랜드 출신의 셰익스피어 연극 배우 해리엇 스미슨을 보았다.

베를리오즈는 해리엇에게 치명적으로 빠져들었다. 사랑의 편지를 썼지만, 그의 사랑은 짝사랑으로 끝났다. 그는 해리엇의 집 건너편에 아파트를 빌렸고 거기에서 최고의 편지, 〈환상교향곡〉을 썼다. 〈환상교향곡〉은 짝사랑의 고통에서 피어난 작품이다. 베를리오즈는 이렇게 기록했다.

아, 내가 그렇게 고통스럽지 않았다면!
수많은 악상이 내 안에서 끓어오르고 있다.
이제 사슬을 끊고 나니, 나를 가로막았던
세상이 내 앞에 펼쳐지는 것을 본다.

다른 편지에는 이렇게 썼다.

가끔 나는 육신과 정신의 고통을 견딜 수 없을 때가 있다.
내 눈에 넓은 수평선과 태양이 보인다. 나는 너무 고통스러워서
스스로 부여잡지 않으면 울부짖으며 바닥에 뒹굴 것 같다.
이 거대한 감정의 욕구를 완전히 채울 수 있는
단 하나의 길을 찾았으니 바로 음악이다.

나는 이 세상 대부분의 창조성은 고통에서 촉발된다고 굳게 믿는다. 고통이 아니라면, 우리는 라흐마니노프가 첫 번째 교향곡을 실패한 후 3년 동안 우울증의 고통을 겪고 작곡한 〈피아노 협주곡 2번〉을 들을 수 없을 것이다. 또는 이렇게 생각해 볼 수

도 있다. 베토벤은 인생의 마지막 10년 동안 청각 장애를 겪었고 이 시기에 베토벤은 최고의 작품을 작곡했다.

베를리오즈로 돌아가자. 베를리오즈가 고통을 견디지 못했는지 아니면 새롭게 발견한 창조적 재능을 발휘하기 위해 다른 자극제가 필요했는지, 그는 〈환상교향곡〉을 쓰는 동안 상당량의 아편에 탐닉했다. 1830년 초연에서 엄청난 성공을 거둔 베를리오즈는 일약 대스타가 되었다. 안타깝게도 해리엇은 초연에 참석하지 않았고 2년 후에야 이 곡을 들을 수 있었다.

그 무렵 베를리오즈는 명성을 얻었고 해리엇도 그의 천재성을 주목했다. 두 사람은 결혼했지만, 해리엇이 연기 경력의 내리막길을 걷게 되면서 베를리오즈의 성공을 질투했다. 결국 두 사람은 헤어졌고 나중에 베를리오즈는 재혼했다.

그럼에도 불구하고, 우리는 이 놀라운 걸작에 대해 해리엇에게 감사해야 한다. 레너드 번스타인은 이 교향곡을 한마디로 이렇게 요약했다. "베를리오즈는 있는 그대로를 이야기한다. 환상으로 여행을 떠나 결국 장례식에서 비명으로 끝을 맺는다."

〈환상교향곡〉은 표제 음악 형식을 취한 5악장 교향곡이다. 표제 음악은 교향곡이 작곡가가 쓴 표제 글을 따른다는 뜻이다. 무성 오페라라고 생각하면 된다. 이 곡은 해리엇을 향한 베를리오즈의 짝사랑을 환각제에 빗대어 쓴 러브스토리이다.

베를리오즈는 표제에 이렇게 썼다. "예술가는 자신의 사랑이 돌아올 가능성이 없다는 것을 확인하고 스스로 아편으로 죽음을 택한다. 마약은 예술가를 가장 끔찍한 환상과 깊은 잠의 구렁텅이로 빠뜨린다." 교향곡은 이어서 예술가가 애인을 살해하고, 떠들썩하게 단두대로 올라가 처형되고, 자신의 장례식을 치르고 사랑하는 연인이 마녀로 다시 등장하는 장면으로 진행된다.

베를리오즈는 프란츠 슈베르트와 불과 몇 년 차이로 태어났기 때문에 베토벤이 클래식 음악계를 지배하던 시대에 살았다. 하지만 베토벤 스타덤의 발원지인 빈에서 1,200km나 떨어진 파리에 살았다. 마차로 다니던 시대였으니 아마 1만 6,000km쯤 되는 거리였을 것이다.

우리가 잘 알듯이 베토벤의 음악은 유럽 전역에 널리 알려져 있어서 베를리오즈도 큰 영향을 받았다. 하지만 베를리오즈가 정식 클래식 음악 교육을 거의 받지 않은 덕에 작곡의 규칙을 깨뜨릴 수 있었다. 기존의 규칙을 잘 알지 못했으니까. 어쩌면 마약 때문이었을 수도, 아니면 베를리오즈가 사랑에 미쳤기 때문이었을 수도 있다. 하지만 베를리오즈는 베토벤의 그림자에 갇히지 않았고 그 결과 〈환상교향곡〉은 교향곡의 새로운 기준을 제시한 선구적인 음악으로 오늘날까지 평가받는다.

겸손하고 기괴한
모태 솔로 광신도, 브루크너

나는 왜 어떤 작곡가의 작품은 인기를 얻고 반면 다른 작곡가의 작품은 연주되지 못한 채 음악 도서관의 어둠 속에서 먼지만 쌓이는지 이유를 알아내려고 노력하다가 그만두었다.

20세기 초 미국의 대중은 에드바르드 그리그의 〈피아노 협주곡 A단조〉를 좋아하지 않았지만, 오늘날은 가장 많이 연주되는 피아노 협주곡 중 하나가 되었다. 말러의 음악도 1960년대 레너드 번스타인이 대중화하기 전까지는 인기가 없었다. 그리그와 말러의 음악이 갑자기 훌륭해진 것이 아니라 대중의 태도가 바뀐 것이다.

지난 몇 년 동안 나는 익히 잘 알고 있던 작곡가들의 음악을 깊이 파고들고 나아가 새로운 작곡가들을 탐구하면서 음악적 지식의 경계를 넓히고자 적극적으로 노력했다. 생소한 음악을 들으면 처음에는 일처럼 느껴진다. 그렇다, 일이다. 처음에는 음악이 잘 이해되지 않고, 별다른 즐거움도 느낄 수 없고, 무작위적이고 단절된 소리들로 들린다. 한 곡을 대여섯 번 들은 뒤에야 겨우 마음에 와닿을 때도 있다. 푸치니의 오페라 〈라보엠〉도 아주 여러 번 들었던 기억이 있는데 처음 들었을 때는 이 오페라가 어째서 가장 많이 공연되는 작품이 되었는지 매우 의아했다. 지금은 당연히 그럴 수밖에 없다고 인정한다.

가끔 아무리 수십 번 들어도 전혀 감동을 느끼지 못하는 음악은 '이해하지 못함' 항목으로 분류한다. 나는 2가지 이유로 클래식 음악에 대해서는 '좋지 않음'이라는 말을 하지 않으려고 무척 노력한다. 첫째, '좋지 않음'이라는 말은 내가 가치를 판단할 만한 전문가라는 뜻인데 나는 그럴만한 사람은 아니다. 둘째, '좋지 않음'이라는 말은 단정적인 의미를 띈다. 반면, '이해하지 못함'이라고 하면 앞으로 듣다 보면 이해할 수 있다는 가능성이 열리게 된다.

다른 작곡가에 비해 좀 더 빨리 "이해되는" 작곡가들이 있다. 러시아 작곡가들은 여러 번 듣지 않아도 이해가 되는데, 러시아에서 어릴 때 마시던 물에 무언가가 들어 있었던 게 분명하다. 반면에 말러, 시벨리우스, 바흐는 이해하는 데 오랜 시간이 걸렸다. 아직 말러의 작품을 다 이해하지는 못했다.

내 탐구의 가장 최근 희생양은 바로 오스트리아 작곡가 안톤 브루크너다. 오늘날 브루크너의 음악이 큰 인기를 끌지는 못한다. 비평가들은 브루크너의 교향곡이 매우 긴 데다가 느리기도 해서 감정의 폭과 멜로디 확장이 부족하다고 평가한다. 그리고 현실적인 제약도 있다. 브루크너의 교향곡은 대규모 오케스트라가 필요하고, 모차르트나 베토벤에 비해 인지도도 낮아서 잘 연주되지 않는다.

브루크너의 교향곡을 듣고 그에 관한 글을 읽으면서 음악보다 인간 브루크너가 훨씬 흥미롭다는 사실을 발견했다. 브루크너의 조상들은 농부였다. 아버지는 음악 교사였다. 브루크너는 성실한 학생이었고 재능 있는 오르간 연주자였다. 로버트 그린버그는 이렇게 썼다.

> 브루크너에게 교회는 평생의 안식처이자 위안이었다.
> 수도원이나 참호 밖에서 마주칠 법한 독실한 사람이었다.
> 자신이 하는 모든 일로 하느님께 영광을 돌려야 한다고 전적으로 믿었다.
> 브루크너는 완전히 시골 촌뜨기였다. 순진하고, 단순하고, 남을 잘 믿고,
> 지나칠 정도로 겸손하고 독실했다고 한다.

브루크너는 평생 신부를 찾아다녔다. 43살 때 17살 소녀와 사랑에 빠졌지만, 소녀의 부모가 두 사람의 관계를 막았다. 50대 중반에도 또 다른 17살 소녀에게 빠졌다. 이 소녀의 부모는 두 사람의 관계를 축복했지만, 브루크너에게 지겨워진 어린 소녀는 결국 그의 열정적인 연애편지에 답하지 않았다. 이후에도 자신의 첫사랑이었던 사람의 열네 살짜리 딸에게 반했지만 결국

아무것도 아닌 일로 끝났다. 70대에 젊은 호텔 객실 청소부에게 청혼했지만, 그녀가 가톨릭으로 개종하기를 거부하면서 끝이 났다. 경건함과 사춘기 소녀는 어울리지 않는 조합이다. 브루크너는 숫총각으로 생을 마감하고 성 플로리안 수도원의 오르간 아래에 묻혔다.

브루크너에 대해 정말 흥미로운 점은 인생의 후반에 접어들어서 교향곡을 작곡하기 시작했다는 것이다. 로버트 그린버그는 다음과 같이 말한다.

"'유레카!'를 외친 순간은 브루크너가 39살 때 찾아왔다. 1863년 브루크너는 린츠에서 리하르트 바그너의 탄호이저 공연을 보고 2가지 면에서 큰 감동을 경험했다. 탄호이저 자체의 탁월함과, 또한 자신이 그토록 부지런히 공부했던 화성과 대위법의 규칙을 모두 타파한 위대함을 깨달았기 때문이었다!"

그 순간부터 브루크너는 바그너의 음악을 열광적으로 받아들이게 되면서 삶이 바뀌었다. 교향악의 바그너가 되는 것이 인생의 사명이라고 확신한 브루크너는 1866년 교향곡 C장조를 작곡했다. 브루크너는 하느님을 위해 음악을 작곡했다. 당시 젊은 음악가였던 구스타프 말러에게 이렇게 편지했다.

그렇다네, 친구. 이제 나는 적어도 (나의) 10번째 교향곡을 완성하기 위해 열심히 일해야 하네. 그렇지 않다면 내가 만나게 될 하나님 앞을 통과할 수 없을 것일세. 그분이 이렇게 말씀하실 거야. "이 나쁜 녀석, 내가 재능을 준 이유가 나를 위한 찬양과 영광을 노래하라는 것 말고 무엇이겠느냐? 그러나 네가 이룬 것은 너무 적구나!"

하느님을 기쁘게 하려는 열정으로 작곡에 매진한 결과, 20년 후 60살이 되었을 때 7개의 교향곡으로 큰 성공을 거두었다. 상상해 보라. 20년 동안 6개의 교향곡과 6차례의 초연, 그리고 6개의 실패작을 연이어 작곡하고 수정했다. 브루크너는 끊임없이 일했고 나는 그 점이 매우 존경스럽다.

나는 〈교향곡 4번〉으로 브루크너를 듣기 시작했는데 스포티파이에서 가장 많이 재생된 음반이다. 1시간 9분 길이의 곡이다. 인내심이 떨어지면 내가 쓴 방법을 시도해 보길 바란다. 한 권의 소설이라고 생각하지 말고, 4개의 단편(부분, 악장)을 엮은 책이라고 생각해 보라. 첫 번째 악장부터 시작해서 각 악장을 따로따로 여러 번 듣기를 권한다.

이 글을 쓰면서 1악장을 듣고 있는데, 이 악장에서 다른 여러 교향곡의 일부가 들리는 것 같다. 생상스의 교향곡 3번의 웅장함도 들을 수 있고, 베를리오즈 〈환상교향곡〉의 일부도 들리며, 바그너의 금관과 바이올린 연주도 확실히 느낄 수 있다. 그리고 교향곡의 마지막 5분 동안에는 그 누구도 아닌 겸손하고 기괴한 모태 솔로 광신도를 만날 수 있다.

의미 있는
삶을 위한 기술

예술이냐, 기술이냐

유럽 여행을 하면서 베네치아에 머무는 동안 나는 형 알렉스와 아들 조나와 함께 수상 택시를 타고 20분 거리에 있는 무라노Murano섬에 가서 유리 공장과 유리 공예 시연을 구경했다.

유리 공예가가 액체 상태의 유리로 동그랗게 만든 공에 커다란 파이프를 꽂으면 마법이 일어난다. 공예가의 손에서 공은 말의 머리, 몸, 다리, 그리고 꼬리로 바뀐다. 금속 칼로 몇 번 쳐내면 말 한 마리가 탄생하는 것을 볼 수 있다. 모든 과정은 3분도 채 걸리지 않았다. 유리 공장이 아니라 마술쇼에 와 있는 것 같았다.

우리는 공장에서 나와 이탈리아의 부드러운 햇살 아래 거리를 걸으면서 유리 공예가의 작업이 예술인지, 기술인지에 대해 이야기를 나누었다. 우리 눈앞에서 태어난 말과 똑같은 말 수백 마리가 유리 상점의 진열대마다 놓인 것을 보며 처음에는 기술이라고 말했다.

나는 베네치아를 떠난 후에도 무라노의 말이 계속 생각났다. 그리고 한 가지 깨달은 것이 있다. 무라노의 말이라는 최종 결과물에 담긴 예술과 기술을 구분해야 하지만, 말을 창조하는 과정에서도 예술과 기술을 구분해야 한다.

무라노의 말은 예술일까? 당신이 감동을 느끼고 마음이 움직였다면, 그렇다면 예술이다. 하지만 내가 느낀 감동과 당신이 느낀 감동이 동일하지 않을 수 있다. 보통 나는 벽을 향해 돌려놓은 책장이나 아무 장식 없는 통나무를 예술의 범주에 넣지 않는다. 하지만 샌프란시스코 현대미술관에는 이런 작품들이 전시되어 있다.

이쯤에서 최종 결과물이 예술이냐, 기술이냐에 대한 토론을 끝내고 정말 나를 사로잡는 주제로 넘어가 보려고 한다. 바로 창작 과정에 담긴 예술과 기술이다. 알다시피 이 주제는 삶의 많은 부분에 적용할 수 있는 생각의 틀과 정신 모델이 될 수 있다.

기술부터 이야기해 보자. 기술은 시간이 지남에 따라 축적되며 경험, 연습, 학습, 그리고 대개 많은 반복을 통해 형성된다. 이는 모든 창조적인 노력의 기본 토대다.

그리고 예술이 있다. 예술은 긴장이 필요하다. 이 긴장은 불확실성, 즉 현재와 최종 결과 사이에 존재하는 모호함에서 비롯된다.

긴장에는 상충하는 감정이 가득하다. 한편에는 인정받을 수 있다는 성공의 손짓과 배움을 완성한다는 성취감이 있다. 이런 긍정적인 감정들은 실패에 대한 두려움, 실망, 당혹감, 그리고 이런 모든 감정에 수반되는 고통과 대비될 수 있다. 나는 이런 감정들을 하나의 넓은 범주로 묶어 '창조적 불편'이라는 이름으로 부른다.

나는 글을 쓸 때 이런 긴장을 경험한다. 글을 완성했을 때 어떤 모습의 결과가 될지 궁금하기 때문이다. 또한 글쓰기를 마칠 때까지 내가 무엇을 배울지 궁금하다. 반대로 내 모든 노력이 헛수고로 돌아갈까 봐 끊임없이 두려움과 싸우기도 한다. 좋은 아이디어나 비유를 떠올리지 못할 때마다 불안, 고통, 좌절이 며칠 동안 내 정신세계를 점령하곤 한다. 창작 과정에서 우리가 겪는 복합적인 감정은 각 개인의 기질과 활동 영역에 따라 매우 다양하다.

반복을 통해 예술은 점점 기술로 변한다. 무엇이든 숙달되면 창조적 긴장감이 줄어들고 예술은 기술로 대체된다. 이 과정에서 긴장감은 서서히 사라진다. 창작 과정에서 창조성이 줄어든다.

원리는 다음과 같다. 우리가 무엇이든 처음 시작할 때는 대부분 과정을 의식적으로 처리한다. 그러나 똑같은 작업을 수십 번 반복하고 나면 그 일은 잠재의식 영역으로 넘어가 좀 더 기계적인 작업으로 변한다. 그렇게 루틴이 되고 기술이 되는 것이다.

이제 생각해 보자. 무라노의 말이 탄생하는 과정이 아무리 황홀해도, 만약 당신이 이 책의 시간제 독자를 그만두고 오직 무라노의 말만 만드는 전업 유리공으로 직업을 바꾸기로 한다면 몇 년 후, 말 만드는 기술은 익혔겠지만, 매일 똑같은 말만 만들게 될 것이다. 차라리 피아트 공장의 조립 라인에서 일하는 편이 나을 수도 있다.

클로드 모네는 노르망디에 있는 루앙 대성당 옆에 아파트를 빌려 살면서 여러 달 동안 다른 시간과 다른 계절에 따라 달라지는 대성당 그림을 30장 넘게 완성했다. 하지만 같은 주제를 여러 번 그렸다고 해서 최종 결과물이 무조건 기술의 산물이라는 뜻은 아니다.

모네는 빛을 연구했다. 그는 몇 번의 반복을 거쳐 이 작품, 즉 대성당 파사드(정면 입구)의 영속성을 표현하는 데 필요한 모든 기술을 완전히 터득했다. 하지만 포착하기 어렵고 시시각각 변하는 빛의 속성은 모네에게 엄청난 좌절을 안겨 주었다(이 부분이 창작 과정에 매우 중요하다). 모네는 이렇게 썼다. "작업이 꾸준하게 진행되지 않는다. 전날 보지 못했던 것을 매일매일 발견하기 때문에 결국 나는 불가능한 일을 해내려 노력하고 있다." 모네의 고백에서 긴장감이 느껴진다.

우리가 하는 일을 예술에서 기술로 바꾸는 과정에는 끊임없는 갈등이 존재하며, 향상을 위해서는 피할 수 없는 갈등이다. 예술은 루앙 대성당을 비추며 매 순간 변하는 빛과 같다. 예술은 우리가 계속 정진하고 배우고 성장하도록 이끄는 원동력이다.

인생의 행복은 좋은 문제를 만나서 해결하는 과정에서 얻을 수 있다. 모네에게 좋은 문제는 시시각각 변하는 빛이었으며, 예술을 창조하려는 열정으로 모네는 몇 달 동안 성당을 그리기 위해 같은 자리로 돌아올 수 있었다. 하지만 예술이 기술로 변하는 순간이 바로 우리가 한 발 앞으로 나아가야 할 때이다. 칠해야 할 건초더미[●]가 30개나 더 있었던 모네처럼.

예술 + 소울 인 더 게임 = 의미 있는 삶

의미 있는 인생을 살기 위해서는 삶에서 예술과 기술의 올바른 균형을 찾아야 한다. 균형은 최적의 화학 반응처럼 우리의 배터리를 완벽하게 채워줄 것이다. 하지만 그것으로 충분하지 않다. 우리에게 방향과 목적을 제시해 줄 '소울 인 더 게임'이 필요하다.

투자 상품을 판매하는 친구가 있다. 함께 공원을 산책하다가 친구가 나에게 자기 직업이 불만족스럽다고 털어놓았다. 그는 영업 업무를 좋아했고 그 안에서 예술을 발견했다(물론 '시시각각 변하는 빛'을 많이 겪었다). 재정적으로도 엄청난 성공도 거두었지만, 자신이 지나치게 고평가된 상품을 판매하고 있어서 결국 고객에게 큰 손실을 끼칠 수 있다고 생각했다. 그는 종종 낮

● 　모네의 유명한 연작 <건초더미>.

은 수수료를 감수하면서도 최선을 다해 고객들을(그 친구의 도움이 아니어도 투자했을 사람들) 나쁜 투자 상품 중에서 최선의 상품으로 유도했지만, 여전히 자신이 하는 일에 자부심을 느낄 수 없었다. 그는 자기 자신은 물론 아이들과 부모님이 이런 상품에 투자하지 않기를 바랐다.

그는 소울 인 더 게임을 하지 않았다!

우리가 몸담은 일이 무엇이든 성취감을 얻고 깊은 의미를 발견하려면 예술만으로는 충분하지 않다. 그 일이 우리의 정체성과 차이가 없어야 한다. 그 일에 우리 자신의 모든 것, 즉 영혼(소울)을 남김없이 쏟아부어야 한다. 우리의 모든 것이 들어 있어야 한다. 우리가 진정으로 믿는 것이어야 한다. 그리고 사회에 긍정적인 영향만을 미쳐야 한다. 당신이 하는 일에 별표(*)를 붙여서 "내가 만든 것을 사랑하지만, 내가 아끼는 사람들이 쓰면 안 돼"와 같은 예외를 둔다면 정신적으로 완전히 헌신하기는 어렵다.

만약 지로가 스시를 만들면서, 그 스시가 손님에게 해로울 수 있다는 마음을 숨기고 있다고 상상해 보라. 자신이 믿지도 않고 가치관과 일치하지도 않는 일에 예술과 기술을 올바로 접목하려 한다면 내면에 불협화음이 일어난다. 마치 인생이라는 고속도로에서 완전히 충전된 차를 타고 잘못된 차선을 달리는 것과 같다.

예술과 기술의 조화

20세기에 가장 뛰어난 미국 피아니스트 두 사람은 러시아 태생의 블라디미르 호로비츠와 폴란드 태생의 아서 루빈스타인이다. 두 사람은 모두 클래식 음악 연주에서 예술과 기술을 주의 깊게 의식하고 있었다.

경력 초창기에 루빈스타인은 자녀들이 태어났을 때 아버지를 이류 피아니스트로 생각하지 않길 바란다고 말했다. "나는 하루에 6시간, 8시간, 9시간씩 연습에 매진했다. 그러자 이상한 일이 생겼다. 30년 넘게 늘 연주해 온 음악에서 새로운 의미, 새로운 아름다움, 새로운 가능성을 발견하기 시작했다."

하지만 루빈스타인은 나이가 들면서 모순처럼 들릴 법한 조언을 남겼다. "하루에 3시간 이상 연습하지 말라." 여기에 대해 이렇게 설명했다. "나는 타고난 게으름뱅이라서 언제나 장시간 연습한 것은 아니었다. 변명하자면 음악적으로는 과도한 연습이 그리 좋은 것만은 아니라고 말해두고 싶다. 그렇게 되면 음악을 마치 주머니에서 손쉽게 꺼내 쓰는 것 같다. '아, 나 이거 잘 알아'라는 마음으로 연주하면 한 방울의 신선한 생명력도 없는 연주가 된다. 그리고 관객도 그것을 느낀다."

호로비츠도 과도한 연습에 대해 우려했다. "연습은 보통 하루에 한두 시간만 하려고 노력했다. 연습을 너무 많이 하는 것은 좋지 않다. 지나치게 기계적인 연주가 된다." 그리고 더 나아가 "완벽함 그 자체는 불완전함이다"라고 말했다.

당신이 피아니스트라면 젊은 루빈스타인의 말을 들어야 할까, 나이 든 루빈스타인의 말을 들어야 할까, 아니면 호로비츠의 말을 들어야 할까? 스스로에게 귀를 기울이고 예술과 기술의 조화로운 균형을 찾는 데 주의를 기울여야 한다. 이 원칙은 모든 창조적인 활동에 적용되며 우리는 그 길의 여러 단계에서 예술과 기술의 균형을 찾는 노력을 잊지 말아야 한다.

분할 정복

피아니스트는 다른 창조적 모험가들이 흔히 누리는 여유를 갖지 못한다. 예술과 기술의 적절한 조화를 유지하려면 창조적 작업에서 어느 부분에 더 주력하고 싶은지 스스로 알아야 한다. 지로를 예로 들어보자. 스시 만들기는 두 단계로 나눌 수 있다. 새로운 스시를 개발하는 일과 매일 고객을 위한 스시를 만드는 일이다. 예술과 기술의 비율이 발명(꿈) 단계에서는 예술 쪽으로 크게 기울어진다. 그러나 일단 새로운 스시 한 점이 개발되고 나면 빠르게 반복으로 이어져 기술로 전환된다. 기술 단계에서 지로는 제자들에게 크게 의존하게 된다.

정신 모델

이러한 예술과 기술의 정신 모델은 전통적인 의미의 예술을 넘어 많은 분야에 적용할 수 있다. 거의 모든 창작 활동을 이 프리즘을 통해 바라볼 수 있다. 당신은 내가 왜 콜로라도 대학에서 투자 강의를 그만두었는지 이해할 수 있을 것이다. 매 학기 반복해서 같은 내용을 가르치다 보니 모든 예술적 요소가 빠져 나갔다. 긴장은 사라지고 기술만 남게 되었다.

공정한 원칙을 강의에 적용했다면, 끊임없이 수업 자료에 변화를 주면서 긴장의 끈을 놓치지 않았을 것이다. 하지만 나는 다른 분야로 옮겨갔다. 나를 쏟아부을 다른 활동을 발견했다. 바로 글쓰기다. 글쓰기는 기술보다 예술이 훨씬 많이 필요하며 (적어도 초기에는) 더 크고 다양한 도전을 가져다주었다.

나는 긴장이 필요하다. 긴장이 없다면 글을 쓸 열망이 생기지 않는다. 예를 들어 글쓰기를 처음 시작했을 때 일주일에 한두 번 개별 주식에 관한 기사를 작성했다. 당시에는 인식하지 못했지만, 글쓰기의 기술을 배운 단계였다. 지금은 이런 종류의 기사를 쓸 때는 창조적 긴장감을 거의 느끼지 않는다. 나는 필요한 경우 개별 종목에 관한 기사를 IMA 고객용 뉴스레터에 써서 싣는다. 하지만 그때도 스토리텔링을 활용하면서 뉴스레터 기사에 예술성을 불어넣으려고 노력한다.

우리는 투자자로서 끊임없이 역량 범위를 넓혀야 한다. 자신의 역량 범위 안에 갇혀있을 때 기술에 비해 예술의 비율이 낮아진다. 역량 범위의 경계를 뛰어넘어 새로 진입한 무능의 영역을 역량의 영역으로 전환하려고 노력할 때 예술의 비율이 높아진다. 우리는 새로운 산업에 관해 배우고, 새로운 정신 모델과 가치 평가 모델을 개발한다. 이것이 내가 '제너럴리스트'로 있길 좋아하는 이유다. 항상 배울 수 있는 새로운 것이 있다.

투자도 예술과 기술 사이에 섬세한 균형을 유지하는 것이 매우 중요하다. 예술은 없고 기술만 있다면 적어도 내게는 비참한 삶으로 느껴진다. 고루한 관료주의 속도로 천천히 움직이는 업계에서 평생 유틸리티 주식만 특화해서 분석해야 하는 섬뜩한 상상을 해 보라.

반대로 자기 역량 범위를 터무니없이 벗어나 모험하면 프레디 머큐리의 말처럼 지나친 예술이 당신을 파괴할 것이다. 외부에 존재하나 당신이 인지하지 못한 미지의 요소들이 당신의 포트폴리오를 망가뜨릴 수 있다. 그러므로 역량 범위를 넓히기 위해 새로운 산업에 진입할 때 처음에는 적게 투자해야 한다. 그래야 실수를 하더라도 아프긴 해도 죽지는 않을 수 있다.

그리고 무엇보다 내가 가장 좋아하는 직업인 부모가 되는 일이 있다. 당신이 테니스 코치이며 당신의 학생이 모두 똑같이 프로그램된 로봇이라고 생각해 보라. 일단 테니스를 가르치는 기술을 익히고 나면 바로 긴장감, 즉 예술이 사라진다. 모든 문제의 정확한 해결책을 알게 될 것이다.

자, 이제 당신의 학생은 로봇 대신에 나이도 제각각인 아이들이다. 오랫동안 가르쳐서 상당한 기술을 보유하고 있어도 아이마다 적합한 교육 방식을 찾아야 한다. 한 명 한 명에게 어떤 기술을 써서 가르쳐야 할지 선택하는 예술이 필요하다.

아이들은 모두 다르다. 조나는 뇌물이 잘 먹히는 아이다. 하지만 해나와 미아 세라는 어림없다. 아직 성급한 판단일 수도 있다. 아이들이 자라면서 어떤 변화를 겪을지 모르기 때문이다.

아버지가 자주 하던 말이 있다. "어린 아이들은 부모를 못 자게 만들고 큰 아이들은 부모를 못 살게 만든다."

나는 예술과 기술 프레임워크를 자기 관리뿐만 아니라 IMA 회사 운영에도 활용한다. 내가 하는 일에서 예술성이 높은 주식 리서치, 포트폴리오 관리, 의사소통, 회사 전략 수립(모두 여전히 많은 도움을 받고 있다) 업무는 유지하고, 기술성이 높은 업무는 유능한 직원에게 위임한다.

신입 직원을 뽑고 새로운 업무를 배정할 때도 예술과 기술 프레임워크를 항상 염두에 둔다. 어떤 직원은 예술성이 높은 업무를 선호하고 어떤 직원은 기술성이 높은 업무를 선호한다. 예를 들어보겠다. 처음 〈현명한 투자자〉라는 팟캐스트를 시작할 때 우리 회사의 마케팅 디렉터가 이 업무를 총괄했다. 팟캐스트를 올릴 플랫폼을 선택하고, 내가 쓴 기사를 읽을 내레이터를 채용하고, 프로그램 소개 자료를 작성하고, 커버를 만들 디자이너와 협업하고, 방송 오프닝과 엔딩을 작성했다. 그리고 팟캐스트 처음 5편을 제작하고 주간 업무 프로세스를 설계했다. 그 이후에는 기술적 업무를 선호하는 다른 IMA 직원이 업무를 이어받아서 팟캐스트를 제작하고 있다.

이 프레임워크 덕분에 IMA의 생산성이 높아졌지만, 다른 무엇보다도 모든 직원이 자기가 좋아하는 일을 하며 행복하다는 사실이 가장 중요하다.

그늘에서 한 걸음 나와서

예술에 고도로 집중하는 창조적인 과정은 혼란스럽고 예측할 수도 없다. 지극히 개인적인 노력의 과정이다. 이번 장에서 살펴보았듯이 클래식 음악 작곡가들의 삶에서 많은 교훈을 얻을 수 있다.

타인의 그늘에 가려져 있으면 우리의 창조성과 자신감은 약화될 수 있다. 다른 누군가의 그림자를 벗어나는 첫걸음은 자신이 그림자 아래에서 영향을 받고 있다는 사실을 깨닫는 것이다.

슈베르트, 브람스, 그리고 우리가 이름조차 알지 못하는 수십 명의 작곡가(자신의 이름으로 곡을 발표하지 못했기 때문에)가 베토벤의 거대한 성공에 영향을 받았다. 작곡가마다 타인의 그늘에 가려진 삶에 대처하는 방식은 달랐다.

슈베르트의 〈9번 교향곡〉은 슈베르트 사후에 로베르트 슈만이 발견하지 못했다면 그냥 사라지고 말았을 것이다. 브람스가 베토벤의 그림자에서 걸어 나와 자신의 첫 교향곡을 완성하기까지 21년이 걸렸다.

베를리오즈는 〈환상교향곡〉으로 당시의 모든 클래식 음악의 규칙을 타파했다. 아마도 "프로답게 규칙을 배워라. 그러면 예술가답게 그것들을 깰 수 있을 것이다"라는 파블로 피카소의 말을 부분적으로 뒤집어 실천한 셈이다. 베를리오즈는 규칙을 몰랐기 때문에 규칙을 깼다. 다른 작곡가보다 늦은 나이에 음악 공부를 시작했기 때문인지 아니면 그저 사랑에 미쳐있었기 때문인지 모른다.

리스트는 매우 다른 길을 걸었다. 리스트는 새롭게 부상하는 피아노 기술을 받아들였다. 쉬지 않고 연습하고 하루에도 여러 차례 연주회를 열며 자기 세대 최고의 피아니스트가 되었다. 기존 레퍼토리에는 새로운 악기의 성능과 피아니스트로서 자신이 새로 개발한 기교에 적합한 곡이 없자 스스로 곡을 썼다.

19세기 초반에는 베토벤 〈교향곡 9번〉이 교향곡의 전부이며 모든 교향곡의 끝이라는 인식이 일반적이었다. 완벽한 교향곡이었다. 나는 차이코프스키와 그 밖의 많은 작곡자들이 그러한 생각에 머물지 않아 주어서 매우 기쁘다. 그랬다면 우리는 수많은 훌륭한 음악을 잃어버렸을 것이다.

브루크너는 꿈을 실현하는 데 너무 늦은 나이란 없다는 사실을 보여주었다. 그는 39살에 첫 교향곡을 쓰기 시작했고 이후 20년 동안 6개의 교향곡을 쓴 후에야 성공을 맛보았다.

타인의 그늘에 가려진다는 것은 비단 클래식 작곡가에 국한되지 않는다. 내가 일하는 투자 업계에서도 분명히 존재하는 현상이다. 많은 가치투자자가 워런 버핏의 그림자에 가려진 채 살아왔다. 그들의 행동은 버핏의 위대한 성공을 따라 형성되었다. 예를 들어, 버핏은 오랫동안 기술주를 기피했다. 기술주를 이해하지 못하겠다고 말했다. 내가 만나본 가치투자자들 중에 버핏 나이의 3분의 1밖에 안 된 젊은 나이에 앵무새처럼 버핏의 행동을 모방하고 기술주 보유를 거부하는 사람이 얼마나 많은지 이루 말할 수 없을 정도다.

그러나 아이러니하게도 정작 버핏 자신은 자신의 그늘에서 벗어나 세계에서 가장 큰 기술 회사인 애플에 수백억 달러를 쏟아부었다. 이 글을 쓰고 있는 현재 애플은 버크셔 해서웨이의 가장 성공한 투자가 되었다.

음악 천재들에게 배울 수 있는 가장 중요한 교훈은 그들 모두 음악가로서 창조적 불편을 겪었다는 것이다. 이러한 불편은 모든 진지한 창작 활동에 수반되는 자연스러운 과정이다. 작은 위로가 될 수 있다면 부정적 시각화 연습이 좀 도움이 될지도 모르겠다. 피아트 공장의 조립 라인에서 일하는 작업자는 적어도 일을 하는 동안에는 창작의 고통을 겪지 않는다.

창조적 불편이 창작 활동에 내재하는 특징이라는 사실을 발견하고 나는 자유로워졌다. 명상을 통해서는 나를 괴롭히는 생각을 관찰하면, 생각들이 차츰 덜 괴롭히기 시작한다는 것을 배웠다. 고통을 관찰하고 고통이 창의적 노력의 산물이라는 것을 알아채면 고통은 줄어든다.

스토아 철학자와 제4의 벽

연극에서는 제4의 벽을 허문다는 용어가 있다. 배우가 캐릭터에서 빠져나와 연극에 대해 관객과 대화를 시작하는 순간을 말한다. 나도 여기서 비슷한 시도를 해보려 한다. 지금 시점에 책은 거의 완성되었다. 마지막 장을 쓰면서 스스로에게 던졌던 질문에 답을 하며 제4의 벽을 허물어 보려고 한다. "스토아 철학자들은 창조성을 어떻게 바라보았을까?"

우리의 오랜 친구 에픽테토스는 통제 이분법을 일깨워줄 것이다. 그는 아마도 모든 창조적 활동에서 항상 한 사람의 청중, 즉 자기 자신을 만족시키는 것을 목표로 삼아야 한다고 말했을 것이다. 우리가 통제할 수 없는 일로 인해 스트레스를 받는 것이 무슨 소용이 있단 말인가?

나는 이 책의 원고를 거의 완성한 다음 12명의 친구와 공유했다. 독자의 관점에서 피드백을 받고 싶었다. 대부분은 좋아했고 건설적인 제안을 해 주어서 그 가운데 많은 부분을 반영했다. 하지만 내가 존경하는 몇몇 친구는 현재의 형식으로는 출판하지 말라고 조언했다. 내가 책 구성의 기본 규칙을 어겼다고 생각했다. 규칙을 깨뜨렸다는 점에서는 친구들의 말이 옳다.

나는 의도적으로 창조적인 위험을 감수했다. 이 책은 시간 순서로 구성되어 있지 않다. 또한 전통적인 기승전결 구조가 없다는 것도 충분히 알고 있다. 하나의 줄거리를 따라 긴밀하게 연결되지 않는 장들도 있다. 그렇지만, 순서대로 읽도록 내용을 구성했다. 나는 의식적으로 이렇게 하기로 선택했다. 규칙을 깨뜨리려는 의도가 아니라 그냥 규칙을 무시했다. 나는 피카소의 격언을 그대로 따랐다. 프로처럼 규칙을 배우라. 그러면 예술가처럼 규칙을 깰 수 있다.

나는 이 구조 덕분에 내가 쓸 수 있는 최고의 책이 나왔다고 생각한다. 마치 지로가 고객에게 극적인 맛과 이미지의 경험을 선사하기 위해 특정한 순서대로 스시를 내는 것과 같다. 나는 내가 생각하는 최선의 방식으로 주제와 이야기를 배열했다. 대부분 독자가 아이들의 나이 변동과 같은 사소한 불일치를 극복할 수 있으리라 생각했기에 이 책을 시간순이 아닌 주제별로 구성했다.

이 책의 구조가 어떤 독자에게는 거슬릴 수도 있고 어떤 독자에게는 마음에 들 수도 있다고 생각한다. 누군가는 이 책이 너무 개인적이며, 도대체 내가 뭐라도 되는 양 주제들도 허술하게 엮인 자서전 같은 책을 썼는지 의아해할 수도 있을 것이다. 또 누군가는 이 책에서 친밀함을 느끼거나 심지어 무질서의 경계를 즐거워할 수도 있다.

독자들의 반응은 모두 내가 통제할 수 없는 일이다. 궁극적으로 나는 한 사람의 청중을 위해 책을 썼다. 나는 단지 내가 이 책에 쏟은 사랑과 고통, 노력을 통제할 수 있을 뿐이다. 그 과정을 통해 엄청난 창조적 성취감을 경험했고 한 방울도 남김없이 영혼의 모든 것을 쏟아부었다. 그것이 내가 할 수 있는 전부다.

나는 차이코프스키의 〈피아노 협주곡 1번〉과 〈바이올린 협주곡 D장조〉를 계속 생각해 본다. 두 작품 모두 차이코프스키가 깊이 존경했던 연주자들에게 거절당했다. 피아노 협주곡은 한 번, 바이올린 협주곡은 두 번 거절당했다. 두 작품은 당대의 표준과 매우 다른 곡이었다. 하지만 2곡 모두 아름답고 독창적인 걸작이며 표준의 정의를 새롭게 했다는 것이 차이코프스키에게는 매우 다행이었다. 차이코프스키가 세상을 떠난 지 100년이 넘은 오늘날에도 이 협주곡들은 계속 연주되고 있기 때문이다.

나는 차이코프스키도 아니고, 표준을 어겼다고 해서 성공이

보장되지도 않는다. 이 책은 출간된 뒤 2주 만에 잊힐 수도 있다. 어쩌면 스토아학파라면 책의 성공에 대한 나의 태도를 '긍정적 선호'라고 부를 것이다. 가난한 것보다는 부자가 좋겠지만 어느 쪽이든 다 괜찮은 느낌이다. 나는 책이 성공하길 바랄까? 신경 쓰지 않는다고 하면 거짓말일 것이다.

내게는 책을 쓰는 3가지 이유가 있는데, 지극히 개인적인 이유, 친구에게 말하는 이유, 대중에게 말하는 이유이다. 3가지 모두 정직한 답이지만 각각은 불완전하다.

개인적으로 내가 이 책을 쓰는 진짜 목표는 내 아이들이 이 책을 읽는 것이다. 헌사에 언급했듯이 아이들을 위해 책을 썼다. 아이들은 내 이메일을 읽지 않으니까. 이 책이 통과해야 할 가장 중요한 관문은 바로 내 아이들이다. 조나와 해나가 읽었으니 어려운 장애물을 3분의 2 정도는 이미 통과했다. 미아 세라는 이제 겨우 7살이니 그 아이를 통과하려면 몇 년 더 기다려야 한다.

이 대답은 정직하지만 불완전하다. 아이들에게 읽히려고 책을 출판할 필요까지는 없었다.

원고를 읽은 친구들이 나에게 물었다. "이 책은 누구를 위해 쓴 거야?" 이 책은 현재와 미래의 독자들, 더 정확히 말하면 나와 같은 사람들을 위해 썼다. 책에 대해 어떤 상업적 욕심도 없다. 판매에 실패하리라는 시각화도 이미 연습했다. 책이 서점에 나오지 않는 것 말고는 실패할 것도 없다. 상업적 의미에서 성공하든 실패하든 내 삶은 조금도 달라지지 않을 것이다.

역시 이 답변도 정직하지만 불완전하다. 이 책을 쓰느라 수천 번의 이른 아침을 보냈어도 내가 어떤 사람이 되고 싶은지 상상하기는 어려웠다.

결국 공개적인 이유를 대답해야 할 때가 왔다. 정직할 뿐만 아니라 아이러니하게도 앞서 말한 2가지 이유보다 좀 더 완전한 답변이기도 하다. 바로 당신이다. 맞다. 나의 소중한 독자인 당신이 내가 이 책을 쓴 이유이다. 처음부터 여기까지 이 책을 읽는 동안 당신의 하루가 밝아졌거나, 생각할 기회를 만들었거나 삶의 용기가 필요한 부분에서 긍정적인 힘을 얻었다면 그리고, 당신이 투자한 시간과 에너지에 넷 포지티브가 되었다면 나는 성공한 것이다.

하지만 스토아 철학자, 그 스토아 철학자들은! 당신이 이 책을 어떻게 받아들일지를 제가 전혀 통제할 수 없다고 다시 한번 일깨워줄 것이다.

나가며 -
설탕은 이제 그만

프랑스의 인상파 화가 에드가 드가에 관한 이야기를 들었다. 드가는 완벽주의자여서 그림을 완성하는 데 극도로 힘든 과정을 겪었다고 한다. 종종 다른 사람의 집에 걸려있는 자신의 그림을 발견하면 뚫어져라 쳐다보다가 그림을 빌려 가서 완성해도 될지 주인에게 묻곤 했다. 누가 이 말에 거절할 수 있겠는가? 전해지는 말로는 드가가 그림을 완벽하게 만들려다가 오히려 그림을 망치는 바람에 그림을 돌려받지 못한 주인도 있었다고 한다.

이 책을 쓰는 과정에서 내 손에도 드가와 같은 문제가 있을지 모른다고 생각했다. 문학적 걸작을 쓸 위험은 없지만, 책을 만드는 과정을 너무 즐긴 나머지 작업을 내려놓기가 어려웠기 때문이다. 수정하려다가 삭제한 분량의 2배를 다시 넣곤 했다. 손을 떼기가 너무 힘들었다.

그러다 우연히 훌륭한 아내의 도움 덕분에 해결책을 찾았다. 인생에 관한 책을 쓰고 있다고 아내에게 처음 말했을 때 아내는 의아한 표정을 지으며 말했다. "인생 얘기를 하려면 나이가 훨씬 더 많이 들어야 하지 않을까?" 나는 아내의 말에 당황했다. 하지만 일리가 있는 말이었다. 보통 인생에 관한 책을 쓸 때, 살면서 경험한 것들을 모아서 훗날 깨달은 지혜에 잘 담아서 정리하기 때문이다.

하지만 문득 깨달은 것이 있었다. 워런 버핏은 재산을 기부하는 일을 자신이 세상을 떠난 뒤로 미뤄서는 안 되겠다고 생각했다. 살아 있는 때 자선 단체에 부를 나누기 시작하면 사람들을 더 일찍 도울 수 있고 자신의 기부로 다른 사람들의 삶이 어떻게 변하는지 보게 될 것이다. 버핏은 70대에 이 사실을 깨달았다. 우리가 뭐라고 그를 판단할 수 있겠는가?

잘 다듬어졌든 불완전하든 내 삶의 경험을 나누는 일을 노년으로 미뤄서는 안 되겠다고 생각했다. 그래서 이 책의 제목 뒤에 '1권'을 붙여도 좋겠다고 생각했다. 열린 결말을 제목으로 정하면 다음에 쓸 책에서 젊은 시절의 실수를 바로잡을 수 있을 것이다.

마지막으로 이야기를 하나 나누고 싶다. 한 어머니가 달라이 라마에게 아들을 데려와서 말했다. "아들이 설탕을 너무 많이 먹습니다. 아이에게 얘기를 좀 해 주시겠습니까?" 달라이 라마는 어머니와 아들을 차례로 바라보았다. 깊이 생각하더니 이렇게 말했다. "한 달 후에 다시 오십시오."

한 달 후, 어머니와 아들이 다시 찾아왔다. 달라이 라마는 아들을 바라보며 말했다. "설탕을 그만 먹어라." 어머니는 깜짝 놀라 말했다. "왜 우리더러 한 달 만에 다시 오라고 하셨습니까? 먹지 말라는 말은 한 달 전에도 할 수 있었잖아요."

달라이 라마는 웃으며 말했다. "먼저 나부터 설탕을 끊어야 했습니다."

이 책은 내가 설탕을 끊는 방법이다. 인생 학교의 영원한 학생이 되기 위해 노력하면서 실수하고 고치고 배우는 과정에서 삶의 모든 순간마다 '소울 인 더 게임'을 추구하는 나의 인생 탐험기이다. 이 책에 담긴 한두 가지 이야기가 당신의 삶에서 과도한 설탕 섭취와 같은 부분을 끊을 수 있도록 영감을 불어넣길 바란다.

그동안 나는 계속 탐험하고, 배우고, 글을 쓸 것이다.

그러니 이제 지금은 작별의 시간이 아니라 다음 책이 나오기 전까지의 휴식 시간이다. SoulintheGame.net에서 글을 계속 읽을 수 있을 것이다.

삶을 즐기고, 번창하시라!

후기

나는 정말 이 책을 떠나보내기가 너무 힘들었다. 나도 계속 드가가 하던 식으로 했다. 마지막 장을 마친 후에도 8개월 동안 쓰고 또 쓰는데 몰두했다. 처음에는 이미 써 놓은 글을 모아서 책을 만들려고 시작했던 일이 전혀 다른 차원으로 발전했다. 어쩌면 전통적인 책과는 좀 다를 수 있지만, 그럼에도 불구하고 이렇게 책으로 나왔다. 이 글을 쓰고 있는 지금도 여전히 나는 배우고 쓰고 싶은 아이디어로 가득하다. 그리고 이제 이 책을 세상으로 보낼 때가 되었다.

죽음은 통제할 수 없지만 인생은 설계할 수 있다

초판 1쇄 발행 2025년 3월 26일

지은이 비탈리 카스넬슨
옮긴이 함희영
펴낸이 김상현

콘텐츠사업본부장 유재선
출판1팀장 전수현　　**책임편집** 심재헌　　**편집** 김승민 주혜란
마케터 이영섭 남소현 성정은 최문실　　**디자인** 권성민
미디어사업팀 김예은 송유경 김은주 정미진
경영지원 이관행 김범희 김준하 안지선 김지우

펴낸곳 (주)필름
등록번호 제2019-000002호　　**등록일자** 2019년 01월 08일
주소 서울시 영등포구 영등포로 150, 생각공장 당산 A1409
전화 070-4141-8210　　**팩스** 070-7614-8226
이메일 book@feelmgroup.com

필름출판사 '우리의 이야기는 영화다'
우리는 작가의 문제와 색을 온전하게 담아낼 수 있는 방법을 고민하며 책을 펴내고 있습니다.
스쳐가는 일상을 기록하는 당신의 시선 그리고 시선 속 삶의 풍경을 책에 상영하고 싶습니다.
홈페이지 feelmgroup.com　　**인스타그램** instagram.com/feelmbook

ISBN 979-11-93262-41-2 (03190)